21 世纪高职高专规划教材 · 经管类
21 Shiji Gaozhi Gaozhuan Guihua Jiaocai · Jingguanlei

保险营销理论与实务

主　编　刘　宁　张智勇
副主编　夏秀梅　岳书苇
　　　　吴玉菡　王步云

西南交通大学出版社
· 成 都 ·

图书在版编目（C I P）数据

保险营销理论与实务 / 刘宁，张智勇主编. —成都：西南交通大学出版社，2009.8（2012.7 重印）
21 世纪高职高专规划教材. 经管类
ISBN 978-7-5643-0394-5

Ⅰ. 保… Ⅱ. ①刘…②张… Ⅲ. 保险业－市场营销学－高等学校：技术学校－教材 Ⅳ. F840.4

中国版本图书馆 CIP 数据核字（2009）第 149253 号

21 世纪高职高专规划教材 · 经管类
保险营销理论与实务
主编 刘 宁 张智勇

责任编辑	刘 立
特邀编辑	牛 君
封面设计	墨创设计
出版发行	西南交通大学出版社 （成都二环路北一段 111 号）
发行部电话	028-87600564 87600533
邮 编	610031
网 址	http: //press.swjtu.edu.cn
印 刷	四川森林印务有限责任公司
成品尺寸	170 mm×230 mm
印 张	19.125
字 数	359 千字
版 次	2009 年 8 月第 1 版
印 次	2012 年 7 月第 2 次
书 号	ISBN 978-7-5643-0394-5
定 价	32.00 元

《21世纪高职高专规划教材·经管类》

编 审 委 员 会

《21世纪高职高专规划教材·经管类》

主编和参编学校

（以汉语拼音为序）

安徽交通职业技术学院
宝鸡职业技术学院
北京经贸职业学院
长江职业学院
成都东软信息技术职业学院
成都纺织高等专科学校
成都农业科技职业学院
重庆财经职业技术学院
广东水产学校
贵州商业高等专科学校
河南商业高等专科学校
华东交通大学
华东交通大学职业技术学院
黄河科技学院
吉林电子信息职业技术学院
吉林铁道职业技术学院
茂名职业技术学院
绵阳职业技术学院
内江铁路机械学校
内江职业技术学院
南充职业技术学院
四川烹饪高等专科学校
四川信息职业技术学院
武汉船舶职业技术学院
武汉交通职业学院
宜宾职业技术学院
郑州铁路职业技术学院

前言

近年来，我国国民经济持续、快速、稳定发展，为保险业的发展提供了广阔的空间，具体表现为保险市场迅速扩大，市场主体逐渐增多，市场竞争更加激烈，市场进一步全面开放，消费者需求日益多样化、复杂化等。这一切使得保险经营主体面临着前所未有的机遇和挑战。如何抓住机遇，迎接挑战，打造本企业的核心竞争力，一直是保险经营主体深入思考的问题，同时也对保险企业提出了全方位的要求。在思考并解决这一问题的过程中，越来越多的保险经营主体达成共识，即培养一支熟练掌握保险营销技能的高素质营销队伍是获得竞争胜利的法宝和关键所在。

基于这样的背景，我们编写了这本《保险营销理论与实务》教材。在编写过程中，首先，力求内涵上具有创新性。所谓“新”就是要有一定的开拓性，在选题、理论体系等方面具有一些新意。其次，力求教材具有一定继承性。创新并非从天上掉下来、无中生有的，而是对前人成果的继承，并在继承的基础上有所突破。既要继承前人，又要为后来的发展开辟一条新路。再次，力求教材具有适用性。一是要适合教师的教学，二是要适合学生的学习，因而在立意上具有前瞻性，理论体系上具有完整性，表达上具有可读性。本教材是编写组在从事多年教学基础上展开撰写的，在撰写过程中将市场营销一般理论运用于保险营销实践，形成有专业特色的营销理论；特别强调理论体系的完整性和严密性，尽量广泛吸收国内外专家、学者的研究成果，并力图紧密结合国内外特别是我国保险业务的生动实践，展开保险营销理论的探索。

全书从体系上分成理论篇和实务篇两部分。理论篇系统阐述了保险营销的一般概念、保险市场的需求和供给、营销视角中的保险产品、保险营销宏观与微观环境分析、保险市场细分及目标市场营销、保险市场竞争战略、保险营销过程与营销策略等保险市场营销的相关理论；实务篇则详细介绍了从事保险业务的一般流程及技巧，包括投保、核保的业务流程和保险客户开发、保险售后服务及与客户沟通的技巧、营销团队管理等内容，具有较强的实用性和可操作性。

本书可供高职高专保险专业、市场营销专业使用，也可作为保险公司员工的培训教材及保险代理人、保险经纪人等展业过程中的参考书。

本书由河南商业高等专科学校刘宁、张智勇担任主编，负责全书的总纂及修改，其中，刘宁编写第一章、第九章、第十一章，张智勇编写第四章、第五章、第十二章第二节；由河南商业高等专科学校夏秀梅、岳书苇、吴玉菡、王步云担任副主编，其中，夏秀梅编写第六章、第七章、第十二章第一节，岳书苇编写第三章、第十章，吴玉菡编写第八章，王步云编写第二章。

编者在编写本书过程中，参考、借鉴并引用了有关保险营销、市场营销等方面相关书籍及学术杂志发表的研究成果，特此说明，并向有关专家学者表示感谢。

由于编者理论水平和实践经验有限，书中难免有疏漏或不足之处，恳请读者批评指正。

编　者

2009 年 6 月

目 录

理论篇

第一章 保险营销概述……3
第一节 保险营销的含义和特点……3
第二节 保险营销理念的发展与转变……8
第三节 保险营销主体……11
第四节 保险营销客体……19
第五节 保险营销的对象……23
思考与练习……27
第二章 保险营销环境分析……28
第一节 保险营销环境概述……28
第二节 保险营销的宏观环境分析……31
第三节 保险营销的微观环境分析……44
思考与练习……49
第三章 保险需求与营销机会分析……50
第一节 个体投保人行为分析……50
第二节 团体投保人行为分析……65
思考与练习……74
第四章 目标市场决策……75
第一节 保险商品市场细分……75
第二节 保险商品目标市场选择……90
思考与练习……99

第五章　保险商品策略……100
第一节　新险种开发策略……100
第二节　保险商品生命周期策略……109
第三节　保险商品组合策略……114
第四节　保险商品价格策略……118
思考与练习……129
第六章　保险产品促销策略……130
第一节　保险促销概述……130
第二节　保险人员促销策略……136
第三节　保险广告促销策略……147
第四节　保险公关促销策略……152
第五节　保险营业推广……156
思考与练习……160
第七章　保险服务策略和客户管理策略……161
第一节　保险服务策略……161
第二节　保险客户管理策略……171
思考与练习……179
第八章　保险营销渠道策略……180
第一节　保险营销渠道概述……180
第二节　保险营销渠道的种类……181
第三节　保险营销渠道选择……191
第四节　保险营销渠道管理……200
思考与练习……208

实务篇

第九章　投保业务流程……211
第一节　投保流程简介……211

第二节 保险计划书的编制……219
思考与练习……225
第十章 保险推销技巧……227
第一节 准客户开拓……227
第二节 保险促成……249
第三节 保险营销中处理异议的方法……257
思考与练习……261
第十一章 保险营销团队管理技巧……263
第一节 早会经营……263
第二节 营销团队管理……265
思考与练习……270
第十二章 保险核保实务……271
第一节 人身保险核保实务……271
第二节 财产保险核保实务……277
思考与练习……287
附录A 财产保险风险评估报告范例……288
参考文献……295

理论篇

第一章　保险营销概述

◆ **本章要点**

本章主要涉及保险营销的概念、特点、主体、客体和对象等内容。

第一节　保险营销的含义和特点

一、保险营销的概念

（一）市场营销的概念

关于市场营销，理论界有宏观和微观两种解释。美国市场营销理论界的著名学者麦卡锡认为：宏观市场营销是指社会经济过程引导一种经济的货物和服务从生产者流转到消费者，在某种程度上有效地使各种不同的供给能力和需求相适应，同时实现社会的短期和长期目标。微观市场营销是指一个组织为了实现其目标所进行的这些活动：预测顾客或委托人的需要，并引导满足需要的货物和服务流转到顾客或委托人手中。宏观市场营销是反映社会的经济活动，其目的是满足社会需要，实现社会目标。它由三部分构成：①国家、企业和政府三个参加者；②资源和产品两个市场；③资源、货物、劳务、货币及信息五个流程。微观市场营销是一种企业的经济活动过程，它是根据目标顾客的要求，生产适销对路的产品，从生产者流转到目标顾客，其目的在于满足目标顾客的需要，实现企业的目标。本书所谈及的市场营销都是微观意义上的，即企业的一种活动。美国另一位著名的市场营销专家菲利普·科特勒（Philip Kotler）给市场营销下的定义是："市场营销是企业的这种职能：识别目前未满足的需要和欲望，估计和确定需求量的大小，选择本企业能最好地为它服务的目标市场，并且决定适当的产品、服务和计划，以便为目标市场服务。"科特勒的营销定义至少包括以下几个层次：消费者需求、商品提供、交换及交换媒介、顾客满意度、营销主体。

1．消费者需求

消费者需求是市场营销最原始的动力，也是市场营销的出发点，不管这种需求是现存的还是潜在的，只要有需求，从营销学角度来讲，都可以通过各种手段，将这种需求挖掘出来并提供相应的商品满足。但是，从经济学的角度来看，并非所有的需求都是有效需求，只有在消费者具备购买能力的情况下，潜在的需求才可能转变为现实的、有效的需求。

2. 商品提供

商品提供是市场营销中的一个重要环节，也是关系企业存亡的关键所在。营销学上的商品一般包括两个部分：一是提供给消费者的具体的物质形态；二是由商品本身衍生出来的服务和价值。对消费者来说，获得商品本身自然重要，而更重要的，却是由商品而衍生的服务和价值，因为这正是消费者需要的，也是能给消费者带来满足感的重要来源。

3. 交换及交换媒介

交换是在市场经济存在的情况下，实现资源合理配置的有效实现方式。从经济学的角度看，营销的存在是因为交换活动中存在交易缺口，即交换的一方想让渡自己的使用价值以获得另外一种使用价值,而另一方也想让渡自己的使用价值，双方就难免产生交易缺口。社会分工和专业化的发展为市场营销带来了巨大发展空间，而营销的发展也相应促进了营销媒介的发展，尤其是随着市场经济发展，交易的媒介也越来越多，除了传统交易市场之外，还包括因特网、电话等途径，在交易过程中，合适的多种交易媒介的存在，既方便了消费者的购买，也极大地促进了商品的销售。

4. 顾客满意度

所谓顾客满意度是指顾客在购买商品后从中能得到的效果和期望值进行比较后，所形成的愉悦或失望的感觉状态。如果可感知效果低于期望值，顾客就不满意或抱怨；可感知效果与期望值相匹配，顾客就满意；可感知效果超过期望值，顾客就会高度满意或欣喜。顾客满意是顾客忠诚的前提，是对某一产品、某项服务的肯定评价。如果某一次的产品和服务不完善，他对该企业就不满意了。如果顾客对产品和服务感到满意，他们会将消费感受通过口碑传播给其他的顾客，扩大产品的知名度，提升企业的形象。

5. 营销主体

市场营销的实现，最终还是要靠营销主体。所谓营销主体就是从事市场营销活动的人。市场营销主体既可以是卖方，也可以是买方。作为买方，他力图在市场上推销自己，以获取卖者的青睐，这样买方就是在进行市场营销。当买卖双方都在积极寻求交换时，他们都可称为市场营销主体，并称这种营销为互惠的市场营销。营销主体一般包括商品生产者、流通过程中的再加工者等，也包括中介机构。在保险行业，中介代理就是保险商品销售的重要力量。

（二）保险营销的概念

保险营销是指在变化的市场环境中，保险企业（公司）以市场需求为导向，为追求最大化利润、稳健发展和顾客满意而开展的综合市场活动。因此，保险营销不仅仅指保险单的出售或保险推销。保险营销是以保险这一特殊商品为客体，以消费者对这一特殊商品的需求为导向，以满足消费者转嫁风险的需求为中心，运用整体营销或协同营销的手段，将保险商品转移给消费者，以实现保险公司长远经营目标的一系列活动。具体而言，保险营销是对保险商品的构思、开发、设计、费率厘定、分销、售后服务等进行计划与实施，以满足消费者的保险需求，实现保险公司利润目标的交换过程。

从上述保险营销的定义可以看出：

(1) 保险营销是项系统工程。保险营销的内容应包括：① 保险营销市场调研；② 制订保险企业和市场营销战略；③ 进行市场细分，选择目标市场；④ 保险产品开发及定价；⑤ 促销活动；⑥ 投保完成；⑦ 售后服务。贯穿这一切的主题是满足投保人的需求和企业赢利。因此，保险市场营销涵盖了一系列与保险消费市场有关的保险企业业务经营活动，并且这些要素应随市场的变化、竞争者市场战略和营销手段的变化而相应调整。所以，保险营销是既有长远战略规划又有具体行动方案的市场活动，是项系统工程，不能简单地等同于保险推销。保险推销只是保险营销活动内容的一部分。保险推销是在保险产品制订后，以适当的机构、人员和方式将保单迅速销售出去的过程或制度，它所要解决的是销售这一环节的问题；而保险营销所要解决的是一个全局性问题，它涵盖了从市场的选择到进入的方式，从产品的设计到售后服务等诸多方面。值得注意的是，过去较长一段时期内，中国的保险宣传和教育中，几乎没有保险营销的提法，有的只是保险展业或保险推销。后来，有人将保险展业或保险推销等同于市场营销。这些都是错误认识。

(2) 保险营销的中心是交换。保险营销是指投保人和保险人为实现各自的目的而进行的交换过程。没有交换就没有保险营销。投保人为了买到保险商品满足自己的风险保障需求，必须向保险人缴纳与风险状况相应的保险费；保险人为了收取保费取得企业的经济效益，必须向投保人提供适销对路的保险产品和服务。投保人与保险人的平等交换是通过订立保险合同来实现的，合同中严格明确了双方法定的权利和义务。

(3) 保险营销的目的是通过满足消费者的保险需求来创造利润，而非通过扩大消费者的保险需求来创造利润。由于保险在我国发展的历史很短，再加上保险商品的特性，许多人对保险商品一无所知或知之甚少，这就要求保险商品的经营者从投保人和被保险人的利益出发，让人们在购买保险商品时，尽可能多地了解商品和服务的内容，产生购买商品的欲望。要使人们对保险商品的需求变得更加迫切，就需要保险商品的经营者与需求者进行沟通、交流，一方面使人们了解保险商品的功能与作用，另一方面也能帮助保险经营者挖掘出人们对保险商品的新需求，从而不断推出新的险种以满足人们的需求，最终实现顾客满意。

(4) 保险营销的本质是向客户提供优质服务。优质服务的内容包括提供适销对路的保险商品，以及一系列的包括保前、保中和保后的服务。因此，保险公司应从观念上将自己回归于服务性工作的行业，从识别构成目标市场的客户需要到通过一种整体、有效、在整个组织范围内的努力来满足这种需要，从始至终将服务意识贯穿其中。因此保险企业必须将满足顾客需求、提高服务质量和企业信誉放在重要位置，着力提高顾客满意度和对企业品牌、产品品牌的忠诚度，实现企业的长期、持续、稳健发展。保险营销就是要在满足顾客、服务顾客的基础上追求企业的长远发展和最大利润，而不是目光短浅、汲汲于利的短视行为，更不是依靠欺诈、蒙骗等不道德的雕虫小技的取利行为。

(5) 保险营销是一个追求平衡的过程。从全局看，成功的保险市场营销应是一个在客户需求、保险企业利润率与社会利益之间找到最佳平衡点的过程。保险市场营销理念决不意味着客户满意是保险公司的唯一目标，既不是一种以牺牲保险公司利益为代价来满足客户需要的慈善理论，也不是不惜牺牲社会利益而片面追求保险双方利益的理论。要达到保险公司的经济目标或战略目标，必须在公司利润、客户和社会满意度间形成平衡。

二、保险营销的特点

同其他商品的营销相比，保险商品的营销更注重主动性、人性化和关系营销。离开了主动性，保险营销就会陷于盲目和停滞；脱离了人性化，保险营销就会变得缺乏活力和吸引力；忽视了关系营销，保险营销就会成为无源之水、无本之木。我们可以将保险营销特点概括为以下几点：

1. 主动性营销

保险营销的最大特点之一就是主动性营销。因为，如果没有主动出击和主动性的营销活动的开展，许多营销活动就难以顺利进行。保险营销的主动性表现为以下三方面：

(1) 变潜在需求为现实需求。多数人对保险的需求是潜在的。尽管保险商品能够转移风险，提供一种保障和补偿，但由于它是一种无形的、看不见、摸不着的抽象商品，因此，对大多数人来说，对它没有迫切需要，尤其是寿险产品更是如此。因此，保险营销者必须通过主动性的营销变投保人的潜在需求为现实需求。比如，通过主动地接近顾客、向顾客宣传、解答顾客的疑难问题、提供顾客所需要的一切服务等，实现投保人需求的转变。

(2) 变负需求为正需求。由于保险商品涉及的大多数是与人们的生死存亡相关事件，因此，对很多人来说，对保险商品的需求是一种负需求。也就是说，人们因不喜欢或不了解保险商品，而对其采取消极回避的态度和行为。因此，保险营销者必须通过积极、主动的营销活动，扭转人们对保险商品的消极态度和行为。

(3) 变单向沟通为双向沟通。沟通是人们交流思想，获取相互理解、支持的重要手段之一。许多企业在与人们沟通和交流时，注重的是一种单向沟通，也就是只单纯地将企业想要传达的信息，通过一定的媒介传递出去而已，至于这种信息如何为消费者所接受，消费者对该信息的反应如何等考虑得很少，结果导致所提供的产品和服务在很大程度上难以满足消费者的需求。作为保险商品的营销者必须将单向沟通变为双向沟通，也就是要通过主动性营销，将企业想要传达的信息，按消费者能理解和接受的方式，通过信息传播媒介传递给消费者，并跟踪和注意消费者对信息的反馈，根据消费者对所提供的保险商品的意见和反应，及时调整和改进服务策略，以实现顾客满意。

2. 以人为本的营销

保险营销是以人为出发点并以人为中心的营销活动。保险经营者需要时刻面对自己、员工、顾客，并实现三者利益统一的营销活动。

(1) 面向自己。指保险营销者必须正确了解自己的所需所求，并使经营活动令自身满意。因为只有使自身获得满意，才有可能实现令他人满意。只有明确自身的需求，才可能将自身的需求与员工的需求、顾客的需求、社会的需求统一起来。因此，保险营销首先是围绕经营者自身的营销，是最大限度地发挥营销者自身积极性和创造力的活动。

(2) 面向员工。从一定意义上讲，员工也是顾客，令顾客满意，必须首先令员工满意。因为保险营销活动在很大程度上要通过员工们的共同努力来实现，如果没有员工的满意，怎么能指望其行为令最终消费者满意呢？因此，关心员工的成长、注重员工道德的培养，使每个员工都树立起敬业精神和主动精神，是保证营销成功的关键。

(3) 面向顾客。保险营销的最终目的是实现顾客满意。保险经营者必须认识到，顾客是企业的衣食父母，是企业生存和发展的保证。因此，保险商品经营者要面对顾客，从顾客的需求出发，不断开发和提供满足顾客需求的产品和服务；针对顾客对外界事物认知的特点，有的放矢地开展营销活动；维护顾客的根本利益，向顾客提供满意的服务。

3. 注重关系营销

现代企业的营销是将其看做一个与消费者、竞争者、供应商、分销商、政府机构和社会组织发生互动作用的过程。在这一过程中，建立与发展同相关个人及组织的关系是营销的关键。保险商品的营销作为一个蓬勃发展的事业，更要注意关系营销。具体说来，保险营销中的关系营销应体现在以下三个方面：

（1）建立并维持与顾客的良好关系。顾客是企业生存和发展的基础，市场竞争的实质是争夺顾客。因此，建立并维持与顾客的良好关系，强调以顾客为中心、顾客的高度参与性与联系性，以及高度、长期的顾客服务，密切与顾客的感情，是保险营销制胜的法宝。

（2）促进与竞争者合作关系的形成。在当今市场竞争日趋激烈的形势下，视竞争者为仇敌，与竞争者誓不两立的竞争原则已非上策，相反，促进与竞争者合作关系的形成，减少无益竞争，达到共存共荣的目的，是现代市场竞争对企业提出的新要求。

（3）协调与政府间的关系。政府对经济生活进行干预是当今世界各国通行的做法。政府出于维护社会整体利益，实现整个社会稳定、协调发展的目标，必然会制定各种政策、法规和法令，这些宏观调控的手段和措施必然对企业经营产生影响。因此，作为保险经营者要能够采取积极的态度，协调与政府的关系，积极与政府合作，努力争取政府的理解和支持，为企业营销活动创造良好的外部环境。

第二节 保险营销理念的发展与转变

保险营销理念是指保险公司经营管理的指导思想。现代市场营销学将这种经营管理思想称为“营销管理哲学”，它是保险公司经营管理活动的一种导向、一种观念。经营管理思想正确与否对保险公司的兴衰成败具有决定性意义。保险公司的营销理念，在不同的经济发展阶段、不同的市场形势下，表现出不同的时代特点。

一、生产理念

这是一种古老的经营哲学，产生于20世纪20年代前。当时，资本主义社会生产力相对落后，市场趋势是求大于供的卖方市场，产品的价值实现不成问题。因此，企业经营理念不是从消费者需求出发，而是从企业生产出发，其主要表现是“我生产什么，就卖什么”。企业经营管理的主要任务是改善生产技术，改进劳动组织，提高劳动生产率，降低成本，增加销售量，因此，保险企业的任务就是努力提高效率，降低成本，提供更多的保险险种。当一个国家或地区保险市场主体单一，许多险种的供应还不能充分满足消费者需要，基本上是“卖方市场”时，这种观念较为流行。这种理念的适用条件是：① 保险市场需求超过供给。保险企业之间的竞争较弱，甚至毫无竞争，消费者投保选择的余地较小。② 保险险种费率太高。只有科学准确厘定费率并提高效率、降低成本、降低保险商品的价格，才能扩大销路。随着保险市场格局的变化，当独家垄断保险市场的格局被多家竞争的市场格局取而代之后，这种理念的适用范围越来越小。

二、产品理念

它也是一种较早的企业经营哲学。这种观念认为，消费者会欢迎质量最优、性能最好和功能最多的产品。因此，企业的任务是致力于制造优良产品并经常加以改进。这些企业认为只要产品好就会顾客盈门，因而经常迷恋自己的产品，未看到市场需求的变化。这种观点必然导致“一孔之见”的市场营销近视，甚至导致经营失败。在商品经济不太发达的时代，在保险市场竞争不甚激烈的背景下，这有一定的道理。但是，在现代商品经济社会中，在多元化的保险市场中，竞争激烈，没有一个险种能永远保持独占地位，再好的险种也需要适当的营销。

三、推销理念

这一理念流行于 20 世纪 30 年代至 40 年代末。当时，社会生产力有了巨大发展，市场趋势由卖方市场向买方市场过渡，尤其在 1929 — 1933 年的特大经济危机期间，大量产品销售不出去，迫使企业重视采用广告术与推销术去推销产品。推销观念表现为“我卖什么，顾客就买什么”。推销理念是假设保险公司如果不大力刺激消费者的兴趣，消费者就不会主动向该公司投保，或者投保的人很少。由于保险商品大多属于“非渴求商品”，是消费者一般不会主动购买的商品。因此，很多公司纷纷建立专门的推销机构，大力施展推销技巧，甚至不惜使用不正当的竞争手段。

从生产理念转变到推销理念，是保险公司经营指导思想上的一大进步，但它基本上仍然没有脱离以生产为中心、“以产定销”的范畴。因为它只着眼于现有险种的推销，只顾千方百计地把产品推销出去，至于售出后消费者是否满意，以及如何满足消费者的需要，达到消费者完全满意，则没有给予足够的重视。因此，在保险业进一步高度发展、保险险种更加丰富的条件下，这种观念也不再适用了。

四、营销理念

营销理念的观点是：实现组织的目标和利益，关键在于正确确定目标市场的需求和欲望，并且要比自己的竞争对手更有效、更快地满足目标市场的需求和欲望。营销理念是建立在上述三种观念的基础之上，直到20世纪50年代才基本形成，并且开始取代传统的营销思想，成为营销学界的主导思想。哈佛大学教授西奥多·李维特对推销观念和营销观念作了深刻的比较：推销观念注重卖方需要，营销观念注重买方需要；推销以卖方需要为出发点，考虑如何把产品变成现金，而营销理念则考虑如何通过产品以及与创造、传送产品和最终消费产品有关的事情，来满足顾客的需要。

营销观念具有以下四个方面的特征。

（1）有独自的目标市场。目标市场概念是营销观念的前提。市场经济的发展结果是分工更加专业化，没有任何一家公司可以包揽商品生产的每一个环节，任何一家公司只有对市场进行细分并找到适合自己的细分市场时，才有可能在竞争中立于不败之地。

（2）顾客需求至上的原则。即以消费者需求为中心，企业的组织经营也围绕客户的需求来展开，从顾客的角度出发来确定顾客需要。以顾客为中心必须明确以下几个概念：首先，确定目标市场并不等同于以顾客为导向的思想。顾客对某种商品有兴趣并不代表其有相应的购买能力，只有在深入调查之后才能明白顾客的真正有效需求；其次，要区分响应营销和创造营销。响应营销是寻找已经存在的需求并且去满足它，而创造营销则是发现和解决顾客虽没有提出要求但会积极响应的问题。响应营销的典型事例是在2003年上半年“非典”流行时期，中国的各家保险公司发现市场上有专门针对“非典”的保险需求，于是纷纷开办了专门针对“非典”的险种。创造营销的典型事例，比如手机、传真机、复印机和ATM机等，这些在以前不可想象的东西，都被人们一一变成了现实。以顾客为中心除了有利于推动营销活动的开展外，也有利于降低公司的运营成本。

（3）整合营销。所谓整合营销是指保险企业在营销过程中采取各种措施满足客户的需要，同时在营销过程中，要调动所有相关的职能部门，最大限度地相互协调配合，为满足客户的需要服务。从整合营销的定义我们可以看出整合营销包括两方面的含义：首先，整合营销的相关职能人员必须相互配合，即保险公司内部精算、核保、客户服务、理赔、会计、法律、人力资源等职能部门应配合营销部门争取客户，市场营销的职能应该以顾客需求为根本出发点；其次，在整合营销过程中，营销部门应该与其他部门尽力协调，让其他部门都意识到客户满意的重要性，只有这样才能保证各个部门的相互配合，更好地为客户服务。

（4）赢利能力。对于各种组织尤其是市场经济的主体来说，赢利是最根本的目标。没有赢利，组织就失去了存在的必要性。而赢利与否的关键是营销，如果一个企业的营销没有做好，就意味着产品无法销售出去，无法满足顾客的需要，没有得到顾客的认同，也就无法实现赢利。

五、社会营销理念

这种观念认为，企业的任务是确定目标市场需求和利益，并且在保持和增进消费者和社会福利的情况下，比竞争者更有效率地使目标顾客满意。这不仅要求企业满足目标顾客的需求与欲望，而且要考虑消费者及社会的长远利益，即将企业利益、消费者利益与社会利益有机地结合起来。

保险市场的日益发育，营销手段的加强，虽然较好地满足了消费者需求，但随之会出现为了实现利润目标，在很多时候损害消费者利益的现象，社会营销理念的基本要求是，保险公司在提供保险产品和服务时不但要满足消费者的需求和欲望，符合本公司的利益，还要符合消费者和社会发展的长远利益。对于有害于社会或消费者的需求，不仅不应该满足，还应该进行抵制性反营销。由此可见，社会营销理念是一种消费者、公司与社会三位一体的营销理念，是保险公司营销理念发展的一个较高、较完善的阶段。

第三节 保险营销主体

保险营销的主体是指保险商品的“生产者”和推销者，包括各类保险公司、保险代理人、保险经纪人和保险公估人。

一、保险公司

（一）保险公司的一般特征

保险公司是保险市场的经营主体，也是保险市场的供给方。保险公司根据不同的划分方法有不同的分类，按公司的经营内容来划分，可划分为人寿保险公司、财产保险公司；按公司的所有制划分，可分为国有保险公司、股份制保险公司和外商独资保险公司；按承保的风险是否转移划分，可划分为原保险公司和再保险公司；按组织形式的不同划分，则可以划分为保险股份有限公司、相互保险与合作保险组织、个人保险组织、政府保险组织等。这些保险公司在保险营销活动中，独立程度不同，地位和作用也有差别；但是，它们都是保险企业，具有相同的基本特征。

（1）均享有相对独立的经济权力。保险企业具有独立的资产和责任准备金，在《保险法》规定的范围内独立自主地经营保险业务，也就是说保险企业应该自主经营、自负盈亏、自我积累、自我提高、自我发展。只有如此，企业才能充满活力。

（2）拥有相对独立的经济利益。这是企业从事保险经营活动的内在动力。

（3）具有经济责任。市场规律是不承认任何权威的，企业如果经营得好，经济效益就好，它就兴旺发达，反之，它就可能获利甚微甚至破产倒闭。为此，必须进行以商品货币关系为特征的经济核算，以自己的收入来抵补支出，并有盈余。保险企业还必须对客户负责，对社会负责。为此，它要有充足的偿付能力，稳健地运用资金，恰当地进行分入或分出业务，全心全意地为保户服务，也就是说，保险企业必须对其保险经营活动负全责。

（二）保险公司的组织形式

1. 保险股份有限公司

保险股份有限公司是目前保险公司中最主要的组织形式，也是国际流行的企业组织形式。保险股份有限公司之所以能得到国际社会认同，其主要原因是：① 这种组织形式是比较成熟的现代企业组织形式，产权关系明确，运营效率高；② 采用这种模式可以积聚大规模的资本，有利于实现保险公司经营的规模优势，同时也有利于分散单个主体的经营风险，发挥大数法则的作用，提高公司的财务稳定性；③ 采用固定费率制，排除了被保险人的追补义务，消除了顾客的顾虑，有利于公司的业务开展；④ 股份有限公司拥有众多的专业人才，极大地提高了公司的经营、管理水平，对市场需求能够迅速作出反应、开发出具有市场潜力的险种；⑤ 股份有限公司通常通过独立的代理人和经纪人出售保险，使被保险人的利益得到更确切的保障，也有利于促进竞争。

从组织架构上看，股份有限公司一般要设置股东大会、董事会、监事会和经理层。

（1）股东大会。一般由全体股东组成，是公司的最高权力机构，主要职权包括决定公司的经营方针和投资计划；选举和更换董事；选举和更换监事，决定有关监事的报酬；审议批准董事会的报告；审议批准监事会的报告；审议批准公司的年度财务预算方案；审议批准公司的利润分配方案和弥补亏损方案；对增加或减少注册资本作出决议；对公司发行债券作出决议；对公司合并、分立、解散和清算等事项作出决议；修改公司章程。

(2) 董事会。是由公司的股东大会选举产生的负责日常经营和常设业务的执行机构，董事对股东大会负责，主要权力包括负责召集股东大会，执行股东大会的决议；决定公司的经营计划和投资方案；制订公司的年度财务预算方案、决算方案；制订公司的利润分配方案和弥补亏损方案；制订公司增加或者减少注册资本的方案，以及发行公司债券的方案；拟订公司的合并、分立、解散方案；决定公司内部管理机构的设置；聘任或者解聘公司经理；制订公司的基本管理制度。

(3) 监事会。是股份有限公司的监督机构，成员一般不少于三人，由股东代表和适当比例的公司职工代表组成。监事会的职权主要包括检查公司财务，监督董事、经理依法执行公司职务；当董事、经理的行为损害公司利益时，要求董事和经理予以纠正；提议召开临时股东大会。

(4) 经理人员。由董事会聘任或解聘，对董事会直接负责。主要职权包括主持公司的生产经营管理工作，组织实施董事会决议；组织实施公司年度经营计划和投资方案；拟订公司的基本制度；制订公司的具体规章；提请聘任或解聘公司副经理、财务负责人；聘任或者解聘除应由董事会聘任或解聘以外的管理人员。

保险股份有限公司是目前国际上最流行的保险公司组织形式，但也有其局限性，主要表现在：

(1) 保险股份有限公司一般以营利为目的，因此所提供的保障范围比较有限，主要提供一些大多数人需要的险种，而对于一些效益可能不太好的险种，很少开发，不利于提高保障的范围和比例。

(2) 股份有限公司强调控制风险，对风险比较大的项目一般拒绝承保，使那些需要保险保障的顾客无法购买，难以得到保障，尤其是一些关系重大的项目，不利于经济发展。

(3) 股份有限公司的费率比较高，消费者所需交纳的保费也相应比较高。

2. 相互保险组织

相互保险组织属于比较原始的保险组织，会员既是公司成员，也是保险公司的客户，成员之间互相提供保险，是目前世界保险市场的重要组成部分。从目前情况来看，相互保险组织主要有以下几种形式。

(1) 相互保险公司。由法人投资成立的保险组织，它的主要目的不是营利，而是为其成员提供低成本的保险。相互保险公司采取多种收费方式，主要包括：预收保费制，是在签订保单合同时，保险公司就收取保费，终了时保费如有盈余，就分给投保人，或者留存于公司；摊收保费制，这是一般规模较小的公司常用的收费方式，在签单时，保险公司收取足够的保费，以应付公司的相应开支，当所交保费不够时，投保人须在确定的限额内补交，与预收保费制度有相似之处；永久保费制，是指一次缴纳保费后，保险合同就永远有效，永久收费制一般所交保费数额比较大，但是在一定期限内投保人可以从公司盈余中分享红利。

相对于保险股份有限公司，两者的主要区别是：① 组织形式不同。相互保险公司没有股东，保单持有人兼具投保人与保险人双重身份，因而相互保险公司的最高权力机构为会员大会而不是股东大会。只要缴纳保费，投保人就可以成为公司会员，而保险合同一旦解除，会员资格随之消失。公司清算时，在偿付完其他债务后，剩余财产归全体投保人所有。② 资金来源不同。相互保险公司没有资本金，也不能发行股票。风险基金来源于会员缴纳的保险费，营运资金由外部筹措。相互保险公司对公司债权人不直接承担义务，会员对公司的债务责任以缴纳的保费为限。③ 经营目标和分配机制不同。相互保险公司是不以赢利为目的的法人，在经营上对被保险人的利益较为重视。名义上公司不通过对外经营获得利润，而是在会员内部之间开展相互保险。保费收入在支付赔款和经营费用之后，盈余部分完全由会员共享。通常做法是，一部分盈余分配给保单持有人，另一部分作为公积金或准备金，转入下一会计年度的风险基金。④ 股份保险公司的股东不一定持有公司保单，股份作为所有权的标志可相互转让，股东与公司的关系只有在出售了公司的股份后才得以终止。相互保险公司保单持有人的权利不能转让，但公司可以通过终止保险合同来终止保单持有人的权益。

(2) 相互保险社。相互保险社是由一些对某种危险有同一保障要求的人为了应付自然灾害或意外事故造成的经济损失而自愿结合起来的集体组织，当其中某个成员遭受损失时，由其余成员共同分担。其保单持有人即为社员，参加相互保险社的成员之间互相提供保险，真正体现了“我为人人，人人为我”。

相互保险社是最早出现的保险组织，也是最原始的相互组织形式，这种组织形式目前多见于英、美、日等国。其主要特点是：① 保单的持有人就是社员，社员之间相互提供保险。② 相互保险社没有股东，经营资金主要来源于社员缴纳的分担金，各保单的保险金额也没有高低之分。③ 社员都可以参与相互保险社的管理活动，每个人都拥有相同的投票权，相互保险社也会设立专职人员负责日常事务。

(3) 保险合作社。保险合作社是一种特殊的相互组织形式，它要求社员加入时必须缴纳一定金额的股本，并且合作社与社员的关系比较永久，社员认缴股本后即使不是保单持有人也具有社员资格，与合作社保持密切关系。一般属于社团法人，是非赢利机构。

保险合作社既非公司，也非个人合伙，是否具有法人资格由法律规定。合作社由社员或社员代表大会选出合作社委员会作为决策机构，在其指导下，聘任理事来经营保险业务。每一合作社成员应交的保险费是其同意分摊的预期损失加上经营费用的总和。盈余可以分到每一个成员的账户中，亏损则由成员就其分摊部分补交，直至达到合同规定的最大限额。

保险合作社的原理是互助共济，大家一起为自己提供经济保障，不以赢利为目的。其优点是可以有效降低成本，通过这种利益合作，实现相互监督，减少或避免道德危险的发生。这类合作社组织形式多样，情况复杂，需要具体规范的时机尚不成熟，依《保险法》的规定，将来由法律、行政法规去另行规定。

目前全球具有影响力的保险合作社有美国的蓝十字与蓝盾协会（Blue Cross and Blue Shield Association）等。这种组织形式分布于 30 多个国家，其中英国的数量最多。

保险合作社和相互保险社的不同之处，主要表现在：① 相互保险社没有股本，而保险合作社有会员缴纳的股本。保险合作社的社员也是股东，能够参与保险合作社事务的管理。② 相互保险社和社员合作期限一旦到期，社员就退出相互保险社，而保险合作社和社员之间是一种长期的关系，社员认缴股本后，即使不使用保险合作社的服务，也能与之保持联系。

3. 个人保险组织

个人保险组织就是以个人名义经营的保险组织。个人保险组织是英美保险市场上的重要组织形式之一。一般国家为了保护消费者的利益都不允许个人经营保险业务，而英国的劳合社是由于历史原因而产生并生存至今，因此，现在一般所说的个人保险组织主要指劳合社。

劳合社是世界上历史最悠久的保险机构，它在世界保险行业中占有举足轻重的地位，劳合社的保单条款、费率在世界保险市场上一直是被效仿的对象。劳合社就其组织的性质而言，不是一个保险公司，而是一个社团组织，它不直接接受保险业务或出具保险单，所有的保险业务都通过劳合社的会员，即劳合社承保人单独进行交易。劳合社只是为其成员提供交易场所，并根据劳合社法案和劳合社委员会的严格规定对他们进行管理和控制，包括监督他们的财务状况，为他们处理赔案，签署保单，收集共同海损退还金等，并出版报刊，进行信息搜集、统计和研究工作。劳合社承保人以个人名义对劳合社保险单项下的承保责任单独负责，其责任绝对无限，会员之间没有相互牵连的关系。劳合社从成员中选出委员会，委员会在接受新会员入会之前，除了必须由劳合社会员推荐之外，还要对他们的身份及财务偿付能力进行严格审查。例如，劳合社要求每一会员具有一定的资产实力，并将其经营保费的一部分（一般为25%）提供给该社作为保证金，会员还须将其全部财产作为履行承保责任的担保金。另外，每一承保人还将其每年的承保账册交呈劳合社特别审计机构，证实其担保资金是否足以应付所承担的风险责任。根据劳合社委托书，承保人所收取的保险费由劳合社代收。

劳合社早在劳埃德咖啡馆时代就以经营海上保险业而出名。1871 年，英国议会通过法案正式承认劳合社为法人组织，限制其成员专营海上保险业务。到 1911 年，英国议会取消了对劳合社经营范围的限制。目前，劳合社成员的承保业务大体分为四大类，即水险、非水险、航空和汽车保险。

劳合社在承保方面具有其他保险经营机构无法比拟的优势：

(1) 在其他保险企业购买不到的险种可在劳合社买到，极大增强了劳合社的竞争能力；

(2) 劳合社在开发新险种方面总是在市场上处于领先地位，是其他保险机构模仿的对象，产生了良好的社会效益和经济效益，推动了保险业的发展；

(3) 劳合社的交易有严格的自律机制，对整个交易的过程进行严格控制；

(4) 劳合社的每个加入的成员都要有雄厚的财力并愿意承担无限责任，有力地确保了劳合社的信誉；

(5) 劳合社成立各种基金来保障被保险人的利益，会员之间还相互提供再保险，有力地降低了经营风险。

劳合社与中国保险市场具有很长的合作关系。在过去的 30 多年时间里，劳合社一直为中国的保险公司在水险和航空险方面提供境外再保险承保能力。2000 年，劳合社在北京成立代表处。2007 年 4 月 16 日，劳合社在上海宣布其在中国的再保险业务经营正式开业，这意味着劳合社正式涉足中国的再保险市场。

4. 政府保险组织

政府保险组织是在特定的情况下才会出现的。在保险市场上，有些险种对于社会生活的正常运转有非常重要的意义，比如，与冰雹、暴雨、泥石流、山崩和雪崩等相关的保险，一般营利性保险组织不愿意提供或无力承保，而社会又存在巨大需求，在这种情况下，一般由国家投资设立专门非营利机构来直接经营此类险种。另外，在发展中国家，为避免本国的保险业务被外国资本所掌控，扶持本国的民族保险行业发展，也可能会采取由国家直接举办的方式，不以营利为目的，而是为整个国民经济的良性运转提供有力的保障。

政府保险组织并不等同于国有保险公司，国有保险公司一般是由国家作为发起人投资设立的，它并不是政策性保险公司，而是以营利为目的。

二、保险中介

（一）保险代理人

保险代理人是指根据保险人的委托，在保险人授权的范围内代为办理保险业务，并依法向保险人收取代理手续费的单位或者个人。在现代保险市场上，保险代理人已成为世界各国保险企业开展保险业务的主要形式和途径之一。

根据我国《保险代理人管理规定（试行）》，保险代理人分为专业代理人、兼业代理人和个人代理人三种。其中，专业保险代理人是指专门从事保险代理业务的保险代理公司。在保险代理人中，只有它具有独立的法人资格。兼业保险代理人是指受保险人委托，在从事自身业务的同时，指定专用设备专人为保险人代办保险业务的单位，主要有行业兼业代理、企业兼业代理和金融机构兼业代理、群众团体兼业代理等形式。个人代理人是指根据保险人的委托，在保险人授权的范围内代办保险业务并向保险人收取代理手续费的个人。个人代理人展业方式灵活，为众多寿险公司广泛采用。

根据我国《保险法》和《保险代理人管理规定（试行）》，从事保险代理业务必须持有国家保险监管机关颁发的《保险代理人资格证书》，并与保险公司签订代理公司，获得保险代理人展业证书后，方可从事保险代理活动。国家对上述三类不同的保险代理人分别规定了各自应具备的条件。

保险代理人因类型不同，业务范围也有所不同。保险代理公司的业务范围是：代理推销保险产品，代理收取保费，协助保险公司进行损失的勘查和理赔等。兼业保险代理人的业务范围是：代理推销保险产品，代理收取保费。个人代理人的业务范围是：财产保险公司的个人代理人只能代理家庭财产保险和个人所有的经营用运输工具保险及第三者责任保险等；人寿保险公司的个人代理人能代理个人人身保险，个人人寿保险，个人人身意外伤害保险和个人健康保险等业务。除此之外，2005 年 8 月保监会下发的《关于规范团体保险经营行为有关问题的通知》打破了团体险、个人险互不交叉的禁区，允许个人代理人销售团体保险产品。

（二）保险经纪人

《保险法》第一百二十三条规定："保险经纪人是基于投保人的利益，为投保人与保险人订立保险合同提供中介服务，并依法收取佣金的单位。"从该条规定来看，保险经纪人具有以下几点法律特征：

(1) 保险经纪人是投保人的代理人，必须接受投保人的委托，基于投保人的利益，按照投保人的要求进行业务活动。

(2) 保险经纪人不是合同当事人，仅为促使投保人与保险人订立合同创造条件，组织成交，提供中介服务，而不能代保险人订立保险合同。

(3) 保险经纪人只能以自己的名义从事中介服务活动，但其有自行选择向哪家保险公司投保的权利。

(4) 保险经纪人从事的是有偿活动，有权向委托人收取佣金。其佣金主要有两种形式：一种是由保险人支付，主要来自其所收保险费的提成；另一种是当投保人有必要委托经纪人向保险人请求赔付时，由投保人支付。

(5) 保险经纪人必须是依法成立的单位而非个人，并承担其活动所产生的法律后果。投保人对保险经纪人的经纪活动并不承担责任，经纪人因其过错造成的损失由自身承担。

保险经纪人作为投保人的保险顾问，能为投保人提供广泛、周到的服务，具体包括：

(1) 为投保人选择最合适的保险公司和险种，保证投保人以最有利的条件签订保险合同，获得最大的保险保障。

(2) 对客户经营活动的风险进行认定和评估，确定其投保需求，并提出风险管理的建议。

(3) 在保险期间内，定期拜访客户，分析风险变化状况，帮助保户修改保险方案。

(4) 当发生保险事故时，监督保险合同的执行情况，或接受保户委托，以最恰当的索赔方式协助或代保户向保险人索赔。

(5) 为客户提供经济、法律、财务和审计等多方面咨询服务。

目前，国际上保险经纪人的功能已从最基本的单纯协助客户安排保险，扩大到协助客户进行风险管理及投资理财等全方位服务。客户将享受到更广泛、周到的服务。

（三）保险公估人

保险公估人是指依照法律规定设立，受保险公司、投保人或被保险人委托办理保险标的的查勘、鉴定、估损以及赔款的理算，并出具保险公估报告，向委托人收取酬金的公司。保险公估人可接受保险公司和投保人双方的委托，但不代表任何一方的利益，而是站在独立的立场上对委托事项作出客观、公正的评价，为保险关系当事人提供服务，使保险赔付趋于合理、公平，有利于调停保险当事人之间关于保险理赔方面的矛盾。目前，在保险业高度发达的国家，保险公估公司很普遍，由保险公估公司处理的赔案占整个保险公司赔案的比例高达80%以上。在我国保险中介市场中，公估人发展属朝阳行业，其发展前景十分广阔。因为有了保险公估人，保险公司便可以从繁琐的理赔事务中解脱出来，既提高了保险服务质量又能降低成本，同时使承保与理赔的核定工作更具公正性，各保险公司与其合作是大势所趋。

第四节 保险营销客体

一、保险商品

保险营销客体就是保险商品，也就是保险公司设计的各种类型的保险单。和其他商品一样，保险商品也具有价值和使用价值，它的价值是耗费在经济保障劳务上的劳动，生产保险商品的社会必要劳动量决定保险商品的价值量；它的使用价值是保障社会生产正常秩序和人民生活安定。

二、保险商品的特性

1. 保险商品的无形性

保险商品是一种劳务商品、一种以风险为对象的特殊商品、一种无形商品，不为人们提供一个直观的客体，它既没有自己独立存在的实物形式，也不能以某种物理属性直接满足人们生活和生产上的需要。因此，保险消费者很难通过看得到的保险商品来激发自己的购买欲望，或对这些商品进行检查、评价。由于保险商品的抽象性和无法预知购买效用的特点，消费者在购买保险商品时，实际上是在购买保险公司的信誉及业务人员的专业服务。因此，保险营销人员的首要任务就是将这种无形的保险商品增加其有形的成分，即通过保险服务和保险宣传等各种有形的方式，让广大顾客认识、感知以及判断保险商品的质量及效用，从而作出购买决策。

2. 保险商品的需求潜在性

保险商品所保障的是风险事故与损失，而这些风险是发生在将来的。但是，将来究竟会在何时、何地、如何发生、何种程度的风险损失都是无法预料的，而且人们往往觉得风险的发生，如养老、死亡是太遥远的事情。因此，虽然有预防风险的想法和打算，也有要求得到这些风险保障的需求，但是，这种需求并不急切。消费者在日常生活中很少有机会认识到风险保障的重要性，除非身边发生了不幸事故。由此可见，保险营销人员要把这种潜在的需求变为现实、有效的需求，就需要付出远比其他商品营销人员更多的精力与时间。同时也要求保险营销人员具有相当丰富的保险专业知识,能够将保险商品的潜在需求一针见血地指点出来,促使消费者意识到保险商品的重要性，进而认同并购买。

3. 保险商品的可替代性

保险非常重要的职能就是风险分散与经济补偿，它能够满足人们生活安定和社会生产稳定的需求,但这种职能并不一定要通过保险来完成。以人寿保险为例,人寿保险的作用就是为人们提供养老和家庭收入的保障。而养老和保障家庭收入的办法有很多，如通过社会保险制度也可以满足人们的这种需求。世界各国的社会保障制度证明，一个国家社会保障制度覆盖面越广，提供养老年金水平越高，则该国国民对养老保险的需求就越低，反之则越高；一个国家社会保障制度提供给遗属的保障越高，则该国国民对死亡保险的需求越低。此外，人们还可以通过银行存款、购买房地产等其他金融资产来储蓄退休后和身后的家庭生活费用。财产保险也不例外,如一个人购置了防盗门窗,其投保盗窃险的欲望就会明显降低。因此，保险营销人员如何将大多数消费者的需求吸引到保险商品上来，建立稳定的顾客群，是一个值得研究的课题。

4. 保险商品的异质性

保险商品不可能像一般商品那样是标准化的，具有“同质性”。这是因为服务是一个复杂的动态过程，具有“异质性”即“易变性”。发生的时间、地点、方式等特定条件不同，差异性就会很大。不同的公司、不同的营销人员，即使提供同一种保险产品，消费者的感受也会不同；甚至是同一个营销人员提供服务，也不一定一成不变，因时间、地点、准保户等具体情况不同也会表现出相当大的差异。保险营销中，如何克服这种“异质性”，使消费者得到始终如一的服务，是保险营销市场的营销主体尤其需要关注的。

5. 保险商品的复杂性

从一般形式上看，保险商品表现为一些法律文件，即保险人承诺在特定情况发生时提供保险保障的法律文件。尽管大多数保险公司都试图尽量简化保险合同条款的措辞，但法律上的要求仍然使这些措辞难以理解。因此，对于大多数保户来说，他们并不真正了解所购买的保险产品。对于如此复杂的产品，要求营销人员具有较高的素质，甚至充当教育者。

6. 保险商品的交易长期性

保险商品交易具有长期性，因为保险是提供在将来发生特定保险事故时，支付一定保险金的承诺，其实际履行与否基于不确定的将来。因此，保险交易的完成，短则几个月或一年，长则十年或几十年，尤其是人寿保险商品。无论是生存保险、死亡保险或两全保险，人寿保险的合同往往长达几年或几十年之久。如一个 20 岁的人，购买以 60 岁为给付条件的养老保险，要到 40 年后保险单的使用价值才开始显现。保险合同时期久远的这一特征，使消费者对保险商品的作用不能真正或充分了解，认为交了许多保险费，得到的只是一纸承诺若干年后才能兑现的保险单。因此，大多数人不会主动向保险公司购买保险，而需要保险营销人员做大量的招揽业务工作，广泛宣传、解释保险商品的真谛。

7. 保险商品的隐性等价交换关系

保险商品交换是不是等价交换？就个别保险商品交换活动来看是不等价交换，从表面现象来看，有些人交了保险费却未得到赔偿；相反，得到赔偿的人所得到的赔偿金额都超过所付保险费的百倍、千倍以上。但是，从保险商品交换的总体上看是等价的，即以保险人总体为一方和被保险人总体为另一方的双方交易是具有等价交换关系的。从价值规律出发，商品交换必须是等价的，至少交换双方均认为是等价的。无论是个别交换，还是总体交换，都不能违背等价交换原则，保险商品的交换也是一样。投保人支付保险费来取得保险保障，是因为他们在比较风险处理财务的机会成本上，认为保险值这个价，两厢情愿就是等价交换。由于保险商品的等价交换关系不如其他商品表现明朗化，保险营销人员如不能讲明这个道理，投保人也就不会下决心去购买保险。

三、保险商品的种类

（一）人身保险产品

1. 人寿保险产品

它是一种以人的生死为保险对象的保险，当被保险人在保险责任期内死亡或生存至保险合同期满，由保险人根据合同规定给付保险金的一种保险。人寿保险的业务范围包括生存保险、死亡保险、两全保险。生存保险是以约定的保险期限满时被保险人仍然生存为给付条件，由保险人给付保险金的保险，如养老年金保险。死亡保险是以保险期限内被保险人死亡为给付条件，由保险人给付保险金的保险。两全保险是无论被保险人在保险期限内死亡还是生存至保险期满，保险人都要按合同约定给付相应保险金的保险，如简易人身险。

2. 意外伤害保险

它是指在保险合同期限内，被保险人由于遭受意外伤害导致残废或死亡结果出现时，由保险人按照约定承担给付相应保险金责任的人身保险。如交通工具意外险、运动员意外伤害险、学生团体平安保险等。

3. 健康保险

2006年9月1日实施的《健康保险管理办法》中明确指出，健康保险是指保险公司通过疾病保险、医疗保险、失能收入损失保险和护理保险等方式对因健康原因导致的损失给付保险金的保险。其中：疾病保险是指以保险合同约定的疾病的发生为给付保险金条件的保险；医疗保险是指以保险合同约定的医疗行为的发生为给付保险金条件，为被保险人接受诊疗期间的医疗费用支出提供保障的保险；失能收入损失保险是指以因保险合同约定的疾病或者意外伤害导致工作能力丧失为给付保险金条件，为被保险人在一定时期内收入减少或者中断提供保障的保险；护理保险是指以因保险合同约定的日常生活能力障碍引发护理需要为给付保险金条件，为被保险人的护理支出提供保障的保险。

（二）财产保险产品

1. 财产损失险

保险人承保因火灾、其他自然灾害或意外事故引起的直接经济损失。险种主要有企业财产保险、家庭财产保险、家庭财产两全保险（指只以所交费用的利息作为保险费，保险期满退还全部本金的险种）、涉外财产保险、其他保险公司认为适合开设的财产险种。

2. 货物运输保险

指保险人承保货物运输过程中自然灾害或意外事故引起的财产损失。险种主要有国内货物运输保险、国内航空运输保险、涉外（海、陆、空）货物运输保险、邮包保险、各种附加险和特约保险。

3. 运输工具保险

保险人承保运输工具因遭受自然灾害或意外事故造成运输工具本身的损失和第三者责任。险种主要有汽车保险、机动车辆保险、船舶保险、飞机保险、其他运输工具保险。

4. 农业保险

指保险人承保种植业、养殖业、饲养业、捕捞业在生产过程中因自然灾害或意外事故造成的损失。

5. 工程保险

指保险人承保中外合资企业引进技术项目及与外贸有关的各专业工程的综合

性危险所致损失，以及国内建筑和安装工程项目。险种主要有建筑工程一切险，安装工程一切险，机器损害保险，国内建筑、安装工程保险，船舶建造险以及保险公司承保的其他工程险。

6. 责任保险

指保险人承保被保险人的民事损害赔偿责任。险种主要有公众责任保险、第三者责任险、产品责任保险、雇主责任保险、职业责任保险等。

7. 保证保险

指保险人承保的信用保险，被保证人根据权利人的要求投保自己信用的保险是保证保险；权利人要求被保证人信用的保险是信用保险。包括合同保证保险、忠实保证保险、产品保证保险、商业信用保证保险、出口信用保险、投资（政治风险）保险。

第五节　保险营销的对象

保险营销的对象就是保险顾客。顾客是保险公司的生命线，是其财富的重要来源。在买方市场条件下，特别是在全球经济增长减缓、市场竞争日益激烈、行业利润日趋微薄、消费者维权意识逐步加强以及顾客需求多样化、个性化的今天，各保险公司为了争夺顾客纷纷施展各种营销技能。随着竞争的深入，各保险公司也开始认识到要留住老顾客、发展新顾客，使公司走上良性循环的道路，其关键是要实现顾客满意。而如何准确理解顾客与顾客满意的内涵，如何实现顾客满意已成为各保险公司的主要研究内容。

一、保险顾客

如果我们把顾客简单地理解为购买者，那么顾客满意的这一保险营销理念就无法在保险公司的运营过程中得以充分体现，其根本原因就在于顾客满意不仅表现在保险商品购买过程中，更表现在当被保险人或保险标的出险时所能提供的保险保障。也就是说，顾客满意的实现最终是保险商品使用价值的体现，即保险顾客满意是通过对保险商品的使用和消费过程中得以实现的，从这个意义上说，使用者比购买者对保险公司意味着更多的内涵。因此，保险营销的顾客满意不仅包括购买环节的顾客，还应包括消费和使用环节的顾客，单纯把顾客理解为购买者或使用者都是不适当的。

二、保险顾客满意

1. 顾客满意的含义

保险顾客满意，是指保险顾客感觉某保险公司的产品和服务达到或超过他的期望值，并满足了他所有的需求。顾客满意可以帮助保险公司建立长期顾客忠诚，增加保险公司吸引新顾客的能力，帮助保险公司招募和保留销售人员，有助于将自身产品同竞争者区分开来，提高公司经营水平和经营能力，改善和加强公司的经营环境。

2. 保险顾客满意与保险顾客忠诚

当公司提供的产品和服务超出了保险顾客期望水平时，保险顾客就可能对公司非常忠诚。保险顾客忠诚是保险顾客对某种产品或某个保险企业产生感情、形成偏好，并长期重复购买该保险企业产品的行为。保险顾客忠诚能够提高对保险企业的价值，为保险企业带来长期利润。同时，保险顾客忠诚可以带动、吸引新的保险顾客，以减少营销成本，提高保险企业竞争力。保险顾客满意是保险企业追求的目标，因为保险顾客满意会带来保险顾客的忠诚，从而使保险企业因为顾客的重复购买、口碑效应和学习效应等带来较大的利润。保险顾客满意与保险顾客忠诚存在某种关联性，但是它们之间的关系并不是一种简单的线性关系，而是与行业竞争状况有密切关系。竞争程度不同，保险顾客满意和保险顾客忠诚的相互关系是有差异的。在高度竞争的业态中，保险顾客忠诚的可能性随其满意程度的提高而增加，但只要保险顾客满意度有所下降，忠诚度就会急剧下降。

从上述内容可知，实现保险顾客满意对于保险企业发展来说是十分重要的。

三、顾客满意的实施

如何实现顾客满意是保险公司的主要研究方向，目前许多保险公司把实现顾客满意简单地停留在设立投诉部门、客户服务部门，开展更多的微笑服务以及使员工服务态度更加友善等。事实上，顾客满意是一个综合性的服务概念，不但要提倡以人为本的服务理念，更要把这种理念贯彻到保险公司的经营管理中去，使顾客在每一环节中都能感到满意。从短期来看，实施顾客满意会增加保险公司的成本或使其在某份保单的交易上产生损失，但从长期来看，保险公司仍会因为高度的顾客满意而获得巨大回报。因此，顾客满意的实施可从让渡顾客价值和正确处理顾客抱怨等方面着手。

（一）顾客让渡价值

顾客让渡价值是指客户总价值与总成本之间的差额部分。

顾客总价值是指顾客从企业提供的产品或服务中获取的全部利益，它由产品价值、服务价值、人员价值、形象价值和个人价值五方面组成。

保险产品价值即顾客购买保险产品所获得的保险保障、投资的增值，包括三个层面的内容：核心产品（主要利益），形式产品（包装和品牌），附加产品（保证、送货）。与此相适宜，保险产品包括内在价值、外在价值和附加价值。

服务价值即顾客所得到的与购买保险产品相关的服务，如免费体检、咨询服务等。保险服务是建立顾客对公司忠诚的重要因素，也是事关保险营销成败的重要因素，因为它也是重要的竞争手段之一。

人员价值即公司员工的思想、业务水平、工作效率等对顾客施加的积极影响。员工是否具有共同的经营理念、良好的文化素质、广博的专业知识在很大程度上决定对顾客服务的质量。

形象价值即公司及产品在深化公众中树立的总体形象所产生的积极影响。保险企业形象是由很多因素构成的，既有内在因素也有外在因素，既有物质因素也有精神因素等。

个人价值即保险商品对顾客具有的某种意义或价值，不同的保险产品险种对个人所产生的价值也是不同的，同种保险产品险种对不同的人群所产生的价值也是不同的。例如，同样是意外险种，它对教师和建筑工地作业人员的价值大小是不同的，显然对建筑工地作业人员的价值更大，因为他们的意外风险更大，更需要意外保险的保障。

在获得一系列价值的同时，顾客必须付出一定的代价，这就是顾客总成本，它包括：货币成本，即顾客在购买保险中支付的保费；时间成本，即顾客在购买保险产品过程中的时间消耗；精力成本，即在保险需求形成、信息调研、决定投保中所消耗的精神和体力，参加保险后的感受；心理成本，即在购买保险过程中选择或购买等环节对购买者心理所造成的各种心理压力。

从上述可以看出，客户总价值越大，总成本越低，顾客的让渡价值就越大。让渡价值可以看成是顾客购买保险产品的获得。需要说明的是，限于不同的客户主体对保险的了解程度的差别，一个特定顾客所进行的最大顾客让渡价值过程往往是一个“试错/尝试”的过程，是一个逐渐逼近最大让渡价值的过程。在这过程中，也许初次投保时，他没有实现和达到最大让渡价值，但通过一些新途径的了解和新知识的学习，在下一次的投保过程中，也许会选择适合自己的保险险种，从而达到自己的让渡价值最大化。所以在市场竞争中，能够清楚认识到顾客的真正所需，并且以比竞争对手更快的速度提供客户服务，实现客户/顾客的让渡价值最大化的保险公司，才能有效吸引和留住客户。

清楚了解顾客的让渡价值，可以让保险企业在市场竞争中找到服务客户的空白点，同时也使其更清楚客户需要的是什么，提高服务质量。对保险公司来说，这是一个必须了解清楚并付之行动的经营理念。

（二）正确处理保险客户抱怨

保险公司顾客抱怨处理至少应包括下面环节：

1. 向顾客真诚地道歉

当顾客提出抱怨时，接受顾客抱怨的人员应该在第一时间对顾客进行道歉。即使有的服务失误不完全是由于公司原因引起的，保险公司也要向顾客真诚地道歉，这是缓和顾客情绪，有助于问题后续解决的第一步。

2. 确认问题所在，及时解决问题

根据顾客投诉内容，弄清问题产生在哪一个环节和产生的原因，并及时地进行解决。即使所投诉的问题解决起来比较漫长和困难，也要把问题的进展情况及时通知顾客。因为有服务业的相关研究表明，抱怨处理的等待时间和顾客在问题解决中的主动性地位都会显著影响顾客的满意度。

3. 评估问题的严重性，分清责任，作出适当补偿

对问题责任的界定要客观，既不轻易揽责任，也不能轻易推卸责任，并结合双方应承担的责任和损失的大小，对顾客进行补偿。补偿的方式可以针对失误的性质确定。

4. 跟踪调查

保险公司可以采用口头询问、电话回访、信函或电子邮件等手段对接受顾客抱怨处理的顾客进行跟踪调查，了解抱怨处理的效果如何。

◆ 本章小结

保险营销是指在变化的市场环境中，保险企业（公司）以市场需求为导向，为追求最大化利润、稳健发展和顾客满意而开展的综合市场活动。它是一项系统工程，其中心是交换，目的是通过满足消费者的保险需求来创造利润。同其他商品的营销相比，保险商品的营销更注重主动性、人性化和关系营销。

保险公司的营销理念，在不同的经济发展阶段、不同的市场形势下，表现出不同的时代特点，其发展历程为：生产理念—产品理念—推销理念—营销理念—

社会营销理念。

保险营销的主体是指保险商品的“生产者”和推销者，包括各类保险公司、保险代理人、保险经纪人和保险公估人。保险营销客体就是保险商品，其具有无形性、需求潜在性、可替代性、异质性、复杂性、交易长期性等特点。保险营销的对象就是保险顾客。要留住老顾客、发展新顾客，使公司走上良性循环的道路，关键是要实现顾客满意，而如何准确理解顾客与顾客满意的内涵，如何实现顾客满意已成为各保险公司的主要研究内容。

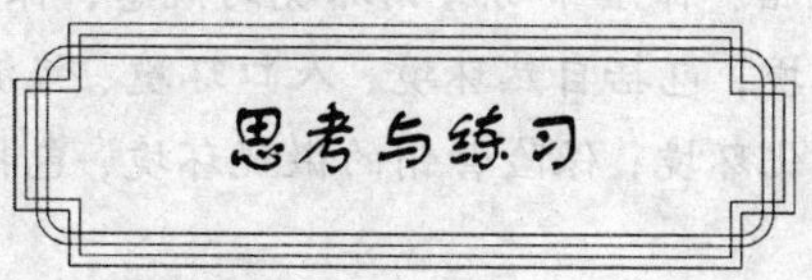

（1）如何理解保险营销的定义？

（2）保险营销理念的发展经过了哪些阶段？其中营销理念如何理解？

（3）保险公司的组织形式有哪些？各有什么特点？

（4）保险中介市场有哪些组成部分？

（5）保险商品的特点是什么？

（6）保险商品常见种类的划分是什么？

（7）什么是顾客满意？

（8）如何理解顾客让渡价值？

第二章　保险营销环境分析

◆ **本章要点**

本章的主要内容包括：保险市场营销环境的概念；保险企业与营销环境的关系；保险营销的宏观环境，包括自然环境、人口环境、经济环境、政治法律环境、科学技术环境、社会文化环境；保险营销的微观环境，包括保险企业、保险中介、投保人和公众等。

第一节　保险营销环境概述

任何经济活动都离不开各自特定的环境，同样，保险市场的营销活动也是在一定的社会环境条件下进行的。它是保险经营活动的一个约束条件。保险企业只有认真分析和研究自身所处的市场营销环境，并努力使企业的经营目标和市场营销环境各因素保持协调、平衡，才能保证企业经营目标的实现。

一、保险营销环境的概念

保险营销环境是指影响保险企业的营销管理能力，使其能否成功地发展和维持与其目标客户交易所涉及的一系列内部因素与外部条件的总和。

保险营销环境系统是复杂的、多层次的。

(1) 从环境层次的角度来划分保险市场营销环境可以分为微观环境和宏观环境两大类：

① 微观环境。指与保险企业紧密相连，直接影响企业营销能力的各种参与者。包括企业内部因素和企业外部的供应商、营销中介、顾客、竞争者和公众等因素。

② 宏观环境。指影响微观环境的一系列巨大的社会力量，代表企业不可控制的变量。包括人口、经济、自然、技术、政治法律和文化六大因素。在保险市场营销环境系统中，微观环境因素受到宏观环境因素的制约，同时又影响宏观环境因素。

(2) 从环境广义与狭义的角度来划分，又可以把保险营销环境分为外部环境和内部环境。前者是指影响保险企业生存和发展的各种外来因素，一般具有不可控性；后者是指保险企业内部诸多因素的影响、作用和制约力量。保险企业营销的外部环境通常包括：人口环境、自然环境、经济环境、技术环境、社会文化环境和政治法律环境等因素，这些外部环境因素和宏观环境一样都是保险企业所不能控制的；而保险企业营销的内部环境则包括：保险企业的产品、目标市场、营销策略、分销体系和企业文化等，它和微观环境一样，保险企业可以主动地对其进行控制与调节，使其始终与保险企业的经营目标相一致，并尽量与外部环境相适应，以保证保险企业经营目标的实现。

保险营销环境是复杂多变的，它随着社会经济、文化、政治的发展变化而不断变化。同时，保险营销环境的各因素又不是孤立存在的，而是相互联系、相互作用、相互制约的一个统一体。因此，只有认真研究分析，才能使保险企业在复杂多变的营销环境中得以发展。

二、保险营销环境的特点

1. 客观性

环境作为营销部门外在的不以营销者意志为转移的因素，对保险企业营销活动的影响具有强制性和不可控的特点，如政治及经济形势、保险市场的需求趋势、经济管理体制、人口等因素，都是保险企业所不能决定和控制的。对于这些环境因素，保险企业应及时采取适应性和协调性的措施，即主动适应环境的变化和要求，制订并不断调整营销战略。

2. 相关性

保险市场营销环境不是由某一个单一的因素决定的，它受到一系列相关因素的影响。从较长历史时期对整个市场营销环境进行考察，我们不难发现，各种环境因素总是程度不同地相互关联。比如，产品市场价格不但受市场供求关系的影响，而且还受科技进步及财政金融政策和税收政策的影响。再如，一个国家的体制、政策与法令总是影响该国科技、经济的发展速度和方向，继而会改变社会的某些风俗与习惯，进而影响保险消费者的保险需求及保险购买行为。同样，科技和经济的发展又会引起政治体制和经济体制的相应变革，促使某些政策法令相应变更。所以，营销环境因素间是相互联系、相互影响、相互制约的，某一因素的变化，必然导致其他因素的变化，形成新的营销环境。

3. 差异性

保险市场营销环境的差异性不仅表现在不同企业受不同环境的影响，而且同样一种环境因素的变化对不同企业的影响也不同。由于外界环境对保险企业作用的差异性，使企业采取的营销策略各有特点。

4. 多变性

构成保险企业市场营销环境的因素是多方面的，每个因素都会随着社会经济的发展而不断变化，只是这些变化有快慢强弱之分。一般来讲，科技、经济、政治与法律因素的变化相对其他因素变化要快一些、强一些，它们对保险企业市场营销的影响就相对较短且跳跃性较大，特别是科技因素的变化最快、最强，它是促使保险企业技术改造和产品创新的主要动力之一。而自然、社会和人口因素的变化则相对较弱、较慢一些，但它们对保险企业市场营销的影响则相对较长期和稳定。

5. 复杂性

营销环境是一种多因素的组合，即对任何一个要从事营销活动的保险公司来说，其所面临的营销环境都是由若干环境因素组成的，营销环境是一个多因素、多变量、复杂的集合系统。营销环境的复杂性还表现为各环境因素之间有时会存在矛盾。例如，随着人们收入的大幅度增加，推展理财类保险产品势在必行，但现行的保险法规所允许的投资渠道却比较狭窄，在客观上阻碍了理财类保险的发展。

三、保险企业与营销环境的关系

营销环境是影响保险企业营销活动的重要因素。如何正确认识保险企业与营销环境之间的关系，使保险企业认识环境而采取适当的对策，是研究保险营销环境的基础。客观上，保险企业与营销环境有相互制约、相互依存的关系。

1. 保险营销环境制约保险企业营销活动

保险企业的营销活动会受到各种环境因素及其变化的影响，所以，保险企业必须不断地协调与环境的关系，不断调整其可控因素或市场营销组合，从而适应环境因素的变化。许多成功企业家认为：营销环境与经营活动成败的关系最密切，因此，他们都把企业对环境的适应能力视为企业的生存和发展能力。经验也证明，良好的环境有利于企业的正常发展，不利的环境阻碍企业的正常运行。因此，为保险企业创造良好的经营环境成为所有保险企业宏观管理的主要任务，也就是说无论环境对保险企业有利还是不利，都应抱持积极的态度去适应环境，而不能消极等待。同时，我们也应该清楚地认识到，当前我国的保险市场正处在快速发展变化之中，并与国际保险市场接轨，保险企业尤其是中资保险企业所面对的营销环境也更加复杂，当然保险企业在协调同营销环境的关系方面也会日益困难。这一事实给保险企业的最高管理者提出了更高的要求，即必须具备对迅速变化的市场的灵敏反应力和处理复杂环境的能力。

2. 保险企业营销活动也对各种环境因素的变化有一定影响

保险企业作为市场中的主体，不是永远的市场被动者，它的行为活动也可以改变或支配营销环境。这种观点是 1986 年美国的营销大师菲利普 · 科特勒在其"大市场营销学说"中提出的。他认为，成功的市场营销正在日益成为一种政治活动，当一个企业要打入一些封闭型或保护型市场时，企业的营销人员除了提供市场营销的四大要素（产品、地点、价格、促销）之外，还必须加上另外两个要素：权力和公共关系。这里所讲的权力是指甲方能使乙方去做他本来不想做的事情的能力。而公共关系则是指动用宣传手段，制造有利于自己的舆论，以便巩固自己在有关市场上的地位。权力是推式策略，即通过努力将保险商品推入市场。公共关系则是拉式策略，即通过宣传使有关市场上的顾客喜欢自己的企业和产品，从而使顾客将产品拉入市场。不论环境因素给企业带来的是机会还是威胁，最重要的是企业要认识和了解自身所处的市场营销环境，尽可能作出正确的反应。但是，保险企业决不能消极、盲目地适应环境的变化，而应积极主动地促成良好营销环境的形成。因此，保险企业要密切关注并及时预测周围的市场营销环境的发展变化，并善于分析和识别由于环境变化而造成的主要机会和威胁，及时采取适当的对策，使其经营管理与市场营销环境的发展变化相适应。

第二节 保险营销的宏观环境分析

宏观营销环境是间接影响和制约企业营销活动的社会性力量和因素，是企业的外部环境因素。影响企业营销的宏观环境可以归结为六大因素，即人口环境、经济环境、政治法律环境、社会文化环境、自然环境、科技环境。分析宏观营销环境的目的在于更好地认识环境，增强企业对营销环境的能动性适应，有助于提高营销活动的效率与效益。

一、人口环境

我国现有 13 亿之多的人口，高居世界之首。众所周知，市场是由具有购买欲望与购买能力的人构成的。因此，人口是保险营销环境中最重要的因素，人口状况如何将直接影响保险企业的营销战略和营销管理。因为保险需求是由具有消费欲望，并有货币支付能力的消费者组成的，任何一个保险企业都必须重视对人口环境的研究。人口环境包括：人口总量、人口年龄结构、家庭人口数量、人口流动性、人口就业观念和人口受教育程度等。

（一）人口总量

一个国家的人口总量与构成是保险业发展的潜在需求市场。1949 年新中国成立时，我国人口总数 5.42 亿人，到 2005 年，人口总数已突破 13 亿，间隔 56 年，人数净增 7.58 多亿，每年新增人口 1 400 多万。从总量上看，我国人口数量占世界总人口的 1/5 多，这么庞大的人口数量为我国保险业务尤其是寿险业务的发展提供了厚实的基础。如果到 2010 年全国人均保险费能达到 2005 年业内人士预计的 750 元，那么保费收入将会突破 1 万亿元，保险深度会达到 4%，保险业管理的总资产将会达到 5 万亿元以上。由此可见，在不考虑其他因素的前提下，人口越多，市场需求越强，因此中国堪称世界上最大的保险市场。这也是许多西方国家保险公司急于想进入中国这个大市场的原因。

（二）人口年龄结构

人口的年龄结构和人口出生率的升降以及老龄化的程度有密切关系。社会上人群中年龄差别的存在，必然对保险产生不同的需求，形成各具特色的市场。例如，老年人市场比青年人市场更侧重于养老和疾病方面的险种；而对于儿童市场，“幼儿(独生子女)两全保险”这个险种会更受欢迎。我国人口年龄结构的变化十分有利于保险特别是人身保险的发展。随着人们生活水平的提高和医疗卫生条件的改善，我国人口平均寿命普遍延长，老年人口的比例逐步提高。据统计，20 世纪 80 年代以来，我国老年人口平均以 3.2%的速度增长，到 2000 年，我国 65 岁以上人口近 9 000 万，占总人口的 7%。目前，北京市人均寿命已达 74 岁，而且我国老年人口增长速度比欧洲和日本等发达国家都要快，从退休人口（60 岁以上）与支撑老年人口的生产年龄人口（16 ~ 59 岁）的比例来看，我国在 1997 年达到 18.86%，预计 2020 年为 37.37%，2031 年将达到最高峰 47.39%。中国过去以“人生六十年”为生命周期的时代将被“人生八十年”所替代，庞大的“银发”族将是养老保险、医疗保险等产品的极具潜力的需求者。

（三）家庭人口数量

家庭结构小型化有利于扩大购买人寿保险的欲望。据统计，1953 年我国家庭平均人口为 4.33 人，20 世纪 50 ~ 70 年代大体稳定在 4.23 ~ 4.43 人。80 年代后期至 90 年代初，随着计划生育的推行和家庭意识的变化，独生子女增多，家庭平均人口逐渐下降，家庭构成呈现小型化趋势。1982年平均每个家庭的人口为4.4人，2005年为3.13人，23年间家庭平均人口减少了1.27人，下降幅度高达28.86%，几代同堂的家庭越来越少，取而代之的则是三口之家、两人世界和单身贵族的现象。家庭变小导致家庭内部抵御风险的能力相对减弱，人们势必将部分传统的家庭互助任务转移给社会化的商业保险。

（四）人口流动性

保险市场营销必须注意人口的流动性，即人口的迁移活动，如人口由农村流向城市、由城区流向郊区、由发达地区流向不发达地区等。人口的流动在一定程度上改变了原有市场，有些可能导致保险市场的扩大，有些也可能导致保险市场的萎缩。这都是保险市场营销所不能忽视的。

（五）人口就业观念

我国自改革开放以来，社会就业观念已发生很大变化，就业人员结构由单一的国家或集体的企事业职工转变为多种就业形式并存。其中个体人员的比例逐步上升，这部分人包括律师、会计师、各种代理人、经纪人以及外资企业雇员等。他们一般有较高的收入，但职业的风险性较大，且缺少国家提供的基本保障。因此，他们购买长期寿险和健康保险以及职业责任保险等产品的需求较大，是产生有效保险需求的来源。

（六）人口受教育情况

教育的发展将使我国人口的文化程度与结构发生质的变化。人口的文化程度构成，标志着人口素质的高低。人口素质是影响保险，特别是人身保险发展的重要因素。自新中国成立以来，我国人口的文化素质有了惊人的提高，1964年人口普查时，具有大学文化程度的人口只占总人口的0.41%，高中文化程度占1.3%，文盲和半文盲占37.85%；到2000年人口普查时，大学文化程度的人口占总人口的比例上升到 3.53%，高中文化程度的上升到 10.89%，文盲和半文盲下降到6.72%。但是，与国际上发达国家相比，我国的人口素质与我国的地位仍不相称，文化教育的落后，成为我国国民经济发展的制约因素。人们受教育的程度越高，他们的消费观念产生变化，对保险的需求也越大。

二、经济环境

经济环境是影响保险企业营销活动的主要环境因素。它主要包括经济发展水平、货币流通状况、消费者收入及消费结构，其中消费者收入和消费结构对保险营销影响最直接。

（一）国民经济发展水平

近年来，中国的经济增长速度高居世界首位。1978 年我国国内生产总值为 3 624 亿元，2008 年已达 300 670 亿元。

世界经济发展的历程表明，一个国家保险业的发展水平与其经济发展总体水平密切相关。整个“十一五”期间，中国的经济继续保持较高的增长势头，由此将带动我国保险业以高于经济增长的速度发展。据国外权威评估机构预测，随着中国社会主义市场经济体制的确定，中国经济将进入一个新的发展时期，保险业将以每年超过 10%的速度持续发展。

（二）消费者收入

收入因素是构成市场的重要因素，因为市场规模的大小归根结底取决于消费者购买力的大小，而消费者购买力取决于他们收入的多少。从市场营销的角度看，收入因素通常从以下五个方面分析。

1. 国民收入

即一个国家物质生产部门的劳动者在一定时期内新创造的价值的总和。这是决定收入水平的重要指标，而人均年国民收入大体反映了一个国家经济发展水平和社会购买力的大小。一般来说，人均收入增长，对商品的需求和购买力就大，反之就小。

2. 个人收入

指消费者个人的工资、红利、租金、退休金、馈赠等形式以及从其他来源所获得的总收入。个人收入是影响社会购买力、市场规模大小以及消费者支出的一个重要因素。

3. 个人可支配收入

指个人收入中扣除个人缴纳的各种费用和交给政府的非商业性开支（如个人所得税）之后剩余的部分，这是可用于消费或储蓄的那部分个人收入，它构成实际的购买力。这是影响消费者购买力和消费者支出的决定性因素。

4. 个人可任意支配收入

个人可任意支配收入是指在个人可支配收入中减去消费者用于购买生活必需品的支出（如房租、水电费、食物、衣服等）后所剩余的部分。这部分收入是消费需求变化中最活跃的因素，也是企业开展营销活动时考虑的主要对象。这部分收入一般用于购买高档消费品、娱乐、旅游等，它是影响非生活必需品或服务销售的主要因素，也是影响消费结构的重要因素。随着社会经济的发展，人们生活水平不断提高，收入中个人可任意支配部分不断增长，人们对市场营销的要求必然越来越高。

5. 家庭收入

家庭收入的高低会影响消费者对商品的市场需求。一般来讲，家庭收入高，对消费品需求大，购买力也大；反之，需求小，购买力也小。

另外需要注意的是分析消费者收入时，要区分“货币收入”和“实际收入”。货币收入是指消费者所获得的货币总量。实际收入是指所获得的货币总量能够购买商品的实际数量。实际收入受通货膨胀、失业及税收等因素的影响，如果出现通货膨胀、税率提高，实际收入就会下降。

（三）消费结构

消费结构是指消费者在各种消费支出中的比例，所以又称支出结构。它对保险市场营销有至关重要的作用。居民个人收入与消费之间存在一个函数关系，而且在不同的国家、地区，个人收入和消费之间的函数关系是不同的。根据德国著名统计学家恩格尔提出的“恩格尔定律”，消费结构主要取决于消费者的收入水平，收入减少时，食品支出的比例就增加；反之，收入增加时，食品支出的比例就下降，而服装、交通、保健、文化娱乐、教育和储蓄等需要的支出比例则会相应增加。食品消费支出与总支出之比，称为恩格尔系数。恩格尔系数越小，食品支出所占比例越小，表明生活质量越高；反之，生活质量越低。根据联合国粮农组织提出的标准，恩格尔系数在59%以上为贫困，50%～59%为温饱，40%～50%为小康，30%～40%为富裕，低于30%为最富裕。保险企业可通过恩格尔系数了解目前市场消费水平、变化趋势及对保险营销活动的影响。

随着经济的发展，我国人民已经全面解决温饱问题，消费格局由此发生了较大的变化。这主要表现在：劳动者的收入水平正在拉开档次，从而形成不同的消费层次和消费结构，娱乐、文化教育、旅游等相关商品和服务的需求量无论从绝对数还是相对数来看都有了巨大的提高，形成了巨大的潜在市场。我国消费结构的现状是：城镇居民生活的恩格尔系数在1995年末下降到50%以下，1999年继续下降到41.9%，2000年下降到40%，2001年城镇居民人均购买食品支出2 014元，比1993年增长1.90倍的同时，恩格尔系数从1993年的50.13%降到了37.9%。从2003—2006年的四年间，我国城镇居民的恩格尔系数继续呈现下降趋势，2003

年恩格尔系数为37.1%，2006年降低到35.8%。而同期，2003年至2007年间，农村和城镇居民的人均可支配收入分别增长了5 314元和1 518元。由此可见，我国人民已基本满足了最基本的温饱需要，开始向安全需要以及更高层次的其他需要迈进。保险企业必须密切关注这种变化，适时调整自己的营销策略，以争取到更大的市场份额，在竞争中占据有利位置。

（四）消费者储蓄

消费者的购买力还受储蓄的直接影响。国家经济的持续高速发展，使老百姓的收入和储蓄不断增长。2008年，我国城乡居民储蓄余额已经达到217 885亿元。虽然储蓄最终主要也是为了消费，但储蓄目的不同往往影响潜在需求量。而且，收入一定时，如果储蓄增加，现实购买力就减小；反之，如果储蓄减少，现实购买力就增加。可见消费者的储蓄行为直接制约购买力的大小。

三、政治法律环境

政治法律环境主要指与保险营销有关的国家方针、政策、法令、法规及其调整变换动态，以及政府通过法律手段和各种经济政策来干预保险企业营销活动。它是保险企业市场营销必须遵循的准则。

国家通过制定法律、法规来规范保险企业的营销活动，目的是为了维护保险市场的正常秩序，保护公平竞争，维护消费者的合法权益。为此，一方面保险企业营销要以国家的法律、法规为准绳，另一方面保险企业要学会运用这些法律、法规来保护自己的正当权益。

就我国而言，当前的政治法律环境对保险企业市场营销的影响主要体现在以下四个方面：

（一）政府加强了有关经济方针政策的制定与实施

近年来，我国的政治、经济形势变化很快，国家在不同的阶段和不同的时期，依据不同的经济目标制定和调整方针、政策，必然对保险企业营销活动产生直接或间接的影响。国家的宏观经济政策，如产业政策、财政政策、货币金融政策，是保险企业研究经济环境、调整自身的经营目标和保险产品结构的前提和依据。

（二）政府不断加强和完善保险营销活动的立法

我国与保险经营相关的法律法规建设情况列举如下：

1. 总 类

《中华人民共和国保险法》《中华人民共和国民法通则》《中华人民共和国反不当竞争法》《中华人民共和国刑法》《中华人民共和国合同法》《中华人民共和国公司法》《中华人民共和国刑法修正案》《国有重点金融机构监事会暂行条例》《保险公司管理规定》《中国保险监督管理委员会行政复议办法》《关于在金融系统共同开展预防职务犯罪工作的通知》。

2. 机构设立与管理类

《中华人民共和国公司登记管理条例》《保险机构高级管理人员任职资格管理暂行规定》《关于规范保险公司重要事项变更报批程序的通知》《中国保监会关于保险代理公司和保险公估公司审批程序的通知》《保险公估机构管理规定》《保险经纪公司管理规定》《保险代理机构管理规定》《关于贯彻执行保险中介机构管理规定有关问题的通知》。

3. 财产保险类

《中国保监会关于消费者购买机动车辆保险注意事项的公告》《关于调整储金类保险业务储金率的通知》《财产保险条款费率管理暂行办法》《关于调整汽车险保费结构的通知》《关于财产保险条款费率备案管理的通知》《关于投资性财产保险产品预定费率管理问题的通知》《企业财产保险扩展地震责任指导原则》《关于投资保障型家庭财产保险产品监管问题的通知》。

4. 人身保险类

《关于人身保险业务有关问题的通知》《关于父母为其未成年子女投保死亡人身保险限额的通知》《关于人身保险产品宣传有关问题的通知》《人寿保险预定附加费用率规定》《人寿保险精算规定》《利差返还型人寿保险精算规定》《意外伤害保险精算规定》《健康保险精算规定》《关于继续使用<人身保险残疾程度与保险金给付比例表> 的通知》《关于界定责任保险和人身意外保险的通知》《人身保险产品备案管理办法》《分红保险管理办法》《投资连接保险管理暂行办法》《关于加强人身保险产品备案管理的通知》《中国保险监督管理委员会关于人身保险新型产品若干事项的公告》《人身保险新型产品信息披露管理暂行办法》《关于购买人身保险新型产品有关注意事项的公告》。

5. 经营监管类

《保险公司偿付能力额度及监管指标管理规定》《国家工商行政管理局关于超出国家规定标准支付收取保险代办手续费行为处理问题的答复》《保险业对外宣

传管理暂行规定》《保险公司内部控制制度建设指导原则》《关于保险条款中设立仲裁条款的通知》《关于财产保险公司不得参加“强制定损”的通知》《关于规范人身保险经营行为有关问题的通知》《保险兼业代理管理暂行办法》《关于执行 <保险兼业代理管理暂行办法> 有关问题的通知》《国家工商行政管理总局对保险公司借助学校强制保险行为定性处罚问题的答复》《保险公司营销服务管理办法》。

6. 强制保险类

《中华人民共和国民用航空法》《铁路旅客意外伤害强制保险条例》《中华人民共和国公安部公告——对所有在华外国人的机动车辆实行第三者责任强制保险》《旅行社投保旅行社责任保险规定》。

7. 外资管理类

《中华人民共和国外资保险公司管理条例》《外资保险机构驻华代表机构管理办法》。

8. 财会税收类

《中华人民共和国会计法》《企业财务会计报告条例》《保险公司会计制度》《保险公司财务制度》《国家税务总局关于加强金融保险企业呆账坏账损失税前扣除管理问题的通知》《保险公司证券回购和基金投资业务会计处理规定》《国家税务总局关于印发 <金融保险业营业税申报管理实行办法> 的通知》《关于印发 <保险公司个人住房抵押贷款保险等业务会计处理规定> 的通知》《财政部国家税务总局关于降低金融保险业营业税税率的通知》《财政部国家税务总局关于人寿保险业务免征营业税若干问题的通知》《财政部关于严禁金融机构在海外设立小金库的通知》《保险公司投资连接保险产品等业务会计处理规定》。

上述这些法律法规约束了企业的行为，为保险市场的规范化、法制化发展奠定了法制基础。保险企业要想实现自身的可持续经营就必须了解、遵守这些法律法规，维护企业的合法权益，开展公平竞争，在法律允许的范围内进行营销活动。

（三）政府健全了机构并加强了执法

市场经济的健康发展不但需要制定一整套经济法律法规，而且要有严格的执行机构。近年来，我国一方面加强行政监管力度，先是从中国人民银行分离出来设立了中国保监会，作为保险业专门的行政监管机构，最近又在各省和部分计划单列市设置保监局，大大加强了保险营销的行政监管力度。另一方面加强经济执法力度，各级司法机关都增设了经济执法部门，公安局也设有经济侦察处，法院有经济审判庭等。同时，在经济违法案件的处理方面也加快了速度，加大了力度，从而有力地促进了市场经济的发展。

（四）社会团体不断加强监督

随着市场经济体制的建立和发展，我国消费者在保险营销活动中维护自身权益的意识不断增强，组织程度也在不断提高。近年来，来自保护消费者方面的团体力量迅速壮大。1984 年 12 月，经国务院批准成立了中国消费者协会，并在 1987 年被接纳为国际消费者联合组织的正式成员，目前全国已经形成了各层次的消费者协会网络。各级消费者协会组织越来越广泛地参与社会经济生活，对商品和服务进行社会监督，接受消费者对商品和服务方面的投诉，引导广大消费者合理、科学地消费，在维护消费者合法权益方面做了大量的工作，得到了广大消费者的信任，发挥着越来越大的作用。除此，还有各省市的保险同业协会等社团组织。社会团体的活动，对保险企业的营销活动也产生了一定的压力和影响。它促使所有的市场营销者自觉按照市场营销规律开展营销活动，主动做好各种销售和售后服务，努力争取与社会公众建立良好的关系，并取得社会公众的理解和支持。因此，保险企业营销既要善于应付消费者保护运动的挑战，又要善于捕捉消费者保护运动所提供的机会。

四、社会文化环境

文化环境不像其他环境那样直观，但它却无时无刻不在影响保险企业的营销活动。文化是指那些在一定文明的基础上，在一个社会、一个群体的不同成员中一再重复的情感模式、思维模式和行为模式，包括人们的价值观念、信仰、态度、道德规范、审美标准和民风民俗等。正是这些无形的文化因素，构成了保险市场营销的社会文化环境。它体现了一个国家和地区的社会文明程度。这种环境因素主要通过对消费者的市场需求和购买行为产生影响，进而间接影响企业的营销活动。因此，社会文化环境影响人们对保险的看法，要做好保险营销工作，就必须了解和熟悉各种不同的社会文化环境。

文化可以分为两部分：一是全体社会成员共有的、基本的核心文化；二是不同的价值观念、生活方式、风俗习惯和审美观构成的亚文化。

(1) 核心文化价值观具有高度的继承性。一个社会的核心文化是人们世代相传下来的，并在社会的不断发展和变化中得到丰富和发展。它处处影响和制约人们的行为，包括消费行为。保险公司在从事保险营销活动中，在公司的形象设计、广告和服务形式等方面应充分考虑与目标市场的文化传统联系起来，了解目标市场保险消费者的价值观念、习俗、爱好、忌讳、欲望、伦理和信仰等，把握不同文化背景下消费者的审美观念及其变化趋势，以制订切实可行的保险营销策略。例如，在我国大部分汉人居住区，人们有“养儿防老”“多子多福”的观念，即养育的儿女越多，到老年时生活就越有保障的传统思想。因此在刚刚恢复保险业务时，保险营销就十分困难。

(2) 存在亚文化。除核心文化以外，每一个社会都包含亚文化，它由不同的价值观念、生活方式、风俗习惯和审美观构成。亚文化也会给消费需求和消费习俗带来差异性，从而对保险公司制订市场营销策略产生深刻的影响。例如，根据我国的传统风俗，结婚、生日等喜庆场合须用红色装饰，以示吉祥。保险公司在设计保险单时就不宜用黑色等犯忌讳的色彩，而应该采用一些表示吉祥或赏心悦目的色彩，以唤起人们对生活和生命的热爱。保险营销人员还应研究的问题是，即使在同一文化背景下，不同教育水平、职业、年龄的人，仍然有许多不同的观念和习惯，并在不断地发生变化，人们的行为和思想无一例外地受到文化背景的影响。

综上所述，不同的文化背景下的保险消费者会对风险产生不同的认识，同时不同的文化背景会给保险消费者带来对保险产品认同的差异。

五、自然环境

自然环境是保险营销发展的土壤。自然环境对个人和社会都有重要的意义，但是又会给人类带来大量的风险，这种风险威胁到人类的生命和财产。自然现象（如地震、风暴、洪水、干旱等）造成的灾难性损失的事件对风险管理者、保险公司和政府都是一种挑战。

自然环境的风险类型有：

（一）基本风险

基本风险是指同时影响许多人和财产利益损失的风险。造成严重人员伤亡及大范围的物质损失的自然灾害就属于基本风险，如地震、风暴、洪水、干旱。了解自然环境中这些基本风险的灾害性质，对预防和减少灾害损失非常重要。基本风险一般具有如下几个特点：

1. 影响范围广

基本风险一般覆盖广阔的地域，并且同时影响许多个人和企业。像地震、洪水、风暴等，这种严重的自然灾害会产生地区、国家或国际问题，而不仅仅造成个人或企业的困境。

2. **具有灾难性**

基本风险可能是灾难性的，自然灾害是由自然力造成的巨大损失事件。当然，也有因为人的行为引起的（如火灾），但其共同点都是给社会带来相当大的损失。

3. **局部性**

虽然基本风险的损失是灾难性的，但遭到损失和受到经济影响的，一般仅限于某个地区，即具有局部性。靠近海洋或河流的财产容易遭受洪水的危害，有的地区因其潜在的地震或火山活动频繁而产生灾难，同样，该地区的财产受到损失的概率就高于其他地区。

4. **公共部门介入**

由于基本风险对人类和社会的影响巨大，一般政府部门都会以某种形式介人。例如，进行土地使用限制，禁止在风险过高地区建造房屋等。

自然灾害的风险威胁，为保险公司提供了机会。“无风险，无损失；无损失，无保险”。针对自然灾害的威胁，保险公司已开展了一系列的保险业务。例如，我国财产综合险的保险责任所包括的自然灾害有：雷击、暴雨、洪水、台风、暴风、龙卷风、雪灾、雹灾、冰凌、泥石流、崖崩、突发性滑坡、地面突然塌陷等。面对农业灾害的威胁，发展农业保险已成为举世关注的热点问题之一。面对洪水等巨灾风险的威胁，世界保险业已开办了巨灾保险业务。总之，针对自然灾害而开发的保险业务，已成为保险业务中的重要成分。

（二）环境风险

随着社会的不断进步，近年来，出现了一些新的自然风险——环境风险。环境风险是指人类行为可能会造成的对人的伤害，以及对自然环境的灾难性损害。

21世纪，人们面临的最大、最突出的环境风险就是环境污染加剧。环境污染是指人类直接或间接地向环境排放超过其自净能力的物质或能量，从而使环境的质量降低，对人类的生存与发展、生态系统和财产造成不利影响的现象，具体包括水污染、大气污染、噪声污染、放射性污染等。随着科学技术水平的发展和人民生活水平的提高，环境污染也在增加，特别是在发展中国家。 环境污染问题越来越成为世界各国的共同课题之一。由于人们对工业高度发达的负面影响预料不够，预防不利，导致了全球性的三大危机：资源短缺、环境污染、生态破坏。人类不断向环境排放污染物质，但由于大气、水、土壤等的扩散、稀释、氧化还原、生物降解等的作用,污染物质的浓度和毒性会自然降低,这种现象叫做环境自净 。如果排放的物质超过了环境的自净能力，环境质量就会发生不良变化，危害人类健康和生存，这就发生了环境污染。环境污染会给生态系统造成直接的破坏和影响，如沙漠化、森林破坏；也会给生态系统和人类社会造成间接危害，有时这种间接的环境效应的危害比当时造成的直接危害更大，也更难消除，如温室效应、酸雨和臭氧层破坏就是由大气污染衍生出的环境效应。这种由环境污染衍生的环境效应具有滞后性，往往在污染发生的当时不易被察觉或预料到，然而一旦发生就表示环境污染已经发展到相当严重的地步。当然，环境污染最直接、最容易被人所感受的后果是使人类环境的质量下降，影响人类的生活质量、身体健康和生产活动。例如，城市的空气污染造成空气污浊，人们的发病率上升；水污染使水环境质量恶化，饮用水源的质量普遍下降，威胁人的身体健康，引起胎儿早产或畸形；等等。严重的污染事件不仅带来健康问题，也造成社会问题。随着污染的加剧和人们环境意识的提高，由于污染引起的人群纠纷和冲突逐年增加。由此可见，环境风险的存在推动了保险市场的发展。

六、科技环境

良好的技术环境是保险营销腾飞的翅膀。日新月异的科学技术在社会生产中的广泛应用，会对风险管理产生影响，这一影响在很大程度上取决于企业将来是否有能力利用这些技术更好地识别风险、控制成本，以及估算损失的频率和严重程度；与此同时，技术的进步也同样会置企业经营管理于新的风险之中。

(一) 电子技术革命

1. 电子技术给保险业带来的变革

电子技术革命具有以下几个特征：工业用机器人的出现，计算机在存储、速度、使用方便性和软件方面的进展，互联计算机设施（包括过度使用的“信息高速公路”）的发展以及远距离通信技术（如电话会议、传真技术、光缆和远程教育）的提高。美国微软公司的创立者比尔 · 盖茨认为，电子技术变革将会在全球范围内影响社会经济的每一个层面。所有的国家和个人，不论其社会地位有多大的差异，都能获得来自多媒体的信息，新的数字电信技术借助无数的与网络相连的电脑，可以快速、低价、方便地在全球范围内传送大量的资料与信息。这将增强我们处理和搜集信息的能力，彻底改变保险企业营销与经营的方式。

电子技术对保险营销手段及经营策略的影响是不言而喻的。美国人寿保险营销及研究协会曾对北美的 71 家保险公司进行调查,其结果是新技术能使保险企业的决策更贴近客户，保险公司不仅能以更快的速度获取更多的资料，而且可以快速地对业务进行处理，并使经营成本降低，从而使保险这一无形服务产品的市场转变为全球性的产业。例如，我国从 2003 年开始，航空旅客人身意外伤害保险保单停止手工操作，一律实行电子化出单。旅客在购买航空意外险时，销售点将利用民航售票联网系统实现保单计算机打印，保单上所有的资料与民航售票系统一致，只要是购买了机票的旅客，其资料就会在购买保险时自动出现在保单上，包括被保险人的姓名、航班、乘机日、保额、身份证号、保费、受益人地址、保单号以及售票处、出单的电脑代码、承保的保险公司等多项信息，而电子保单的出单系统将在飞机出港前将所有的数据锁定，然后把每天的资料发送到承保公司总部汇总。电子化出单在为客户带来方便的同时，也会使保险公司受益。保险公司可以利用电子保单汇集的数据，及时客观地进行市场分析，制订自己的发展战略，开发适合市场要求的产品，从而获得市场竞争的主动权。这一尝试的成功，证明计算机和网络一旦全面运用于保险营销系统，将会引起保险营销的深刻变革。在信息量呈爆炸式发展的今天，传统保险公司将会大力开发网络保险，将各自公司的条款费率放到网上。网络保险今后发展的关键是能否将导购技术和手段移植到网上，使导购活动成为网络保险赢利的技术基础。由于在互联网上人们可以方便快捷且免费交换大量信息，消费者可以全面搜寻信息，而成本几乎可以忽略不计，随着网络保险技术的发展，网上保险导购将独立于保险公司的实体销售环节而独立存在，产生网上导购保险服务商。

2. 电子技术导致的新风险

电子技术突飞猛进在另一方面也使保险业面临大量的新风险。随着电子技术系统的日益复杂，人们的预测能力也变得非常不稳定，发生概率小而安全系数高的事件往往是复杂技术系统中的主要风险因素，高度交互、紧密结合、高风险的技术系统增加了灾害性事件发生的可能性。例如，电子技术导致的欺诈行为（信用卡恶性透支、电信偷窃、自动柜员机偷窃）出现、电子邮件的内容涉及造谣与诽谤、计算机系统的记录遭受破坏、隐私权受到侵犯等风险，都需要新的保险产品来承保。为了实现这个目的，现行的保险合同都要进行修改，否则原有的保险合同就不能补偿这类风险损失。

（二）生物技术革命

生物技术革命带给 21 世纪的影响绝不亚于电子技术革命。生物技术包括药学、医学、人造器官的制造、克隆技术，以及各种与生物学有关的技术发展。生物技术中最具革命性的进展是人类基因工程。基因工程使治愈遗传性疾病的可能性越来越大，因为基因工程能够完整地定位出人类的遗传密码，找到基因特性与疾病之间的联系。如果保险公司也知道投保人的遗传信息，在承保时利用遗传信息的理论把投保人进一步划分为具有相同期望损失的子群，这样每个子群的成员就可以支付"公平"的保险费。投保人的遗传缺陷将直接影响保险人对投保人的未来损失成本的估计。可见遗传学的革命对寿险和健康保险业的影响很大。

（三）金融技术进步

1. 保险人利用金融技术在风险管理上的创新

金融技术的发展使传统的风险管理工具（保险与再保险）与金融风险管理工具（金融互换、期货和期权）正在结合起来。保险人通过期货和其他金融衍生工具的套头交易来规避资产和利率敏感性债务的风险。例如，保险人利用某些特定商品的价格与风险的关系来减少风险，引进保险期权更灵活地运用资本。保险期货在规避承保风险上有巨大的潜力，权威人士认为，从传统的利用再保险转移到现代的利用金融市场来保护赢利是风险证券化的一个发展趋势。在巨灾保险期货和期权的市场上，保险人因缺乏承受灾害损失的能力而导致无力偿还债务的威胁会有所减小。

2. 金融衍生工具导致的风险

在金融衍生工具大力发展的阶段，也会给保险公司带来风险。当某个企业遭受因对金融衍生工具判断错误或因品质低劣的交易所导致巨额损失时，保险公司传统的忠诚保险、职业责任保险是否还能承担起赔偿责任？日本大和银行纽约分行和英国巴林银行所遭到的灭顶之灾已表明，如果对金融衍生工具不加以控制或对其所带来的风险认识不足的话，就会使保险公司遭受巨额损失，也会导致保险费的上涨。

第三节 保险营销的微观环境分析

微观营销环境是直接影响和制约企业营销活动的力量和因素。微观环境涉及企业内部环境因素，如竞争者、营销中介、企业自身、社会公众等。分析微观营销环境的目的在于更好地协调企业与这些相关因素的关系，促进企业营销目标的实现。

一、保险企业内部的环境力量

保险营销的出发点是以优质产品和服务满足客户的保险需要。要达到此目不是企业营销部门能独立完成的，也不是营销部门独立的任务，而是全公司的共同任务。各个部门必须为了这一个目的互相协调、密切配合、整体作战，才能最终达到既定的营销目标。在完成这一营销任务的过程中，保险营销部门与保险企业其他众多职能部门必须互相联系、互相协调、互相制约，形成一个生产保险产品、销售保险产品、提供良好售后服务的完整链条与系统。保险企业内部各个部门、各个管理层次之间的分工是否科学合理，协作是否和谐，能否精神振奋、目标一致、配合默契，直接影响保险企业的营销管理决策和营销方案的实施。例如，新险种开发和试销就需要营销部门与其他部门的密切配合，如果营销部门未能获得较高的收入而不愿推销新险种，就可能导致企业经营的失败。再如，理赔中也需要一些部门与理赔部门合作，承保标的一旦发生保险事故损失，保险公司的理赔人员就要按照保险单处理赔案。客户对理赔是否满意，往往影响以后的投保意愿，因此，营销部应积极协助理赔部做好赔偿处理服务。例如，营销员应与保户保持联系，帮助保户审查索赔文件是否齐全，向保户解释保险条款等。

系统中任何一个环节出现问题，都将影响保险产品和服务的质量，使营销工作失败。因此，现代保险营销创新，特别强调“整合营销”，其真正的意义正在于此。

二、营销中介

保险营销中介是指协助保险企业进行产品推广、销售，并将产品卖给最终购买者的单位和个人，它包括保险代理人、保险经纪人、保险公估人、广告代理商、咨询公司、银行等。一个完整的保险市场不应只是保险企业与保险购买者两个基本要素的简单组合，它还需要有而且必须有保险中介机构活跃其中。企业在经营过程中，不可避免地要获得这些营销中介的支持。比如，对市场需求的调查与预测离不开市场研究咨询公司;对险种与企业形象的策划与推广离不开广告代理商;保险市场的扩大离不开保险代理人、保险经纪人为其招揽业务；保险事故发生后，离不开保险公估人站在公正立场上查勘定损，出具公证结果；企业发展所需的资金离不开银行的支持等。

保险中介能够使供需双方更加合理而迅速地结合，既满足被保险人的要求，方便投保人投保，又降低保险企业的成本。保险中介的出现解决了投保人或被保险人保险专业知识缺乏的问题，能够帮助客户获得适合自身需求的保险产品。保险中介的存在和发展也使保险经营者从繁重的展业、检验中解放出来，能够集中精力搞好市场调研、产品开发、偿付能力管理、保险资金运用等。因此，保险中介受到保险交易双方的欢迎，成为保险营销环境的十分重要的中介机构。在保险市场较成熟的发达国家中所占的比例相当高。许多国家保险业务的绝大部分是通过保险中介来完成的。

我国保险中介中，保险代理人发展最快，经纪人和公估人发展相对滞后。对于一个国家或地区来说，保险中介市场越繁荣，就越能够推动保险市场快速发展。

保险企业与保险中介客观上构成一种相辅相成、互助互利关系。保险企业应该了解各种中介，通过一定方式与他们建立良好、持久的合作关系。

三、竞争者

商品经济的发展必然导致竞争，任何企业都处在不同的竞争环境中，保险企业自然也不例外。任何一家保险企业要想在竞争中立于不败之地，就必须研究竞争对手，把竞争对手的策略同自己的策略进行详细的比较，做到知己知彼，从而去开发新的优于竞争对手的险种或对原策略进行完善和改进，来维持原有投保人，吸引新的投保人。

保险企业所面对的竞争者类型主要有四种：

（1）愿望竞争者。指提供不同的产品以满足不同需求的竞争者。提供金融和投资服务等的银行和其他非银行金融机构就是保险公司的愿望竞争者。如何促使顾客首先购买保险产品，而不是首先进行储蓄或购买其他金融性资产，就是一种竞争关系。

（2）普通竞争者。指提供能够满足同一种需求即避免风险损失或转嫁风险损失的不同服务或不同产品的竞争者。例如，损失预防、损失抑制、财务型非保险转移和保险等都可以达成避免风险损失或转嫁风险损失的目的，这些处置风险损失的各种技术性和非技术性手段的提供者存在竞争关系，成为彼此的普通竞争者。

（3）产品形式竞争者。指出售的保险产品相同，但投保条件和服务等有所不同的竞争者。例如，目前我国已进入老龄社会，众多的老年人特别是高龄老年人对老年保险有着强烈的需求。但由于老年人风险较大，我国的寿险公司大多将投保年龄限制在65岁以下，这样就将65岁以上的老年人排除在保险之外。新华人寿保险公司在改革中推出了“美满人生”新险种，受到客户的欢迎。该险种基本结构并未变，只是在原来的基础上将投保人的年龄从60岁扩大到80岁，因此受到了热烈的欢迎。“美满人生”产品的营销人员相对其他公司传统老年保险的营销人员，就是产品形式竞争者。

（4）品牌竞争者。指保险产品相同或近似，但公司品牌不同的竞争者。例如，我国各家产险公司都出售机动车保险，但由于服务水平的差异而在客户中产生了不同的品牌，各家产险公司之间就是品牌竞争者。品牌非一朝一夕所能形成，它是公司长期坚持诚信为本、优质服务的结晶，是众多客户心目中公认的企业形象。

产品形式竞争者和品牌竞争者都隶属同行业竞争者范畴。同行业竞争者是指提供同一类保险服务，但其承保条件、保险责任、除外责任、保险范围以及售后服务皆不相同的各种保险公司。同行业的竞争者是保险市场上最直接、最强有力的竞争者，它涵盖了在保险市场上提供保险服务、经营保险业务的所有保险企业。各家保险企业为了达到自身最优的经营绩效，都会采取不同的营销策略和竞争手段，从而形成竞争关系。

在同行业竞争中，卖方密度、服务差异、准入难度是三个值得重视的问题。

1. 卖方密度

这是指保险公司竞争的数量。保险公司数量的多少，特别是实力强的保险公司的数量多少，在保险市场需求量相对稳定的情况下，会直接影响保险公司市场份额的大小和竞争的激烈程度。例如，我国自 1988 年以来相继成立了一些全国性、区域性和地方性保险公司，初步形成了以四家最大产寿险公司，即中国人民保险股份有限公司、中国人寿保险股份有限公司、中国太平洋保险公司、中国平安保险公司为主体，多家保险公司共同发展的市场格局。与此同时，我国也有计划、有步骤地开放国内保险市场。到 2008 年底我国共有中资、中外合资和外资保险公司共 130 家。经营主体数目的增加，必然导致竞争越来越激烈。

2. 服务差异

这是指各家保险公司提供的保险服务差异程度。它主要表现在：① 险种差异，包括险种数量、险种组合、保险范围和适用性等；② 业务差异，包括市场占有率、险种赔付率、保险费与储金收入和售后服务等；③ 营销策略差异，包括营销险种策略、保险费率策略、营销渠道策略和促销策略等。差异使保险商品各有特色、相互有别，实际上构成了一种竞争关系。

3. 准入难度

这是指一家新的保险公司试图进入某个保险市场时遇到的困难程度。不同的国家或地区、同一国家不同区域、一国在经济发展的不同阶段，新公司进入市场的难易程度是不同的。一般而言，发达国家由于其经济发展处于领先地位，从而对新公司的加入不会有太多的约束条件。例如，美国和加拿大早在 1890 年和 1889 年就制定了《反托拉斯法》来鼓励竞争；有些国家还允许外国保险公司自己决定进入市场的方式。但是对于发展中国家来说，因其国内保险业发展水平仍较低，经不起外来力量强有力的冲击，对于外来新公司的进入往往设立严格的条件，其市场准入难度相对较大。例如，我国规定外国保险公司的市场准入条件是：① 最少具有 30 年以上的连续经营历史；② 在中国设立代表处 2 年以上；③ 在递交申请的前一年该公司的总资产不少于 50 亿美元。另外我国还对外国保险公司进入中国保险市场采取了一定的限制，这些限制包括组织形式限制、业务限制、地域限制、投资限制和其他限制等。

四、社会公众

作为保险市场营销环境之一的公众，是指对保险企业经营活动有实际或潜在的兴趣与影响的任何群体。保险企业的营销活动会影响周围的各种公众的利益，而公众也可促进或阻碍保险企业营销目标的实现，也就是说，公众对保险企业的态度，会对其营销活动产生巨大的影响，公众既可以有助于保险企业树立良好的形象，也可妨碍保险企业的形象。所以，保险企业的市场营销活动不仅要立足于满足投保人的需要，而且还要考虑其他有关公众，要采取切实可行的措施，与周围的公众协调关系，争取公众的支持和偏爱，为自己营造和谐的社会环境，发挥公众对其营销活动的促进作用。

保险企业公众的内涵相当广泛，主要有以下六种：

1．金融公众

指关心并可能影响保险企业获得资金和资金运用的团体，如银行、投资公司、证券交易所等。

2．媒介公众

指掌握传媒工具，能直接影响社会舆论对保险企业的认知和评价的传播实体。如报纸、杂志、电台、电视等传播媒介。

3．政府公众

指与保险企业营销活动有关的各级政府机构部门，它们所制定的方针、政策，对企业营销活动或是限制，或是机遇。包括行业主管部门、财政、工商、税务、物价等部门。

4．群众团体

指与保险企业营销活动有关的非政府机构。如消费者协会、保护环境团体及其他有影响力的团体。这些群众团体的意见、建议，往往对企业营销决策有十分重要的影响。

5. 社区公众

主要指保险企业所在地周围的居民和社区团体。社区是企业的邻里，保险企业保持与社区的良好关系，为社区的发展作一定的贡献，会受到社区居民的好评，他们的口碑能帮助企业在社会上树立形象。

6. 内部公众

指保险企业内部的决策层、管理人员、职工等。处理好内部公众关系是搞好外部公众关系的前提。应采取措施调动他们开展市场营销活动的积极性和创造性。

综上所述，构成企业微观环境的四大要素与企业之间形成协作、竞争、服务、监督的关系，组成了企业的市场营销系统，直接地影响和制约着企业服务目标市场的能力。

◆ **本章小结**

保险营销环境是指影响保险公司的营销管理能力，使其能否成功地发展和维持与其目标客户交易所涉及的一系列内部因素与外部条件的总和。保险营销环境是复杂多变的，随社会经济、文化、政治的发展变化而不断变化。同时，保险营销环境的各因素又不是孤立存在的，而是相互联系、相互作用、相互制约的一个统一体。因此，只有认真研究分析，才能使保险公司在复杂多变的营销环境中得以发展。

保险营销的宏观环境包括人口环境、经济环境、技术环境、社会文化环境和政治法律环境、自然环境等。保险营销的微观环境是指与保险企业直接有关的市场营销环境，包括保险中介、竞争对手、社会公众以及保险企业内部影响营销管理决策的各部门，如计划、人事、财务、业务、营销等。

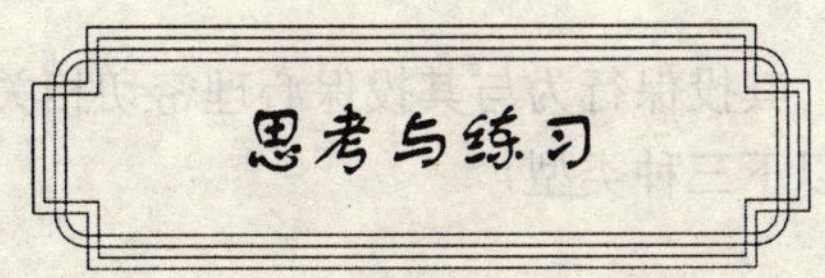

（1）什么是保险营销环境？它对保险企业有何影响？

（2）保险营销环境的特点是什么？

（3）保险宏观营销环境指的是什么？其中每种环境因素的变化如何对保险企业营销活动产生影响？

（4）保险微观营销环境指的是什么？其中每种环境因素的变化如何对保险企业营销活动产生影响？

第三章　保险需求与营销机会分析

◆ **本章要点**

在保险营销中，我们要把握市场营销机会，就必须首先了解影响投保人需求的因素及投保人的决策过程；个体投保人和团体投保人基于自身各自的特点，其需求的影响因素是不同的。

保险需求是保险营销的起点。作为保险企业，必须准确了解、适应保险需求，出色的保险营销还应在准确了解消费者需求特点的基础上创造保险需求。

第一节　个体投保人行为分析

个体投保人包括个人投保人与家庭投保人。

一、个体投保人需求类型

作为个体投保人，其投保行为与其投保心理密切相关。一般来说，个体投保者的投保需求主要有以下三种类型：

1. 长期需求

人们为了家庭财产与人身的长期安全而产生的对诸如长期家庭财产险、医疗险、养老险的需求。

2. 短期需求

主要是针对一些期限在一年内的险种的需求，如个人财产运输保险、旅游保险等的需求。

3. 特殊需求

主要是针对一些特殊财产，如字画、珠宝、特殊的身体部位等产生的保险需求。

二、个体投保人的投保心理

投保人的投保心理活动过程体现了投保心理活动的一般规律。但是，发生在特定的个体身上时，既有一般规律，又有明显的个性特征，这就是投保人的个性心理特征。个性心理特征具体表现在个人的能力、气质和性格上，是三者的独特结合。其中，能力体现投保人完成投保活动的潜在可能性特征；气质是投保人投保心理活动的动力特征；性格则反映投保人对现实环境和完成投保活动的态度上的特征。能力、气质和性格的独特结合，构成了投保人个性心理的主要方面，形成了各具特色的投保行为。

1. 能力与投保行为表现

能力是一个人能顺利完成某种活动，并直接影响活动效率的个性心理特征。能力的种类是多种多样的，对投保有影响的能力主要是注意能力、记忆能力、思维能力和比较能力。消费者投保行为的果断程度，反映出他对公司险种的识别能力、评价能力、决策能力与缴费能力。

根据消费者在投保过程及整个保险消费过程中的能力表现，可将投保人的投保行为分为成熟型、一般型和缺乏型。

2. 气质与投保行为表现

气质是人典型、稳定的心理特征，它表现为人在心理活动中动力方面的特点。气质一般是在先天生理素质的基础上，通过生活实践，在后天条件影响下形成的。由于先天遗传因素不同及后天生活环境的差异，不同投保人在气质类型上存在多种个体差异，这种差异直接影响投保人的心理和行为，从而使每个人的行为表现出独特的风格和特点。

气质一经形成，便会长期保持下去，并对人的心理与行为产生持久影响。但是，随着生活环境的变化、职业的熏陶、所属群体的影响以及年龄的增长，人的气质也会有所改变。

由于不同投保人的气质类型不同，投保行为有以下几种对应表现形式：① 主动型与被动型；② 理智型与冲动型；③ 果敢型与犹豫型；④ 敏感型与粗放型。这些都是较典型的表现，现实中的投保人大多介于中间状态，或属于混合型，即以一种为主，兼有另一种。

3. 性格与投保行为表现

现代心理学中，性格是指个人对现实的稳定态度和与之相适应的习惯化的行为方式。性格是个性心理特征中最重要、最显著的方面。

人的性格是在生理素质的基础上,在社会实践活动中逐渐形成和发展起来的，且性格的形成主要决定于后天的社会化过程，具有较强的可塑性。性格虽然并非个性的全部，但却是表现一个人的社会性及基本精神面貌的主要标志，在个性结构中居于核心地位，是个性心理特征中最重要的方面。性格又是十分复杂的心理构成，包含多方面的特征，如态度、理智、情绪、意志等。因此，一个人的性格是通过不同方面的性格特征表现出来的，并由各种特征有机结合，形成独具特色的性格统一体。

投保人的性格是在投保行为中起核心作用的个性心理特征。由于不同投保人之间的性格特点不同，形成了千差万别的投保行为。从投保的态度来看，投保行为有节俭型、保守型和随意型；从投保行为方式来看，可分为习惯型、慎重型、挑剔型和被动型；从投保时的情感反映来看，可分为沉着型、温顺型和激动型。

4. 自我概念与投保行为表现

自我概念也叫自我形象，是指个人对自己的能力、气质、性格等个性特征的感知、态度和自我评价。在现实生活中，每个人内心深处都有关于自我形象的概念。这种概念以潜在、稳定的形式参与到行为活动中，对人们的行为产生极为深刻的影响。同样的，自我概念渗透到消费者的投保活动中，作为深层的个性因素影响消费者的投保行为。

运用自我概念理论，可以清楚地解释消费者投保动机、投保行为中的某些微妙现象，并揭示这些现象背后的深层原因。例如，有些消费者在投保时，选择购买巨额保单，不仅仅是为了满足其转嫁特定巨额风险的需要，同时还是出于维护与增强自我概念的意愿。

三、个体投保人的类型

个体投保人根据其不同的购买行为，可以分为以下几种：

1. 独立型投保者

这种类型的投保人行为多表现为自由决定，往往有较好的经济基础，购买能力强，选购险种的范围广，并在选择时对各种险种进行比较，在与保险营销员接触时较主动，易于沟通，有一定的购买技巧。

2. 顺从型投保者

这种类型的投保人行为多表现为具有较强的从众心理，易受周围人的影响。

他们一般没有特殊需求，消费观念属于大众型，比较容易受广告与其他促销手段的影响。如果看到周围有人购买保险，他也较易被劝说而购买。

3. 保守型投保者

这种类型的投保人行为多表现保守，对自己过去习惯使用的商品和服务比较留恋，对保险商品本身这一较新鲜的事物接受较慢，不易受周围人以及广告和其他促销手段的影响。这种人不容易被劝说成功而购买，但一旦成功即会成为长期客户。

4. 节俭型投保者

这种类型的投保人行为多表现为实用，注重保险商品的实际价值，希望以最小的花费获得最大的经济利益。因此，他们往往在购买保险商品和储蓄哪个更合算方面精打细算。

5. 谨慎型投保者

这种类型的投保人行为多表现为理智、谨慎，不轻易相信广告和营销人员的推荐，而是相信自己的经验和判断，但有时显得经验主义。

6. 计划型投保者

这种类型的投保人行为多表现为计划性较强。他们根据自己的实际需要进行选择，不随大流，不受即时性的促销手段的影响，其保险选择也是生活计划的一部分。

7. 冲动型投保者

这种类型的投保人行为多表现为较冲动，凭一时的感觉或冲动决定是否购买。他们的购买决定或者是被保险营销员所感动，或者是被保险促销活动所打动而作出的。

8. 时尚型投保者

这种类型的投保人行为多表现为紧追时尚。他们思想开放，易于接受新事物，并有很强的购买欲望和一定的经济基础，往往是最先购买保险的人群。

四、影响个体投保人需求的主要因素

影响消费者购买行为的主要因素及其影响见表 3.1

表 3.1 影响消费者购买行为的主要因素

个人因素	心理因素	社会因素	文化因素
人口因素 形势因素 角色和地位	动机 认知 学习 态度 价值观念 个性与自我观念	经济发展水平 家庭影响 参考群体 替代品的影响	文化和亚文化 社会阶层

直接 影响消费者购买决策的直接性 间接

易识别 对市场营销者而言的识别性 难识别

（一）个人因素

1. 人口因素

人口环境包括人口的规模、结构和分布。其中，规模指社会中个体的数量；结构是关于年龄、性别、收入、教育程度、家庭构成、婚姻状况和职业等的统计；分布是指人口的地域或地理分布。人口特征能够极大地影响消费者行为，并为企业制订营销战略和计划提供有价值的信息。

从人口的规模上看，人口密度很高的社会可能形成集体取向而非个人取向的价值观，从而投保人在投保时会表现为较强的依赖和从众行为。从年龄上看，不同年龄的人对保险的需求也不同。年龄较大者更关心养老保险、重大疾病保险，年龄较小的人会对意外伤害险等险种更关心。从收入上看，不同收入阶层的人对投保的险种、保额等也有很大的差异。收入高的人相对于收入低的人来说，更倾向于购买高保额的多种保险产品；收入比较低的人只能够购买保险金额比较低的险种，甚至没有保险需求；收入过高的人自己已经能够处理风险，对保险几乎没有需求。从职业上看，从事危险程度较高工作的人的保险需求明显高于危险程度低的人。从生活方式上看，有的人喜欢及时行乐，有的人喜欢脚踏实地、有条不紊地生活；有些人喜欢风险，而有些人厌恶风险。所以，不同的人具有不同的保险需求，相同的人在不同的时期也具有不同的保险需求。

2. 形势因素

形势因素包括购买决策的重要性、时间压力等，它在消费者购买决策中扮演着重要的角色。如果时间充裕，消费者通常会推迟决策。因此，营销人员经常努力营造一种紧迫感来鼓励消费者“立即购买”。例如，公司在向消费者营销某种产品时，通常会鼓励消费者在产品“尚有供应”时立即购买。保险营销人员通常也会提醒消费者随着被保险人年龄的增大，购买保险的成本也会增大。

形势因素在人寿保险营销中非常重要。例如，当较亲近的人死亡或生病时，这个人会倾向于对保险产生更大的需求。当人们的家庭责任和社会责任增加时，如结婚、生子、升职等，他们的保险需求也会增大。

3. 角色和地位

每个人在社会中都充当着某一角色并占据着与之相称的地位。角色是指社会对具有某种地位的个人在特定情形下所规定和期待的行为模式。例如，由于保险公司强调寿险对于扮演父母角色的重要性，父亲的角色会使一个人在安排家庭的消费支出时倾斜于投保的保费支出。

地位是指与群体中的其他成员相对照，个人在社会中所处的位置。例如，同样的男性，未婚、已婚、为人父是三种不同的角色，具有不同的社会地位，相应的具有不同的保险需求。因此，不同的角色和地位决定了消费者的投保行为，保险营销人员应该细致研究和适应人在具备不同身份和处于不同地位时所面临的具体风险保障需求，这样才能根据不同情况为客户设计不同的保险产品。

（二）社会因素

1. 经济发展水平

经济发展水平是影响保险需求的最重要的一个社会因素。经济发展水平从两方面影响保险需求。一方面经济的发展可以创造出多样的保险需求，例如，城市的出现，产生了火险的需求；航海技术的发展使轮船可以航行的范围越来越远，从而具有更大的风险，因此海上保险应运而生；人们对 SARS 病毒的研究和认识诞生了专门针对 SARS 的健康保险；人们喜爱风险，喜欢旅游、蹦极、滑雪、赛车，从而产了专门针对高风险运动的意外伤害险。另一方面，经济的发展可以增加人们的收入，把许多潜在的保险需要转化成现实的需求。收入是影响保险需求的一个重要因素。一般来说，经济越发达的国家，人们投保的意识越强，对投保的态度越积极。因为经济的发展使人们的收入水平得以大幅度提高，从而有了投保的经济基础，并使人们的投保意识从靠国家保障转向社会、个人共同保障。收入的增加使人们低层次的需求得到了满足，从而产生了较高层次的对保险保障的需求。

2. 家庭影响

(1) 家庭是社会的基本组成，人总是生活在自己的家庭中，它对人们的价值观、审美观、爱好和习惯有很大的影响。现今社会，家庭有很多种，包括双亲家庭、单亲家庭、有祖父母或其他亲戚的扩展型家庭以及由无亲属关系的其他人组成的家庭。购买保险的决策通常是由家庭成员共同决定的。孩子们从父母那里学到重要的消费技能，如怎样预算和理财，并且父母逐渐向孩子灌输家庭的消费行为标准。比如，父母会告诉子女他们认为什么样的商品和行为是有品味的，哪些品牌的衣服是可以购买的，哪些商店是可以光顾的等。这些教育将对其子女一生的消费行为产生深远的影响。

(2) 家庭也是保险商品的基本消费单位。个体投保者的投保行为往往是从家庭需要、家庭成员的具体情况等去选择和购买不同险种的。比如，为了家庭财产安全的需要而购买财产险；为了家庭成员的健康、医疗、养老等需要而购买相应的保险。因此，家庭消费观念、家庭收入水平、家庭成员的行为等都会不同程度地影响人们的购买行为。

(3) 家庭的类型、家庭结构的变化及家庭的收入水平会对投保人行为产生直接的影响。家庭的类型（核心家庭、单亲家庭、扩展家庭等）影响投保人投保行为的独立性；家庭结构的变化（主要表现为规模的日渐缩小和单亲家庭的增多）使投保行为更加果敢；处于家庭生命周期（单身期、新婚期、满巢、空巢、鳏寡）的不同阶段，投保人投保行为的理智性、果敢性也不同；家庭的实际收入水平影响用于购买保险的支出金额，对家庭预期收入的估计影响超现实的投保行为。

3. 参考群体

参照群体又称相关群体或榜样群体，是指一种实际存在或想象存在的，可以作为投保人判断其投保行为的依据或楷模的群体。参照群体对投保人有强大的影响力，其标准、目标和规范会成为投保人的“内在中心”。投保人会以参照群体的标准、目标和规范作为行动的指南，将自身的行为与参照群体进行对照。

参考群体可以分为基本群体和次级群体两种：

(1) 基本群体是指小到可以让群体成员面对面地相互交往的参考群。家庭通常是个人所属的最重要的基本群体。其他基本群体包括亲友、同事和邻居等。基本群体通常在性质上是非正式的，但是其对消费者的行为比次级群体具有更大的影响。

(2) 次级群体是由拥有共同爱好和技能的成员组成的团体。与基本群体相比，次级群体更正规，其成员彼此之间的交往不持续或直接。次级群体包括一个人所在的公司，同业协会以及政治性、社会性和地区性组织。

参考群体对投保人投保行为的影响体现在：提供信息性影响，使其投保行为更加果敢；提供规范性影响，使其投保行为更受赞赏与认可；提供价值表现上的影响，使其投保行为更为主动。

一般来说，消费者将其购买行为与他们所属的参考群体的准则和标准保持一致，包括产品的选择、品牌的选择和消费者购买产品的方法。例如，一些保险人利用社会名流、明星的“示范效应”，在一定程度上可以起到激发和推动一般投保人需求的作用。

4. 替代品

保险是管理风险的一个工具，有许多可以替代保险的产品。这些替代品在一定程度上对保险的需求会产生影响，如银行存款、证券投资、社会保障、社会福利等。如果银行存款的利率比较高，证券市场的投资回报比较高，社会保障制度健全，社会福利水平很高，那么人们完全可以通过这些替代品来分散和管理自己的风险，则相应的会减少对保险的需求。

（三）心理因素

1. 动　机

动机是鼓励人们采取某种行动，表现出某种行为或为某一目标而行动的内在状态。动机是行为的直接原因，它推动和诱发人们从事某种行为，并规定行为的方向。动机是由需要产生的，人的需要有许多种，动机也就多种多样。在一定时期，许多动机中只有一个最强烈的动机能引起人们的行为。转嫁风险的需要是投保行为的最初原动力，投保动机则是投保行为的直接驱动力。

所谓消费者购买动机，就是推动消费者实行某种购买行为的愿望或念头，它反映了消费者对某种商品的需要。消费者的购买动机一般分为两类：一是生理性购买动机，也称为本能动机，是指消费者由于生理上的需要（如吃、穿等）所引起的购买满足生理需要的商品的动机；二是心理性购买动机，当社会经济发展到一定水平时，激起人们购买行为的心理性动机往往占重要地位。根据马斯洛的理论，人的需要有五个层次：生理需要、安全需要、归属需要、自尊需要和自我实现的需要，而且在高层次的需要出现之前，较低层次的需要必须首先得到满足。购买保险能帮助消费者满足马斯洛指出的某些需求，是由心理动机产生的。例如，通过购买人寿和健康保险可以帮助人们理财，减少财务损失，表达了对家人的关怀，如果他们去世或者残疾，家属可以在经济上有所保障。同时，具有不同层次需要的消费者在保险险种的选择、保费的交付方式、保险金额的确定等方面都会表现出不同的特点。

2. 认　知

认知就是理解的感觉。消费者在购买商品之前，必须对商品有一个从感觉到知觉的认识过程。不同的消费者会以不同的方式认知一件产品、一则广告、一位销售代理人、一家公司或其他任何事物。人们会对同一刺激物产生不同的感觉，这是因为人们会经历三种认知过程，分别是选择性注意、选择性曲解和选择性记忆过程。

(1) 选择性注意。在人们感觉到的刺激物中，真正引起人们注意的是少数，多数被忽视。人们通常会对与当前需要有关的刺激较为关注。

(2) 选择性曲解。人们倾向于对自己的先入之见，用支持而不是用挑战的方式来对信息作出阐释。

(3) 选择性记忆。人们在生活中，往往容易记住那些与自己态度、信念一致的东西，而忘却与自己无关的东西。

在现实中，各家保险司开展的保险宣传活动、发动的人员推销的攻势、推出的名目繁多的险种等，就是通过各种营销手段，对潜在的保险需求者产生刺激，使人们逐步认识保险，进而激发对保险的各种各样的需求。

3. 学　习

消费者既通过经验学习，也通过从其朋友、亲属、销售人员、广告及各种其他信息来源所获得的信息中学习。消费者的需要和原有观点及其购买某种特定产品或服务的动机，都在很大程度上由学习决定。反过来，销售者的行为又会影响消费者的学习过程，当消费者购买了某一特定品牌的产品并感到满意后，其购买行为就会加强，他们会经常购买某一品牌。事实上，投保行为很大程度上是后天学习得来的。投保活动的每一步都是在学习，从感知保险商品到投保决策及保后体验，都是学习的过程。学习是投保行为的关键，通过学习，消费者增加了保险商品知识，丰富了投保经验，从而有助于促使投保人重复性的投保行为的发生。如果一个消费者在较长时期内持续性、习惯性地购买某公司的险种，那么就证明他已对该特定保险公司品牌产生了忠诚。当然，在保险产品基本差异不大的情况下，消费者可能是对保险代理人而不是对代理人所代表的公司产生忠诚，所以代理人的服务至关重要。

4. 态　度

在日常生活中，态度对人们的行为有深刻的影响。消费者的购买行为，在很大程度上也由他对所购买商品或服务的态度所支配。态度是一种养成的偏好，是对一个观点、一个事物或一类、一组事务以一贯喜欢或不喜欢的方式作出的反应。态度比认识或信仰更加强烈，并且通常在长期内较为稳定。例如，对某险种有较好体验的保户会对该险种及提供该险种的公司产生积极的态度，而对某险种有较差体验的保户会对该险种及提供该险种的公司产生消极的态度。态度一旦形成便很难改变。而且那些持有消极态度的消费者不仅不会继续购买该公司的险种，还会影响其他消费者对保险商品或特定保险公司的态度。

由于保险商品的特殊性，在保险营销实践中，投保人经常表现出两种态度：一是拖延。许多消费者认可他们需要保险，但他们不认为有必要马上购买。特别是涉及需要长期支付保费时，投保人认为满足今天的需求比满足明天的需求更容易，因而往往使长期保障服从于其他更为现实的需求。这一点对保险营销员，特别是人寿和健康保险产品的营销人员提出了独特的挑战。这时就需要营销人员帮潜在的客户安排合理的理财计划，改变他们这种拖延态度。二是避免。因为保险总使人联想到不愉快，对风险的恐惧抑制了人们对保险保障的考虑，人们不愿意去想死亡的不可避免和提前做准备。这一切都会影响消费者的投保行为。

5. 价值观

价值观是一个社会大多数成员所信奉、被社会普遍倡导的信念。价值观是通过一定的社会规范来影响投保人的投保行为的。价值观包括三种形式：

（1）他人导向价值观。即反映社会关于个体与群体合适关系的观点与看法。例如，集体取向的文化就比个人取向的文化更加重视集体的作用，投保人在作出投保决策时可能会较多地依赖他人的帮助和指导。

（2）环境导向价值观。即反映社会与其经济、技术和物质的环境之间相互关系的看法。例如，一个安于现状、对承担风险采取回避态度的社会，投保人在投保时可能对新险种较为谨慎。

（3）自我导向价值观。反映的是社会成员认为应为之追求的生活目标以及实现这些目标的途径、方式。例如，一个鼓励人们居安思危、细水长流而不是及时行乐的社会，投保人在投保时会表现出积极、主动且比较理智的行为。

（四）文化因素

文化是包括知识、信念、艺术、法律、伦理、风俗和其他为社会大多数成员所共有的习惯、能力等的复合体。文化首先具有综合性，它几乎包含了影响个体投保人投保行为的所有方面；文化又与后天学习有关，而非与生俱来。 每个投保人都是在一定的文化环境中成长并在一定的文化环境中生活，其投保行为必然受到文化环境的深刻影响。文化的影响无时不有，无处不在。在不同文化环境中，价值观、人口特性等方面均存在差异，因而影响投保人的投保行为。

1. 文化与亚文化

每个人都生活在一定的文化环境中。文化对消费者行为具有深刻影响，因为它决定了特定社会中的成员可接受或不可接受的行为方式。文化影响我们住在何处、吃些什么、穿些什么、如何消费、如何攒钱以及我们评估产品和服务的态度。它对人们的价值观、态度、信仰、习俗等的形成有重要的影响。文化对投保人的影响主要表现为人们的投保意识、投保动机等方面的差异。例如，中国传统文化中的“养儿防老”“在家靠父母，出门靠朋友”“远亲不如近邻”等思想，反映了人们投保意识薄弱的特点。

文化很少是完全同质的，大多数文化中还包含许多亚文化。亚文化实质是主文化的细分和组成部分。亚文化是一个人种、地区、宗教、种族、年龄或社会团体所表现出来的一种强烈的、有别于社会中其他团体的行为方式。亚文化既有与主文化一致或共同之处，又有自身的特殊性，其对投保行为的影响更直接、更具体。亚文化通常有种族亚文化、宗教亚文化、民族亚文化、地域亚文化等。例如，有些地区的人，把保险特别是寿险看做是一种不吉利的事情，很避讳谈到"保险"这个词。

总体来看，投保人的投保行为不仅带有某一社会主文化的基本特性，而且还带有所属亚文化的特有特征。以民族亚文化为例，中华民族是一个偏好安全的民族，在投保行为上会表现得比较保守；以地域亚文化为例，我国北方人的性格比较豪爽，在投保行为上会表现得比较果敢与粗放。

2. 社会阶层

大多数生物可分为高低有别的团体，对人类来说，这些高低有别的团体被称为社会阶层。社会阶层是指在社会中按某种层次排列，较同质且具有持久性的团体。将人们分成不同社会阶层的常用因素包括：职业、收入的来源和数量、居住地、私人财产金额、教育水平及家庭背景等。同一阶层的人有相似的社会经济地位、利益、价值取向。

比较简单的一种分类方法是按收入水平来划分，将社会阶层分为高收入阶层、中收入阶层和低收入阶层。对于高收入阶层和中收入阶层来说，他们对保险产品有强烈的需求，因为他们具备一定的经济能力购买保险产品。问题是他们是否相信现有的保险产品和保险体制，这些因素会影响他们的家庭理财计划。社会学家的研究表明，中收入阶层的投保意识要高于高收入阶层，他们大多受过良好的教育，对保险的理解和接受能力比较强，是主要的保险消费市场。而高收入阶层的价值取向更侧重于名利和地位，研究表明，这部分人的投保兴趣往往不大。处于低收入阶层的人的价值取向则是尽力改善自己现在的生活，没有精力去考虑未来的事情，购买保险似乎还很遥远。

在美国，社会学家将美国人划分为六个阶层：即上上层、上下层、中上层、中下层、下上层和下下层。近年，我国有经济学家将消费阶层分为五类，即：超级富裕阶层（由成功的私有企业或中外合资企业的老板组成）、富裕阶层（由中外合资企业的高级管理人员或专业技术人员、高级知识分子、演职人员等组成）、小康阶层（包括合资企业的中层管理人员、兼职的知识分子、个体业主或商人）、温饱阶层（主要指效益较好的企业职工）、贫困阶层等。从投保行为表现来看，超级富裕阶层表现得较为沉着、冷静，富裕阶层表现得比较激动，小康阶层表现得比较保守，温饱阶层表现得比较犹豫，贫困阶层则表现得比较冲动。

四、个体投保人的投保决策过程

（一）个体投保人投保决策的参与者

个体投保活动，一般以家庭为投保单位进行。有许多人参与了决策过程，并在其中扮演不同的角色。但投保决策的最后决定人，一般是家庭中的某一个或几个成员。不同的保险产品有不同的决策者，所以营销人员必须了解谁是主要的决策者、谁是影响者、谁是参与者，这样才能有针对性地开展营销活动，取得最佳效果。在个体投保人的投保决策中，有六种常见的角色，各自在决策中发挥着不同的作用：

1. 倡议者

倡议者是首先提出购买保险产品建议的人，他们通常具有较强的风险管理意识。比如，父母会考虑子女以后的教育费用，为子女购买相应的保险产品。倡议者一般具有丰富的社会生活经验和较先进的理念。营销人员应该格外注意家庭中充当这样角色的人，经常与他们沟通，使其成为家庭引进保险产品的桥梁。

2. 影响者

影响者是对倡议者提出的建议发表意见的人，影响该建议是否被采纳。比如，祖父母可能会反对为子女购买儿童保险，从而对购买决策产生影响。

3. 决策者

决策者是指对倡议有决定权的人，例如，决定是否投保、投保哪个险、什么时间投保和选择哪个保险公司和代理人进行投保等问题。决策者可能是家庭的某一个成员，也可能是某几个成员。譬如在家庭决策中，有丈夫主导型、妻子主导型、联合型与自主型。

4. 购买者

购买者即投保人，投保人最终与保险公司签订保险合同并按合同规定缴付保费。

5. 享用者

享用者即被保险人，其财产或人身受保险合同保障、享有保险金请求权的人，投保人可以是被保险人。

6. 受益者

受益者即受益人，指在人身保险合同中由被保险人或投保人指定的享有保险金请求权的人。投保人和被保险人可以是受益人。

这些参与者在保险决策过程中具有不同的地位。其中，享用者是具有保险需求的人，受益者是利益相关的人，而倡议者、影响者、决策者和购买者才是对最终是否作出购买保险的决策起重要作用的人。

（二）个体投保人投保决策的内容

个体投保人投保决策的内容就是作出投保决策时要解决的问题，主要包括六大方面：

(1) 为什么投保（why）？即权衡投保动机：是寻求保障，还是期望高回报。

(2) 投保什么险种（what）？即确定投保的具体险种和具体内容，包括险种名称、保险期限、保险金额、缴费方式等。这是投保决策的核心。

(3) 投多大保额（how much）？即根据被保险人的需要与投保人的缴费能力确定投保金额。

(4) 向哪家公司投保？（where）？即确定投保的公司。对保险公司的选择主要考虑其实力、服务水平、险种特色等。

(5) 何时投保（when）？即确定投保时间。这主要取决于投保人转嫁风险的迫切程度、保险行业的发展前景。

(6) 怎样投保（how）？即确定投保的方式。可供选择的方式有网上投保、上门投保、通过代理人投保、通过经纪人投保等。付费方式有现金、支票、银行转账等。

（三）个体投保人的决策过程

投保决策是投保人谨慎地评价某一公司的特定险种、服务质量等因素后，进行理性选择，即用最少的保费支出换取最大的保险保障的过程。消费者在进行投保时，其心理的变化是一个黑箱，很难判断是什么因素促成了最终的投保行为。图 3.1 的消费者购买行为分析模型比较好地说明了这一过程。

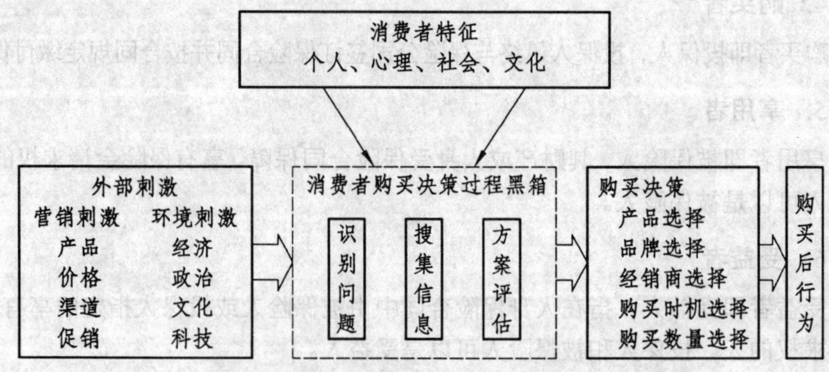

图 3.1 消费者购买行为分析模型

投保的决策过程不可能一蹴而就，而是一项较为费时费力的过程。这一决策过程大体上可分为五个阶段：确认需求、信息收集、方案评估、投保决策、保后评价（图 3.2）。

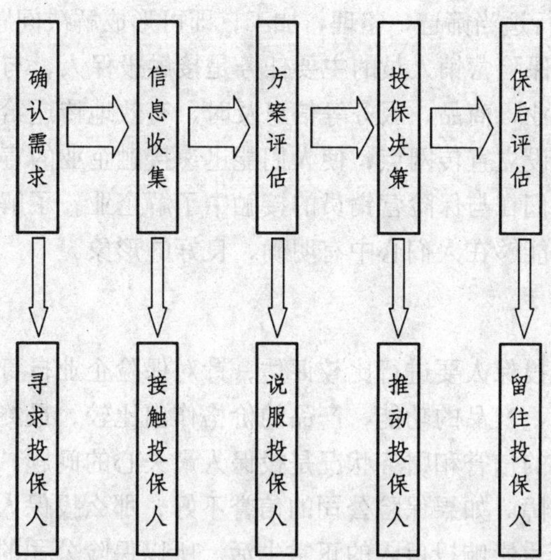

图 3.2 投保人决策过程和对应的营销过程

1. 确认需求

投保决策过程基本上是一个解决风险威胁的过程，这一过程首先始于投保人对风险的认知。人们的风险意识往往由两种刺激引起，即内在刺激和外在刺激。内在刺激源于人的某种生理上的需要，如饥饿、寒冷导致的需要；外在刺激是指业已形成的社会发展环境。例如，有些人可能在朋友生病后没有能力支付医疗费用而联想到自己的情况，从而产生购买保险的意识；保险公司的广告宣传、促销活动、营销人员的上门服务、重大保险赔案等，都会使消费者对自身所面临的风险有所认知，并进而寻求解决的最佳方案，从而也就可能产生对保险的需求。

在这个阶段，保险营销者的主要任务是寻求投保者，除了通过了解人们的需求现状，寻找可能的投保者外，还要挖掘潜在的保险需求，使他们成为未来的投保者。所以，保险营销者要善于发现潜在需求，开展科学有效的宣传活动，使潜在的客户成为保险购买者。

2. 信息收集

在认知了风险的基础上，消费者受转嫁风险的动机驱使，开始寻求解决方案。为使方案充分而可靠，需要广泛地收集有关保险的信息。信息可以通过不同的途径获取，一般来说，消费者的信息首先来自于内部信息源，即以往保险消费的经验；其次就是通过外部信息源，包括个人信息源（亲朋好友、家人、同事、同学等）、公众信息源（公众传媒、报纸杂志、网络等）及保险公司的广告、营销员、促销活动等。投保人获取信息主要依赖保险营销人员所控制的信息源和个人信息源，获取的信息包括有关各保险公司的情况、险种情况、投保的便利性等。在广泛搜寻的基础上对所获信息进行适当筛选、整理、加工，即可形成解决问题的多种方案。

在这个阶段，保险营销人员的主要任务是接触投保人，与投保人沟通交流，尽力将有关自己企业、商品、服务等信息及时、有效地传递给可能的投保人。例如，保险公司应该设立宣传网点，使人们能迅速接触企业的宣传活动；加强人员推销的力度，使人们在与保险营销员的接触中了解企业，了解保险产品；设计企业的形象，使企业能够在人们心中有明确、良好的形象。

3. 方案评估

收集的信息，投保人要进行比较评估，针对保险企业自身的信誉情况、保险企业的财务稳定性、产品的功能、产品的价格作出比较，最终作出购买决策。

(1) 保险公司的信誉和财务状况是投保人最关心的问题，因为购买保险最重要的是能够获得保障。如果保险公司的信誉不好，那么投保人的理财计划就会被严重打乱，甚至严重影响投保人的正常生活。所以保险公司的竞争现在也是品牌上的一种竞争，而优秀品牌的核心是最大诚信，它的形成过程是始终如一的诚信积累。保险代理人在这里扮演着非常重要的角色，其服务水准直接影响保险公司的声誉。

(2) 投保人会考虑保险产品的功能是否最大限度地满足自己的需求，对产品的保险责任和除外责任仔细研究，在这一过程中，需要保险营销人员本着最大诚信原则，就保险产品的重要条款对投保人如实告知。

(3) 在保险责任相同的情况下，投保人会比较价格是否合理，关键看保险费率和保险责任以及自身的风险状况是否相对称，尽量做到经济实惠。

在这个阶段，保险营销人员的主要任务是“说服”投保人，赢得投保人的信任，令投保人接受自己险种的优点，使投保人选择自己所提供的险种和服务，并力图减少投保人在从购买意图到购买行动之间所受到的干扰因素，促使其尽快采取行动。

4. 投保决策

投保人根据一系列评估准则，集中进行选择，即购买决策。决策包括对保险公司和保险代理人的选择，保险期间、投保金额、缴费方式等的确定。在这一阶段，保险营销人员的主要任务是推动投保人作出决策。营销人员要用自己的专业知识帮助客户作出适合自身需要的选择，注重自己的言谈举止，不要让投保人有任何不信任的感觉，从而坚定他们的购买决定。

5. **保后评价**

投保后，投保人会评估他们的投保选择，也会主动听取别人的评价。主要是投保的险种是否符合其真正的期望，从而感到满意或不满意。满意的投保人可能会继续选择该保险公司的其他险种并向他人推荐投保；而不满意的投保人可能会在冷静期内退保，如果冷静期已过，则可能会任由保单失效，甚至向有关机构投诉或诉诸法律。一些不满意的客户还会反对自己的亲朋好友投保。投保人的反宣传往往会使企业的营销效果大打折扣。

在这个阶段，保险营销者要尽力“留住”投保者，让投保者成为自己的忠诚顾客，甚至是义务推销人员。为此，要避免夸张不实的营销手法，防止让投保人对商品建立过高的期望；设立投保者服务专线和信箱，由受过专门训练的人员负责处理投保者日常出现的问题，及时回答疑问；明确告知投保者的权利和义务；主动探求投保者对商品或服务的意见；密切留意大众传播媒介所报道的投保者事件，并及时作出处理。

第二节 团体投保人行为分析

团体投保人是指那些购买保险的组织或集团，包括企业单位、机关单位、事业单位或其他社会团体和组织。团体投保方式既适用于财产与责任保险，也适用于人寿保险。特别是企业投保，在国内外寿险领域已成为很多公司的传统优势业务，如美国的 401K 计划、我国香港的强基金（MPF）计划等。随着我国社会保障体系的改革和完善，医疗、养老等社会保障制度正由原来的国家包办向企业、个人统筹转变，企业保险需求将进一步扩大。

一、团体投保人需求特点

同个体投保人相比，团体投保人的投保行为具有如下特点：

1. **投保人数少，但较集中**

团体保险是以一个企业、一个单位作为投保人的，而且大多数团体集中在大中城市或城镇。因此，团体投保人比个体投保人的数量要少很多，但却比较集中。

2. **保险需求的金额大**

虽然作为购买者的团体投保人的数量比个人投保人的数量相对要少，但由于团体规模较之个体要大，其被保险人人数众多，其面临的风险也相对较为集中，尤其是经营性团体。因此，他们一旦产生投保的愿望，往往投保金额较大，甚至是一些巨额的保单。

3．投保决策的参与者多且方案更加透明

一个团体内的决策单位可能很大且复杂，尤其是一些大型和等级严密的企业，在作投保决策时会涉及更多来自不同职能部门、不同层级的参与者，而且在决策的不同阶段，参与者也不同。因此，投保决策的形成非一人所能决定。在投保决策形成的过程中，必然要集思广益，听取不同部门、不同人员的意见才能最后定夺，因此要求投保方案更加透明。

4．投保行为波动大

由于团体投保人的投保金额大，保费负担是其所有支出项目中非常重要的一项，尤其是那些大型团体。因此，整个经济形势、团体经营绩效对团体投保行为的影响就会较大。当整个经济形势好、企业经营业绩比较高时，其保险需求会随之增高；反之，则会减少。

5．需求的弹性小

团体投保人对保险费、费率的敏感性要比个体投保人弱，他们的需求不会因保险费、费率等的变化而发生明显变化，比如，组织的财产保险、运输保险、养老保险等不会因一段时期里费率的调整而终止已投保的险种或减少已投保的金额。

6．保费和费率较低

团体投保的保险费往往比较优惠。比如，企业人寿保险的费率在各类人寿保险中是较低的，原因是：团体保险风险分散较好，避免了逆选择，死亡率相对较低且比较稳定；手续简化，节约了营销费、管理费等开支，这样就降低了附加保费和毛保费。保险人可以对每个被保险人平等对待，对一个团体实行统一费率，也可根据投保企业的职业性质、年龄结构和过去的经验而确定费率，即实行经验费率。不同风险类别的团体适用不同的费率，费率主要根据投保企业理赔的情况厘定。

7．市场竞争更加激烈

由于团体投保金额较大，牵涉人数众多，在当地有较大的影响，所以它成为各家保险公司展开激烈竞争的焦点所在。在这样一场非常现实的“优胜劣汰”的较量中，公司品牌和“保险计划”的优劣，往往是成败关键。作为保险营销人员，在各家保险公司的竞争中，如何以本公司品牌和差异化服务展示本公司的优势，如何与公司其他部分配合，共同作出一个令客户满意的“保险计划”，从而为本公司争得有利的业务空间，是对保险营销人员各方面素质的严峻挑战。

表 3.2 列出了保险团体市场和个人市场的区别。

表 3.2　团体市场和个人市场的区别

特点＼市场	个人市场	团体市场
需求单位	个人、家庭	企事业单位、组织
购买数量	量小	量大
顾客数量	多	少
购买者地理位置	非常广泛	相对集中
需求波动	较小	较大
价格弹性	较大	较小
分销结构	主要是间接销售	主要是直接销售
购买的专业性	个人性的	专业性的
对购买行为的影响	主要是个人决策	多方面影响的决策
交易磋商	简单	复杂
相互关系	较少	密切
主要促销方法	广告	人员推销

二、团体投保人需求类型

由于团体投保人的性质不同于个体投保人，其需求的类型也与个体投保人有所不同。他们的需求类型大致有三种：

(1) 新购型需求。对于一个新购了某一项财产或新增了某一个项目的团体来说，新的项目面临着高的风险，从而产生对与之相连的保险的需求。

(2) 续购型需求。由于团体对某种险种的投保期限已到，需要继续投保，从而产生了继续购买的需求。

(3) 更改续购型需求。由于人员变动、经营项目的性质变化以及经营活动范围的扩大等，需要对原先已购的险种重新作出调整，这时，所产生的需求即为更改续购型需求。

三、影响团体投保人行为的因素

团体投保人在投保决策过程中，也面临各种各样的影响因素。一般来说，团体投保人行为较之个体投保人行为更加理性，更加注重追求利益的最大化。但是，由于在决策过程中涉及许多人员，如决策者、执行投保决策的人等，他们也必然会受到人际关系、情感因素等的影响。因此，就团体投保人行为的影响因素来说，可分为四大类：环境因素、组织因素、人际因素、个人因素等。

表3.3中列出了影响团体购买行为的主要因素。

表3.3　影响团体购买行为的主要因素

外部因素	内部因素		
环境因素	组织因素	人际因素	个人因素
市场需求水平 经济前景预期 利率水平 政治法律 竞争水平 参照群体 文化环境	组织目标 政策 决策程序 组织决策 制度	权利 地位 情绪 说服力	年龄 收入 职位 对待风险的态度 价值观 动机和情绪

（一）影响团体投保人投保行为的外部因素

影响团体投保人投保行为的外部因素主要指企业和组织所处的环境。具体包含以下几方面：

（1）市场环境和经济前景对企业发展的影响非常大，从而也必然影响企业关于财产保险、职工人身保险的投保计划。当经济前景好、企业发展有利时，企业会有意识地制订各项投保计划；反之，则会忽视这一计划的制订。

（2）政治法律对企业发展的影响也很大。有些保险是属于强制性的，是法律规定必须购买的。在一个法律制度完善的国家里，企业必然会依法购买各种财产险、职工医疗保险、养老保险等各种险种。若法律制度不完善，企业就会抱着侥幸心理无视或忽视保险。

（3）利率水平也会直接影响公司的保险意识、保险决策与保险购买。通常，企业会根据各项保险费用的承受能力决定应该投保的险种和保险金额。利率水平的高低对企业制订保险计划有直接的影响，特别是对长期保险项目，如企业财产保险、职工养老保险等的影响更明显。

（4）文化环境。不同文化下的价值观和行为的差异性既影响个体也影响团体。一个以股东和所有者财富为决策标准的企业和一个将员工福利与企业利益同等对待的企业，在是否为员工投保以及保障程度选择上会有不同的行为方式。

（5）参照群体的保险观念不仅影响企业的投保行为，也左右企业的投保决策。例如，同行业中的领先者是富有创新精神的企业，如果他们投保，则可能会带动其他企业的竭力效仿，跟上市场潮流。

（二）影响团体投保人投保行为的内部因素

1. 组织因素

每个企业都有其组织目标、政策、作业程序、决策程序、组织结构和制度。企业目标、政策、程序、组织结构和制度必然对组织的投保决策有直接的影响。例如，企业对员工福利的重视程度，对风险的偏好程度，经营管理的理念、远景等都会影响企业在保险需求方面的决策。一个企业的组织目标明确、政策灵活、决策程序清晰等，对企业投保人的行为将会产生积极的影响。企业组织规模的大小不同，其职能部门的设置也不同，从而也意味着投保决策的参与者不同。例如，大型企业里很多人参与投保决策，要对其投保行为产生影响，必须将广告、销售努力瞄准其不同的职能部门，而且要具有针对性。而小型企业的投保决策可能只涉及业主或经理，其个人行为就是团体行为。企业处在不同的地理位置，会受地区亚文化的影响，从而形成不同的业务运作方式与商务风格，在投保过程中呈现出不同的行为特点。

2. 人际因素

人际因素主要是指处于企业或组织投保决策核心位置的成员之间的关系。在团体投保人行为过程中,投保意识以及投保决策往往受这类人际关系因素的影响。人际关系中各参与者的权力大小、地位高低、情绪好坏以及说服能力的强弱会在一定程度上影响决策的方向和决策内容。

3. 个人因素

企业或其他组织也是由人组成的，投保决策是由人而非企业作出的。每个参与投保决策的人，难免会受到个人价值观、年龄、受教育程度、职务、个性以及对风险的态度等因素的影响。这些因素进而会影响他们对风险的认识和理解，并最终影响投保决策。

（1）价值观。企业独特的文化价值观能影响其成员的投保行为。一般来说，团体投保人投保行为较之个体投保人的投保行为更加“理性”与“经济”。

（2）学习。像个体一样，企业或组织也从经验与知觉中学习。当从保险公司或代理人那里得到积极的体验时，就会激励团体重复投保。有效的投保过程和程序也会以规则和政策的形式被确定下来，从而形成制度。相反，不快的体验会避免投保行为，同时无效的投保程序会被摈弃。

（3）动机与情绪。企业或组织通常比个体投保决策带有较少的感情色彩。但是，在组织投保决策中经常存在个人或职业风险，担心作出错误投保决策的风险会导致自我怀疑和精神上的不安，这种情绪进而会对投保决策产生影响。

按照心理学理论，个人既有个人动机也有组织性动机。组织性动机鼓励个人作出正确的投保决策，但是当“正确”不易界定时，个人动机就会起作用，从而对团体的投保行为产生影响。

图 3.3 显示了影响企业保险需求各因素之间的关系。

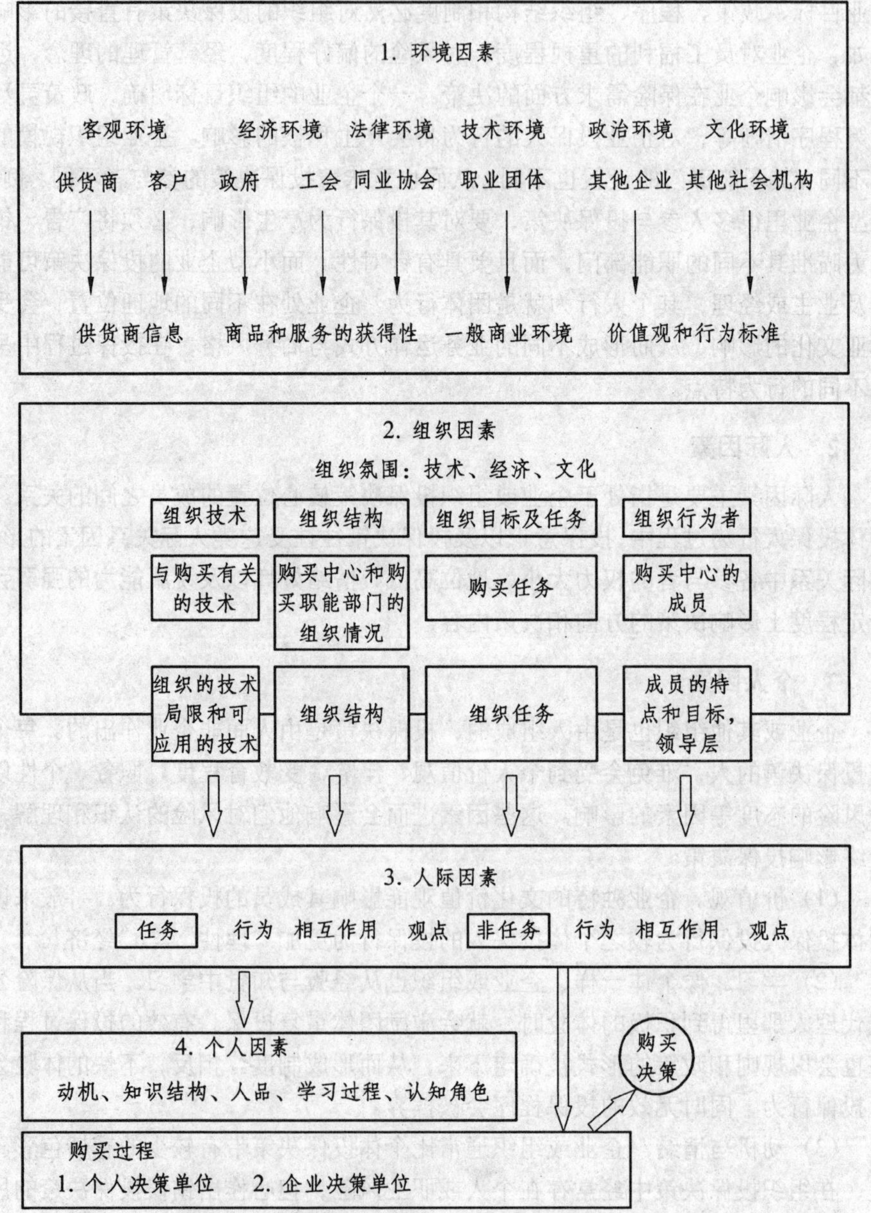

图 3.3 企业保险需求的影响因素

四、团体投保人决策过程

（一）团体投保决策的参与者

在团体投保行为发生过程中，有许多人参与投保决策，扮演不同的角色。他们分别是受益者、影响者、决策者、采购者和信息控制者。

1. 受益者

企业投保行为的发生，主要是为了满足实际使用者的需要。因此，在购买决策的制订上，必然要听取他们的意见和要求。他们在享受保险服务的过程中，可能会有两种直接的反应：满意或不满意。当他们将满意或不满意的信息反馈给决策者和购买者时，就会影响下一轮的购买决策。

2. 影响者

在企业投保行为中，有一些人，如组织中的管理人员、员工等，虽不是最终的决策者，但却对投保决策有很大的影响。他们通常协助选择险种，确定期限，并提供对不同方案的评估信息。

3. 采购者

采购者指企业授予正式权力去购买保险的人。通常，采购者对所要投保的保险公司、险种性质、数量、保费、期限、服务等交易条件有直接的发言权和选择权。

4. 决策者

决策者指拥有选择和决定供应者权力的人。在一般情况下，决策者往往就是采购者，但在交易量大而复杂的情况下，往往由最高决策人或项目经理担任最后的“拍板人”。

5. 信息控制者

信息控制者指有可能控制外界有关推销信息流入企业内部的人，如接线员、秘书、看门人等。因为外界传递各种信息的人，如推销人员可能首先通过他们与企业内部有关人士取得联系。如果他们拒绝让推销员等进入，就有可能阻碍有关信息流入企业内部。

同样，在企业投保决策过程中，影响者、采购者和决策者具有比较重要的地位。信息控制者的地位虽然不是非常重要，但是其控制着信息的流向。保险营销者如果不能很好地应付信息控制者，则有可能根本无法接触具有重要地位的参与者。

（二）团体投保决策过程的特点

1. 参与决策的人较多

在企业投保人的决策过程中，参与决策的人有倡议者、影响者、决策者、购买者、受益者和信息控制者。每种类型所涉及的人都不止一个，有时可能是一群人。当然，决策者是关键人物，他对企业是否需要购买保险、买何种保险、买多少份保险以及何时买、由谁去买等具有决策权力。

2. 决策类型较复杂

在企业投保人的决策中，其决策类型可能有主动型购买决策、被动型购买决策、委托型购买决策。主动型购买决策是指企业本身意识到保险的重要性，并主动提出和实施包括险种、费率、代理商等一系列内容在内的购买计划。被动型购买决策则是由上级主管提出并决定所要购买的险种、费率、保险金额等，企业只是被动地执行。委托型购买决策是企业委托代理商或经纪人办理有关保险事宜、签订保险合同等。

3. 决策过程较规范

企业投保人的决策过程相比个体投保人要正式化、规范化。其决策过程往往要经历主要决策者审议、上级主管审批、专人负责执行等较规范化的过程。在具体执行中，还要就所选择的保险公司、保险代理人的资格审核，保险险种的确定，费率，保险金额，售后服务等作进一步的决策。

（三）团体投保人的投保决策过程

团体投保决策过程与个人投保决策过程有很大的相似性，但也有一些区别，一般包括下面六个阶段：

1. 风险认知

团体投保决策过程是一个为了满足团体的保险保障需要而努力的过程，这一过程通常是由团体认识到其面临着风险而引发的。一个企业或组织通过保险公司的广告宣传、促销活动、营销人员的上门服务、重大保险赔案等，都会对其所面临的风险有所认知。

2. 信息收集

这一阶段，企业或组织要收集所有可能得到的解决其风险的信息。信息的主要来源有：① 内部信息，如上级主管部门下发的统一保险通知、保险指南等，员工传递的有关保险代理人的信息等；② 外部信息，如保险营销员、代理人等在上门推销或电话推销中传递的有关信息，新闻媒介传递的有关保险信息以及通过其他渠道了解到的有关信息。这一阶段所需的时间取决于企业的规模和投保习惯。

3. 方案评估

在信息收集阶段网罗了大量的保险公司提供的保险计划，为了确定每份建议书是否符合组织的要求，要对这些建议书作出评估，评估的过程是以费用、服务与赔付之间的权衡为基础的。评估的方式可以是与保险代理人直接会谈协商，也可以由组织的顾问邀请保险代理人直接会谈。

4. 投保决策

经过一轮或多轮谈判协商后，组织就要对保险公司的建议书最终作出决策：接受或拒绝。

5. 签订合同

在大多数情况下，企业投保人一旦选定了保险代理人，保险代理人就会亲自上门服务，负责有关保险商品的咨询、保险合同的送达、保险合同的签署、保险合同生效等一系列事宜，从而使投保人能够在减少干扰的情况下，顺利签署保险合同。

6. 保后评价

企业投保人在投保之后，也会像个体投保人那样，对所投保的保险商品进行评价。主要是投保的险种是否解决了原来的问题，从而感到满意或不满意。由于企业投保人所投保的数额大，因此，他们对投保后的售后服务、出险后能否得到及时理赔更关注。下面列出了一些企业保险购买者终止现有保险的基本原因：

（1）对现有服务或保单管理不满意；

（2）有能力从其他保险公司或其他供应者那里以更低廉的费用获得相同或更好的保障；

（3）从另一家保险公司或其他供应商那里可以获得新的保障或增加的给付金额；

（4）对保险公司的理赔政策、程序或服务不满意；

（5）企业进行了重组或者合并；

（6）对保险公司和其销售人员、保险代理人、经纪人或团险代表失去了信心。

◆ 本章小结

对个体投保人保险需求的分析可以从个体投保人需求类型、个体投保人心理、个体投保人的类型、影响个体投保人需求的主要因素等几方面展开。

个体投保人包括个人投保人与家庭投保人。个体投保人的投保行为与其能力、气质、性格和自我概念有关。根据个体投保人不同的购买行为，可以将其分为：独立型的投保者、顺从型的投保者、保守型的投保者、节俭型的投保者、谨慎型的投保者、计划型的投保者、时尚型的投保者和冲动型的投保者。个体投保人需求的影响因素包括：个人因素、心理因素、社会因素和文化因素。其中，个人因素包括：人口因素、形势因素、角色和地位；心理因素包括：动机、认知、学习、态度、价值观念、个性与自我观念；社会因素包括：经济发展水平、家庭影响、参考群体和替代品的影响；文化因素包括：文化和亚文化、社会阶层。个体投保人投保决策的参与者有：倡议者、受益者、决策者、购买者、享用者和影响者。个体投保人投保决策的内容包括六个方面：为什么投保？投保什么险种？怎样投保？向哪家公司投保？何时投保？投多大保额？个体投保人的决策过程包括：确认需求、信息收集、方案评估、投保决策、保后评价五个方面。

团体投保人是指那些购买保险的组织或集团。团体投保人投保行为有如下特点：投保人数少但较集中、保险需求的金额大、投保决策的参与者多且方案更加透明、投保行为波动大、需求的弹性小、保费和费率较低、市场竞争更加激烈。影响团体投保人行为的因素分为环境因素、组织因素、人际因素和个人因素。其中，环境因素包括：市场需求水平、经济前景预期、利率水平、政治法律、竞争水平、参照群体和文化环境；组织因素包括：组织目标、政策、决策程序、组织决策和制度；人际因素包括：权利、地位、情绪和说服力；个人因素包括：年龄、收入、职位、对待风险的态度、价值观、动机和情绪。团体投保人的投保决策过程包括：风险认知、信息收集、方案评估、投保决策、签订合同和保后评价。

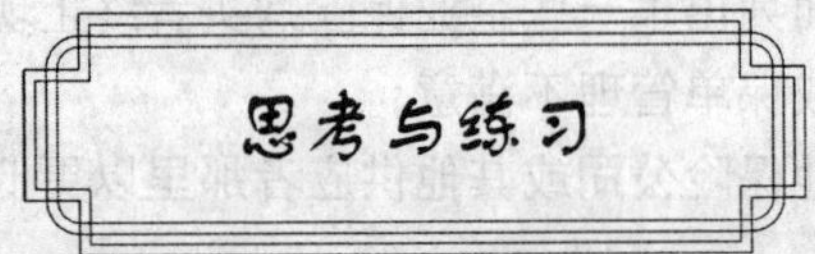

思考与练习

（1）简单介绍影响个人保险需求的人口因素，并详细解释为什么人口因素是影响个人保险需求的一个重要因素。

（2）简单介绍影响个人保险需求的社会因素，并根据马斯洛需求层次论详细解释为什么经济发展水平是影响个人保险需求的一个重要因素。

（3）简述个体投保的决策过程。

（4）分析个人保险需求与团体保险需求的区别。

（5）介绍影响企业保险需求的因素。

（6）简述企业投保决策的特点。

（7）简述企业投保决策的过程。

第四章　目标市场决策

◆ **本章要点**

本章主要介绍如何进行保险市场细分与目标市场选择，其中市场细分的原则和依据，目标市场的评估与策略，以及市场定位是本章的重点。保险企业通过对保险市场的细分、选择与定位，才能充分发挥自身的竞争优势，吸引更多的客户，最终实现企业的战略目标。

第一节　保险商品市场细分

一、市场细分的含义

（一）市场细分的概念

市场细分思想产生于20世纪50年代中期，它是第二次世界大战后市场营销理论和战略的新发展，是美国市场营销学专家温德尔·史密斯（Wendell R. Smith）在总结市场营销实战经验的基础上提出来的一个新概念。

市场细分，又称市场区隔。它是营销者在市场调研的基础上，以消费者为对象，根据消费者的不同需要、爱好、购买能力等，把整个市场划分为不同的消费者群，企业从中寻找到一个或几个适合为之服务的目标市场的过程。其中，每一个消费者群就是一个细分市场，它由具有类似消费需求、消费习惯和消费行为的消费者构成。但在不同的细分市场中，消费者的需求、消费习惯和消费行为有显著的差异。市场细分这一概念的出现，是现代市场营销观念的一大进步，是企业市场营销观念真正树立并得以贯彻实施的标志。

（二）市场细分的作用

市场细分不是根据产品品种、产品系列来进行的，而是从消费者（指最终消费者和工业生产者）的角度进行划分的，是根据消费者的需求、动机、购买行为的多元性和差异性来划分的。市场细分对企业的生产、营销起着极其重要的作用。

1. **有利于选择目标市场和制订市场营销策略**

市场细分后的子市场比较具体，比较容易了解消费者的需求，企业可以根据自己的经营思想、方针及生产技术和营销力量，确定自己的服务对象，即目标市场。针对较小的目标市场，便于制订特殊的营销策略。同时，在细分的市场上，信息容易了解和反馈，一旦消费者的需求发生变化，企业可迅速改变营销策略，制订相应的对策，以适应市场需求的变化，提高企业的应变能力和竞争力。

2. **有利于发掘市场机会，开拓新市场**

通过市场细分，企业可以对每一个细分市场的购买潜力、满足程度、竞争情况等进行分析对比，找出有利于本企业的市场机会，使企业及时作出投产、转产等决策或根据本企业的生产技术条件编制新产品开拓计划，进行必要的产品技术储备，掌握产品更新换代的主动权，开拓新市场，以更好地适应市场的需要。

3. **有利于集中人力、物力投入目标市场**

任何一个企业的资源、人力、物力、资金都是有限的。通过细分市场，选择适合自己的目标市场，企业可以集中人、财、物及资源，去争取局部市场上的优势，然后再占领自己的目标市场。

4. **有利于企业提高经济效益**

前面三个方面的作用都能使企业提高经济效益。除此之外，企业通过市场细分后，可以面对自己的目标市场，生产出适销对路的产品，既能满足市场需要，又可增加企业的收入；产品适销对路可以加速商品流转，加大生产批量，降低企业的生产销售成本，提高生产工人的劳动熟练程度，提高产品质量，全面提高企业的经济效益。

二、保险市场细分及其在市场营销中的重要意义

任何一个企业都不可能满足一种产品的整体市场需求，只能满足其中一部分市场的需求，这不仅是限于企业资源，也是为了保持效率。一方面企业的市场营销活动必须从消费者的需求出发，而这种需求已日益丰富多样化；另一方面企业拥有的生产经营资源毕竟是有限的，不可能完全满足市场所有需求，出路就在于“市场细分”，在市场细分的基础上，寻找适合本企业营销的目标市场，开展积极有效的营销活动。

保险市场细分，是指保险公司把整个保险市场的客户，按不同性质和几种因

素予以区分，使区分后的客户需求具有相同或相似的特征，以便有针对、有侧重地采取特定的市场营销方法，推出特定的保险产品，来满足这些客户群的需求，从而达到保险的经营目标。在实际中，客户的需求存在差异性，保险产品存在多样性，可以按消费者市场和生产者市场细分。从消费者市场细分来说 ，影响客户需求差异的因素有地理位置，自然环境，地区经济状况，人口变量如年龄、性别、职业、收入、教育程度、家庭人口、国籍、民族、宗教信仰、风俗习惯、社会阶层等，还有心理因素包括生活格调、情趣、个性、购买动机、价值取向以及对产品供求时间、品牌效应、规模数量、趋势、供求方式感应程度等。同样一个产品，有些人群非常欢迎，有些人群却不接受，这就是不同客户需求的差异性。

有效的市场营销必须建立在良好的市场细分基础上，保险市场细分有助于保险公司正确选择目标市场进行营销活动，把握这一点对当前我国保险公司具有十分重要的意义。

1. 有利于保险公司发现新的市场机会

通过市场细分不仅可以了解整个保险市场的情况，还可以比较具体地了解竞争者市场占有情况和客户对产品需求满足程度,分析每一个细分市场的潜在需求,从发现市场上保险产品和服务与客户需求满足度的差距中去寻求新的市场机会,从而改进或创造新的保险产品和服务项目，开拓新的保险市场。美国友邦保险公司一进入中国保险市场，就运用市场细分的原理对中国保险市场进行分析研究，并发现中国市场对人寿保险的需求潜力很大，尤其是个人寿险的需求满足水平极低。因此，他们抓住这一市场机会，大力推销个人寿险业务，迅速在中国保险市场取得了一席之地。

2. 有利于保险公司制订和调整营销策略

不同的细分市场对保险产品和服务有不同的需求,在保险市场细分的基础上,保险公司根据差异性选择出目标市场，提供不同种类的保险产品，制订各种与其相适应的营销策略，以满足细分市场的需要。若细分市场的需要受某种因素发生变化，保险公司也能准确及时得到信息反馈，适时对营销策略进行调整。

3. 有利于保险公司增强竞争能力，发挥自己的竞争优势

经过市场细分，保险公司可根据自身力量、特定优势和各个不同细分市场的需求特点，调整保险产品服务种类，做到保险公司内部资源的优化配置，以最小的投入获取最大的产出。

保险公司通过市场细分，将市场划分成若干不同需求的客户群，从而发现保险市场上未得到满足的需求，当这种市场机会与保险公司的经营目标、资源条件相一致，而且比其他竞争者具有更大优势时，即迅速以此作为目标市场，进行市场定位，确定产品，而后开展市场营销。当然，还要考虑目标市场对新产品有稳定、足够的购买力。

三、保险市场细分的原则

企业可根据单一因素，亦可根据多个因素对市场进行细分。选用的细分标准越多，相应的子市场也就越多，每一子市场的容量相应就越小。相反，选用的细分标准越少，子市场就越少，每一子市场的容量则相应越大。如何寻找合适的细分标准，对市场进行有效细分，在营销实践中并非易事。一般而言，成功、有效的市场细分应遵循以下基本原则：

1. 可衡量性

用来划分细分市场的特性必须是可以识别和衡量的，这样划分出来的细分市场范围才有可能比较明晰，才有可能对市场的大小作出判断。比如，按年龄划分寿险市场，很容易得到各个年龄组的人数资料。但也有一些因素是不易测量的，比如，要测量同一年龄组中投保人的投保动机或心理就相当困难，以此为依据细分市场就不一定有意义。因此，凡是企业难以识别、难以衡量的因素或特性，都不能作为划分保险商品市场细分的标准。

2. 可进入性

细分出来的市场应是企业营销活动能够抵达的，即企业通过努力能够使产品进入并对顾客施加影响的市场。一方面，有关产品的信息能够通过一定媒体顺利传递给该保险市场的大多数消费者；另一方面，保险企业在一定时期内有可能将保险产品通过一定的分销渠道运送到该保险市场。比如，可以通过保险营销人员的上门服务与潜在的投保人接触；通过电话、邮寄等手段与潜在的投保人取得联系等。如果潜在的投保人拒绝与保险营销员接触，或潜在投保人不愿意提供有关投保人和被保险人的真实资料和信息，那么，这样细分出来的市场就难以接近，该细分市场的价值就不大。

3. 差异性

指各细分市场的消费者对同一市场营销组合方案会有差异性反应，或者说对营销组合方案的变动，不同细分市场会有不同的反应。如果不同细分市场顾客对产品需求差异不大，行为上的同质性远大于其异质性，此时，企业就不必费力对市场进行细分。另一方面，对于细分出来的市场，企业应当分别制订独立的营销方案。如果无法制订出这样的方案，或其中某几个细分市场对是否采用不同的营销方案不会有大的差异性反应，便不必进行市场细分。例如，健康险市场可以按照被保险人的年龄、性别划分不同的子市场；而家庭财产保险由于其本身保费低廉，购买方式的便捷性就成为潜在消费者购买时主要的考虑因素。

4. 赢利性

即细分出来的市场，其容量或规模要大到足以使企业获利。进行市场细分时，企业必须考虑细分市场上顾客的数量，以及他们的购买能力和购买产品的频率。一个合适的细分市场，应该是有足够的潜在消费者，保险企业在该细分市场进行营销活动时，能够补偿经营成本，并能获得一定利润的市场。如果细分市场的规模过小，市场容量太小，细分工作繁琐，成本耗费大，获利小，就不值得去细分。

四、保险市场细分的依据

企业要进行市场细分，必须首先确定用于细分市场的依据或标准，这种标准可以称为市场细分变量。自 1956 年以来，市场细分变量和指标体系得到了空前的发展与完善，理论界发明的变量已有数百种之多。那么，我们究竟应该选择哪种细分指标对市场进行细分，才能为企业带来最佳的经济效益呢?

如前所述，一种产品的整体市场之所以可以细分，是由于消费者或用户的需求存在差异性。具体来说，在营销实践中产生出重大影响的指标和变量，可以分为七大类：地理区域因素、人口和社会因素、心理因素、客户利益、行为因素、产品和服务因素以及客户价值。实践中，企业一般是组合运用有关变量来细分市场，而不是采用某一单一的变量。

（一）按地理区域变量细分市场

按照消费者所处的地理位置、自然环境来细分市场，比如，根据国家、地区、城市规模、气候、人口密度、地形地貌等方面的差异将整体市场分为不同的小市场，并根据地理环境对人们需求的影响，相应的推出适合不同地区投保者需要的险种。

1. 自然环境的影响

居住在不同地域的消费者对保险需求存在明显的差异。例如，根据我国南方地区受台风、暴雨、洪水等自然灾害威胁较大的特点，开发适合这一地区人们生产、生活需要的企业财产保险和家庭财产保险往往会受到普遍的欢迎。而上述风险出现在我国北方地区的可能性微乎其微，暴风、雪灾和火灾可能更符合客户转嫁风险的需要。因此，同样是财产保险，不同地区客户的需求是有差别的。

2. 地域差别的影响

根据城市与农村消费者的消费观念、生活习惯、收入水平等的不同，开辟有针对性的险种，如城市居民的医疗保险、养老保险、投资分红保险等，农村居民的小额人身保险、家庭财产长效还本保险等，能更好地满足这些地区人们对保险的需要。家庭财产长效还本保险实行“一次投保，终身受益，以息代费，保险还本”，消除了农村居民参加保险的各种顾虑，满足了农村地区居民的保障需求。2008年6月5日，中国人保将1 600多万元的长效还本农房地震保险赔款支付给德阳市旌阳区4个乡镇的受灾保险农户。该笔赔款是人保公司于20世纪八九十年代前后承保的长效还本家财险业务项下的赔款，也是四川“5·12”特大地震灾害发生以来，保险业向农户支付的最大一笔保险赔款，很好地发挥了保险损失补偿的职能。

自2003年以来，县域保险开始成为中国保险行业发展的热门词汇之一，县域保险被称为是继城市之后最大的保险业金矿，是中国保险行业发展的另一个重要增长点。中国有13亿人口，其中9亿在农村，人口数量是决定寿险行业发展最关键的因素，不管从哪个角度看，县域保险都可以也必将成为保险行业发展的下一个巨大推动力。2004 年，全国县域地区寿险密度 122.47 元，为全国寿险密度的49.31%；县域地区寿险深度 1.35%，仅为全国寿险深度的 57.2%。可见，县域保险市场蕴含着广大的发展空间。

地理变量之所以作为市场细分的依据，是因为处在不同地理环境下的消费者对于同一类保险商品往往有不同的需求与偏好，他们对保险商品服务、销售渠道、广告宣传等营销措施的反应也常常存在差异；而处在同一地区市场上的投保者，其投保需求则有一定的相似性。因此，企业可针对这些需求的相似性，开发适合当地消费者需求的保险商品。

（二）按人口和社会变量细分市场

人口和社会变量通常包括年龄、性别、家庭规模、家庭生命周期、收入、职业、教育程度、宗教、种族、国籍等。由于消费者的需求偏好与人口、社会统计变量有着非常密切的联系，同时这些统计变量比较容易衡量，有关数据相对容易获取，因此企业经常以它作为市场细分的重要依据。

1. 性　别

不同性别的人对保险的需求是不同的。长期以来，我国的保险产品趋于中性化，无论男女可投保的险种基本相同。但是在越来越激烈的保险市场竞争中，在消费者对个性化保险产品越来越强烈的需求下，保险公司开始注意到产品转型的重要性。由于女性特殊的生理结构，50％的女性会发生乳腺增生，乳腺癌在女性恶性肿瘤中的发生率已经占第一位，全球范围内，子宫癌和卵巢癌每年会袭击6.2万名女性，死亡率近1/3，因而专门针对女性的保险就成为现代人生活中不可缺少的一部分。而社会角色较独立的男性群体，多数充当着重要的家庭角色，对家庭的消费支出起决定性作用，因而应该成为保险展业的主要对象。

2. 年　龄

由于不同年龄的人对保险的需求不同，所以应选择不同的险种：

18～25岁的人，意外险和健康险是最大的需求。这一年龄段的人活泼好动，收入不高且尚未建立家庭，意外伤害的可能性和影响的后果都比较大，因而应先买一份人身意外伤害保险，如仍有余力，可以再买一份医疗保险。

26～35岁的人，医疗保险和养老保险成为最大的保障需求。这个年龄段的人由于刚刚建立了家庭，并有了孩子，家庭责任的增加使他们要考虑更多的生活中的风险，所以，除了医疗保险以外可以开始投保一些人寿保险，尤其是终生寿险，因为此类寿险一般比较便宜。

36～50岁的人，由于家庭和工作均比较稳定，有一定的收入，子女也逐渐长大成人。这一阶段的人以选择寿险为第一需要，因为此时人正值中年，往往是一家的主要收入来源，投保人寿保险对于家庭是至关重要的。同时，由于年龄的增加，生病的概率也日渐增大，因此，第二选择是投保健康及医疗保险。如果尚有余力，还可以为家庭财产投保家财险。

51～65岁的人，子女渐渐独立，而自身的健康与养老成为必须考虑的因素，对保险的需求和36～50岁年龄段的人基本相似。

当然，从投保成本的角度考虑，投保年龄越小，保费负担也越小。

3. 收入水平

收入水平决定消费者的购买能力。在人身保险市场上，个人收入的高低将决定对寿险的消费水平。目前，我国居民收入情况可以分为以下几个层次：

（1）超高收入者。超高收入，主要指年收入在社会平均工资几十倍以上，甚至数百倍以上的收入。超高收入者通常是知名的演员、运动员、高级管理人员、中小型以上的私营企业主等。由于收入超高，超高收入者承受各种风险的能力都很强。从保险保障的角度讲，超高收入者无须通过购买保险获得保障，其自身状况决定他们足以抵御所面临的风险。保险对超高收入者来说实际上是锦上添花，并不是雪中送炭。他们购买保险的原因主要表现在三个方面：

① 多得一份保障。例如，购买健康保险，超高收入者可在自己患病时多一个领取医药费的来源。

② 是分散个人投资风险。例如，购买储蓄投资性强的储蓄投资型保险，增加自己的投资组合，降低自己投资的总风险。

③ 是实现资产管理。例如，购买终身死亡保险，其继承人可用领取到的免税死亡保险金抵缴遗产税(如果有遗产税),减少因遗产税问题而可能造成的遗产损失。

由于前两个方面对超高收入者意义不是很大，因此超高收入者买保险的主要目的只在第三个方面：资产管理。

(2) 中高收入者。中高收入，主要指年收入在社会平均工资几倍到几十倍的收入。中高收入者通常是企业的骨干、高级知识分子、外资合资企业的职员等。通常情况下，中高收入者都有不错的收入，购买保险时有较大的选择余地。从保障角度讲，中高收入者可以购买各种保障型保险；从养老角度讲，中高收入者可以购买各种养老保险；从储蓄投资角度讲，中高收入者也可以购买各种储蓄投资型保险。总之，各种各样的保险，中高收入者都可以考虑购买。向中高收入者推销保险时，重点考虑的问题是如何协调安排各种保险，避免出现重复购买的问题。

(3) 一般收入者。一般收入，主要指年收入在社会平均工资水平左右的收入。一般收入者主要是指普通的工薪阶层，他们占总人口的绝大多数。一般收入者的生活通常不成问题，但手头也不会很宽裕，因此一般收入者抗风险能力较弱，对保险的需求应该最迫切。一般收入者购买保险，因其收入所限，应将重点首先放在保障型险种上。一般收入者购买保障型保险，可以在一定程度上解决风险发生后收入中断、负担增加的种种问题。在拥有了一定保障型保险后，一般收入者则要考虑购买养老保险，好为将来老年生活做好准备。此外，一般收入者还可以适当购买一些储蓄投资型保险，通过保险强制储蓄。但对储蓄投资型保险要特别注意，不能抱有过高期望。

(4) 低收入者。低收入，主要是指收入在社会平均工资以下，或者刚刚接近社会平均工资，或者仅能维持日常生活的收入状况。低收入者不是社会上的绝大多数人，但也有相当的数量。低收入者因财力非常有限，抵御风险的能力也就非常弱。因此，作为低收入者，就特别需要保险。但是同样由于低收入的原因，低收入者往往更需要解决眼前的日常生活问题，保险只能放在其次考虑。低收入者如果要购买保险，应当选择购买短期的保障型保险，其好处有：

① 因为保险期限短，除有些保险受年龄因素影响价格非常高外，多数情况下保险的价格都非常低，保险支出不会成为低收入者的负担。

② 因为有了保险，一旦风险发生，可以解燃眉之急。

4. 职　业

现阶段我国就业观念已发生了很大变化，就业人员结构由单一的国家或集体企事业单位职工转变为私营、中外合资、外商独资等多种情况并存。其中，在私营单位工作的人购买人寿保险的比例较高。这是因为私营企业一般都没有国家提供的社会保障，职工也没有来自企业的额外保障，而且工作不稳定，因此职工的保险意识较强，对寿险和健康险的需求也较大。在中外合资和外商独资单位工作的人，一般有较高的收入，但职业的风险性较大，且年龄较小，因此购买长期寿险和健康险的需求也较大。在事业单位工作的人虽然有完善的社会保障，但他们的素质和文化层次比较高，而且有稳定的工资收入，所以他们购买保险时考虑更多的是投资和健康。在国有企业工作的人购买人寿保险的不多，这是因为他们有较为完善的社会保险，但这部分人数量众多，随着国有企业改革的进一步深化，尤其是国家对企业补充年金制度的鼓励，这部分人将成为未来团体寿险和健康险最有潜力的市场。

5. 教育程度

人口的文化程度是衡量人口素质的一个重要指标。人口素质对人身保险发展有特别的影响力。按照人口的文化程度细分保险市场，有利于保险公司针对不同文化程度的群体采用不同的保险营销策略。一般来说，文化程度较高的消费者往往学习能力强，容易接受新事物，再加上他们大多数都有一份稳定且收入不错的职业，所以对保险的购买力也要强一些。而那些没有受过正式教育，从事个体工作的消费者，一方面他们易受他人影响，另一方面他们工作性质的风险较大，因此在保险代理人的热情劝说下比较容易作出投保决定。但那些只受过小学、中学教育的消费者，虽具有一定的学习能力和消费技能，却受到收入的限制，非常注重眼前利益，对于保险这种长远投资，一般不会轻易作出购买决定。

6. 家庭生命周期

一个家庭，按年龄、婚姻和子女状况，可划分为七个阶段。在不同阶段，家庭购买力、家庭成员对商品的兴趣与偏好会有较大差别。因而根据家庭状况进行保险市场细分是一种可行的方法。

(1) 单身阶段。年轻，单身，身体较好，几乎没有经济负担，新消费观念的带头人，娱乐导向型购买，对人身保险、财产保险的需求很低。

(2) 新婚阶段。年轻夫妻，无子女，经济条件比较好，购买力强，对耐用品、大件商品的欲望、要求强烈，所以他们对保险的需求也较小。

(3) 满巢阶段。

① 年轻夫妻，有 6 岁以下子女，家庭用品购买的高峰期，不满足现有的经济状况，注意储蓄，购买较多的儿童用品，孩子往往是家庭的核心。由于现在孩子多是独生子女，父母对子女疼爱备至，买保险时也首选孩子。目前，我国保险市场上少儿保单的畅销就充分说明了这一点。可见这一阶段的家庭购买保险的需求

较高。当然，这其中也存在一个误区。首先，保险应该保障家庭的经济支柱，这样当不幸或意外降临时，家庭才能够从容应对。其次，在孩子少年时就为其购买养老保险，安排孩子 60 岁后的事情，且不说几十年变数太大，就说资金超长期积压，不能随意支取，也是一种浪费。

② 年轻夫妻，有 6 岁以上未成年子女，经济状况较好，购买趋向理智型。这一阶段为家庭成长期，孩子的增加加大了家庭生活开销，教育经费、房屋贷款使责任更加重大。因而，这个时期首先要检查以前购买的医疗、身故保障够不够。至于身故保障要多少，如果是家庭主要的经济来源者，可以从以下几个方面来衡量：第一是各项负债额，如房贷、车贷等。第二项是父母、配偶、孩子的基本生活费。第三项是孩子 22 岁以前的教育费用。第四项是医疗准备金及紧急预备金。这个时期除购足基本的保障险、医疗险外，可以考虑购买储蓄性质的生死合险。如果为孩子购买储蓄险，每几年返还的年金可作为教育基金；待孩子长大独立后，自己也到了退休年龄，返还的年金可作为退休基金来运用；终老后，子女继续领取返还年金，等到他们也终老后，还有一笔身故理赔给孙子领，所以一代缴费，三代受益，不失为一种人性化的安排。

③ 年长的夫妇与尚未独立的成年子女同住。经济状况仍然较好，妻子或子女皆有工作，注重储蓄，购买冷静、理智。这一阶段家庭的父母年龄一般在 45 岁以上，收入达到高峰期，此时保险安排的重点应当是健康与养老。安排健康保险无须多做解释，虽然保险并不便宜，但实在重要，因为人们已经不像从前那样有能力同疾病抗争。安排养老保险是因为此时是收入高峰期，有实力为将来做准备，而且自己又有人生经验，对于安排远期的事情更有能力把握分寸。

（4）空巢阶段。年长夫妇，子女离家自立，购买力达到高峰期，较多购买老年人用品，如医疗保健品。此时家庭保险安排的重点是养老保险，有时也可兼顾考虑部分健康保险。之所以把重点放在养老保险上是由于人很快就会进入退休阶段，此时再不考虑养老保险机会就几乎没有了。而对于健康保险之所以说是兼顾安排，是因为保险的价格同人们风险的高低有一致性，此时虽然需要健康保险，但多数情况下保险的价格已经很高，足以使保险的意义大打折扣。因此在此时安排健康保险，只能是兼顾进行，大量的健康保险已不再是可考虑的对象。此外，还可以考虑的保险通常还有终身死亡保险等。买这类保险多数情况下并不是为了获得什么保障，而是为了获得保值的“遗产”。

（5）孤独阶段。单身老人独居，收入锐减，特别注重情感、关注等需要及安全保障。人到老年期后，最大的敌人是疾病，但无论从原理方面考虑还是从理财方面考虑，此时再购买健康保险已基本派不上用场，人们治疗疾病的费用，实际更应是源于自己曾经购买的保险，进行的储蓄和社会保险。此时若要选择购买保险，通常可选择的余地很小，只能选择个别的意外保险、养老保险、个别的两全保险和为遗产问题选择死亡后给子女留下免税保险金的死亡保险等。

除了上述方面，经常用于保险市场细分的人口变量还有家庭规模、国籍、种族、宗教等。

（三）按心理变量细分市场

根据保险消费者所处的社会阶层、生活方式、个性特点等心理因素进行的市场细分称为心理细分。在人口、社会等其他变量大致相同的消费者群中，由于个人性格和生活方式等心理因素的差异，导致对保险需求的不同。

1. 社会阶层

社会阶层是指在某一社会中具有相对同质性和持久性的群体。处于同一阶层的成员具有类似的价值观、兴趣爱好和行为方式，不同阶层的成员则在上述方面存在较大的差异。社会阶层具有这样的特征：① 同一阶层中的成员其行为方式、对待生活的态度和所受的教育基本相同；② 人们依据他们所处的社会阶层而占有优劣不同的地位；③ 一个人的社会阶层不是单由某一因素决定的，而是由他的职业、收入、财产、教育、价值观等因素综合决定；④ 在人生历程中，有时可能晋升到更高的阶层，也可能贬低到较低的阶层。不同社会阶层的人在选择保险险种、投保时所持态度、挑选保险代理人方面都不一样。很显然，识别不同社会阶层的消费者所具有的不同特点，对于保险产品的市场细分将提供重要的依据。例如，处于上层比较富裕的消费者，一般都选择投保保额巨大的保险，他们除了想获得相应的保障外，还利用保险显示自己的经济实力，以增强自己的商业信誉。此外，他们投保时十分慎重，对营销员和所代表的保险公司也会慎重考虑，而一旦建立起客户关系，就比较稳定可靠。所以，研究保险消费者的社会地位和保险消费行为的关系，可以帮助我们在保险市场上挖掘潜在的消费对象，以便采取相应的销售方式和销售渠道。

在一个社会中，社会成员的社会层级越低，政治意见表达能力越弱，社会保障供给越不足，对商业保险（这里指保障型商业保险）需求越强，但购买力越弱；社会层级越高，政治意见表达能力越强，社会保障供给越充分，对商业保险需求越弱，但购买力越强。用通俗的说法就是：穷人非常需要保险，但买不起保险；富人买得起保险，但因为自我保障能力强而不太倚重保险；只有中间阶层既需要保险，又具有一定的保险购买能力，才能形成有效需求。

2. 个　性

个性是指一个人比较稳定的心理倾向与心理特征，它会导致一个人对其所处环境作出相对一致和持续不断的反应。俗语说："人心不同，各如其面"，每个人的个性都会有所不同。通常，个性会通过自信、自主、支配、顺从、保守、适应等性格特征表现出来。心理学家认为，不同性格的人购买行为的差异性很大，性格外向、容易接受新鲜事物的人购买保险的可能性大；性格内向、生性固执的人购买保险的可能性小。因此，个性可以按这些性格特征进行分类，从而为企业细分市场提供依据。

3. 生活方式

生活方式是指人们对工作、消费、娱乐的特定习惯和倾向性方式。虽然有些人可能来自相同的群体、相同的社会阶层，甚至同一职业，但却有很不相同的生活方式。例如，有的追求新潮时髦，有的追求恬静、简朴，有的追求刺激、冒险，有的追求稳定、安逸。

我们采用生活方式变量细分保险市场时，保险公司应首先分析保险消费者平时爱好哪些活动，如工作、社会事件、休假、娱乐、社交、购买、体育运动等；第二，分析他们的兴趣以及各兴趣在日常生活中占据的地位；第三，分析他们对自己及周围世界的看法，如对社会、政治、经济问题或对未来的看法等；第四，分析他们在不同生命周期的收入、文化程度、家庭住所、职业选择等情况。这样做有助于保险公司搞好保险服务定位、广告宣传和促销工作。

（四）按行为变量细分市场

根据购买者对产品的了解程度、态度、使用情况及反应等将他们划分成不同的群体，叫做行为细分。许多人认为，行为变量能更直接地反映消费者的需求差异，因而成为市场细分的最佳起点。按行为变量细分保险市场主要包括：

1. 购买时机

根据消费者提出保险需求，投保和获得保障的不同时机，将他们划分成不同的群体。例如，随着我国房产的私有化以及家用轿车的普及，必将带来人们对物产保险和机动车保险需求的增加，而目前我国的物产保险几乎为空白，机动车保险则更是大同小异。又如，随着春暖花开旅游旺季的到来，对旅游意外险的需求会增加，保险公司如果能够抓住这些时机，及时调整营销策略组合，大力推出相应的险种，就可以在市场上占领先机，取得较好的经济效益。

【小资料】

美国友邦上海分公司旅行意外险促销

从2004年3月16日至2004年3月30日，只要您在线投保并成功缴付保险费，送精美礼品一份——友邦液晶体温计。就从春天给自己一份安心的保险吧！

（1）友邦旅行意外伤害保险：保费便宜，国内旅游4天，5万元保障只要10元保费；保障丰厚，让您安心游遍千山万水。

（2）友邦境外旅行意外伤害保险：低保费高保障，涵盖疾病、意外、医药补偿和紧急运送及往返费用，并奉送AIAS卡。

（3）航空旅客人身意外伤害保险：每份20元，保障可高达200万元，令您航程安心。

资料来源：李星华，吕晓荣. 保险营销学. 大连：东北财经大学出版社，2005.

2. 购买目的

消费者购买某种保险产品总是为了解决某类问题，满足某种需要。而且，这种目的往往是多方面的。以郑州市为例，2008年郑州市保险行业发展报告的调查显示，人们购买保险的目的主要包括：

（1）获得人身、健康保障。调查显示，有66%已购买保险的人持这一目的，而未来打算投保的人中更是有多达70.9%的人持这一目的。这类人购买保险的主要目的是为在损失发生时能得到保险公司的补偿或给付，他们看重的是保险产品的保障功能，以及保险公司提供的防灾防损服务。因此，保险公司在发生保险事故后如能及时合理地给予赔付，平时及时为被保险人提供防灾服务，就可以满足这类消费者的需求。

（2）投资理财。在已购买保险的人中，19.3%的人持这一目的，而未来打算投保的人中仅有9.1%的人持这一目的。这类消费者看重的是投保后可获得的资金回报率，即保险本金返还性和投资收益。保险公司应大力开发储蓄型保险险种和分红保单业务，以适应这类消费者的需求。在个人理财规划里，投资增值的目的不宜通过投资型保险产品来实现，单纯抱着投资目的去买保险的做法是不可取的。投资型保险产品虽然也提供保险保障，但不能规避投资风险，投资可能发生的损失依然要由投资者承担。

（3）储备孩子的教育经费。在已经购买保险的人中，18.9%的人持这一目的，而潜在投保人持这一目的的则高达34.5%，在潜在客户中排名第二。可以看出许多居民已认识到教育对孩子的成长和未来的影响，因此对孩子的教育问题非常重视，希望自己的孩子能受到良好的教育。但同时也反映出当前孩子的学习费用对一部分家庭来说是一个比较大的负担，有近35%的被访家庭需要经过一段长时间的积累才能满足孩子学习费用支出的需求。

（4）财产风险保障。调查报告显示，10.4%的人购买保险的目的是获得财产风险保障，9.1%的潜在投保人持这一目的。随着人们收入水平的提高，家庭财产的数量和种类有了很大的改善，房地产的市场化，以及家庭轿车、高档电子产品的普及，使人们对财产安全的关注有了前所未有的提高。作为家庭财产的缔造者和积累者，通过购买保险将家庭风险向保险公司转移，以便在发生保险事故时及时获得赔付，不至于使多年的辛苦毁于一旦。“花小钱办大事”是每个人都希望的结果，花几十元或几百元保费来换取对几万甚至几十万家庭财产的保险保障到底值不值？相信每个人都会算好这笔账。

3．使用者状况

根据顾客是否使用和使用程度细分市场，通常可分为经常购买者、首次购买者、潜在购买者、非购买者。保险经营中，大公司往往注重将潜在使用者变为实际使用者，较小的公司则注重保持现有使用者，并设法吸引使用竞争对手产品的顾客转而使用本公司产品。2008 年郑州市保险行业发展报告的调查显示，未来一年内，25.3%的被访者有购买保险的可能，63.6%的被访者不会购买保险，11.1%的被访者还没有决定是否购买。由此也可以看出，郑州保险市场的未来发展前景十分广阔。

4．品牌忠诚度

企业可以根据消费者对产品的忠诚程度细分市场。有些消费者经常变换品牌，另外一些消费者则在较长时期内专注于某一个或少数几个品牌。假设保险市场上有五家公司甲、乙、丙、丁和戊都推出了机动车辆保险，根据消费者忠诚程度的不同，可以分为四类：

(1) 绝对忠诚者。是指任何时候都只购买某一家公司的险种，这表示消费者对该公司的产品忠贞不渝。

(2) 不稳定忠诚者。是指同时喜好两家公司的险种，消费者可能在某两家公司的产品之间进行转换。

(3) 见异思迁者。是指由喜爱一家公司的险种转向喜欢另一家公司险种的消费者。如购买方式是甲、乙、丙，这意味着消费者不固定忠于某一家公司，一段时间忠于甲公司，又一段时间忠于乙公司，还有一段时间忠于丙公司。

(4) 犹豫不决者。是指那些不忠于任何公司的消费者。如购买方式是甲、乙、丙、丁、戊，也就是说他们对任何公司的险种都不从一而终，只是追求价格优惠的险种（谁的费率最低）。

保险公司分析保险市场上消费者的忠诚程度是很有益的。例如，分析研究绝对忠诚者的特点，可以比较清晰地知道自己的目标市场都是些什么人；分析不稳定忠诚者，可以发现哪些险种对本公司险种最具竞争性，从而改善自己的市场定位；研究见异思迁者，可以了解消费者放弃本公司险种的原因，找出本公司营销工作中的弱点，以便及时改正；对于那些犹豫不决者，则可以通过推出新险种或特殊的促销办法来吸引他们。

5. 态 度

企业还可根据市场上顾客对行业、产品的热心程度来细分市场。不同消费者对同一产品的态度可能有很大差异，如热爱、肯定、冷淡、拒绝和敌视。保险公司针对不同的态度，可以采取不同的营销策略。如态度表现为热爱和肯定者，应尽力提供良好的服务；态度冷淡者应尽力争取，设法提高他们的兴趣；对拒绝和敌视者则应加强保险宣传，提高他们的保险意识。消费者对保险的态度是保险业发展中需要解决的一个重要问题。2008 年 10 月 9 日，“2008 年恒安标准寿险指数发布会”在北京召开，与 2007 年相比，六个一级指数中财务展望指数、行业印象指数、购买意向指数均有所上升，分别是去年的 115.91%、116.18%、108.1%，其中行业印象指数上升最快，表明消费者的寿险认知水平在缓慢上升。从这一趋势也能看出，随着经济发展，消费者对未来生活的财务需求越来越高，无形中会迅速提高对寿险的需求。

（五）按客户终身价值和客户关系细分市场

企业可以根据客户对企业的价值贡献和保留周期进行市场细分。客户的终身价值也称为客户寿命期价值，它等于一个客户所期望的终身收益减去该客户的终身成本（包括获得该客户的成本、维持成本以及服务成本）。利用适当的信息，企业可以对一个客户在其寿命期内可能的收益和价值进行估计。通过分析客户的终身价值，企业可以预估对某一客户或客户群的营销是否成功，如果成功，利润大约是多少；反之，如果失败率很高，就应取消对这些客户的营销。

客户可望为公司带来的总的未来价值也可看成由两个部分构成：第一部分为假定客户现行购买行为模式保持不变时，客户未来可望为公司创造的利润总和的现值，这部分是根据客户关系的当前状态作出的对客户未来价值的一种保守估计，称为“客户当前价值”。第二部分为假定公司采取更积极的客户保持策略，使客户购买行为模式向有利于增大公司利润的方向发展时，客户未来可为公司增加的利润总和的现值，这部分是对客户增值潜力的一种估计，称为“客户增值潜力”。客户增值潜力取决于客户增量购买、交叉购买和推荐新客户的可能性的大小。

20 世纪 80 年代中期，关于什么是客户关系以及如何建立客户关系开始见诸各式文献，并逐渐成为研究的主题。时至今天，营销的概念已经被大大扩展，关系的因素不仅被容纳在内，且逐渐占据营销理论的核心。不仅在理论界，而且在其他领域，竞争的日益激烈和客户权利的提升也促使许多营销实践者意识到以关系为中心的诸多好处。

客户关系往往是一个多元化的结构，只能用一系列的指标来衡量，因此，把客户和公司的关系分解成一系列的指标是非常必要的，这些指标包括信任感、可靠感、反映度、交流程度、尊重、感情、理解和其他与关系有关的特点。要衡量客户关系我们首先衡量这些指标。Mercer 管理咨询公司的戈登·怀恩说，对一个客户的评价至少应该包括以下部分：

(1) 谁是客户？

(2) 服务的提供者如何让客户知道它的存在？

(3) 客户关系包括哪些内容？

(4) 这些关系延续了多长时间？

(5) 还有谁参与了这些关系？

使用以上单一细分变量或几个细分变量的组合都可以对市场进行细分，然而细分市场并没有统一的方法。应该看到，在现实生活中，随着时间的推移，人口自然情况（如年龄、家庭人数、经济收入、文化程度、社会地位）、消费者购买心理和行为等因素的变化，每一个细分后的子市场规模和吸引力都在不断地变化，因而市场细分应该是一个动态的过程。

第二节 保险商品目标市场选择

一、保险商品目标市场选择的依据

市场细分可以为保险企业挖掘出许多市场机会，因此，企业必须能正确评估每个细分市场，并能选择适合企业为之服务的细分市场，即目标市场。保险公司在选择目标市场时，必须考虑三个要素，即目标市场的规模与潜力、目标市场的吸引力、本公司的经营目标和资源。

（一）目标市场的规模与潜力

在所细分的市场中，有些细分市场规模大、增长快，边际利润高；而有些细分市场则可能规模小、增长慢、边际利润低。我们选择的目标市场必须具有适度规模和潜力。因为只有具有一定的购买力，目标市场才有实际意义；有足够的营业额，目标市场才具有开发的价值。但“适度规模”是个相对概念，大保险公司往往重视大的细分市场而忽视销量小的细分市场，认为它可有可无。同时，小保险公司也避免进入大的目标市场，认为过大则需要投入的资源太多，并引发与大公司之间的激烈竞争。

理想的细分市场还应当具有潜力，即它是可以开发的，这样就为选择这一细分市场的企业提供了长远的发展机会，而且其增长最好能同企业对该市场的控制能力同步，这样企业才能在该目标市场上保持持久的竞争力。但同时，有潜力的市场也会吸引更多的企业，使得竞争加剧。例如，随着家庭轿车的普及，当前我国的机动车保险市场具备了足够大的规模与潜力，因而各家新成立的财产保险公司不约而同地将车险作为支柱业务，也引发了激烈的市场竞争。

（二）目标市场的吸引力

在选择目标市场时，企业会发现有的细分市场虽具备理想的规模与增长率，但若从利润的角度去考察却又无法形成吸引力。美国市场营销学者迈克尔·波特在其经典著作《竞争战略》中指出，有五种力量决定了企业的赢利能力，公司战略的核心应在于选择正确的行业，以及行业中最具有吸引力的竞争位置。

1. 同行业的竞争分析

如果某个细分市场已经有了为数众多、强大的或者竞争意识强烈的竞争者，该细分市场将失去吸引力。如果出现细分市场处于稳定或萎缩的状态、固定成本过高、撤出市场的壁垒过高、竞争者投资很大等情况，该细分市场就会出现价格战、广告战，需要不断推出新险种。

2. 新加入的竞争者分析

如果某个细分市场可能吸引新的竞争者，他们会增加新的产能和大量资源，并争夺市场占有率，这个细分市场就没有吸引力了。如果新的竞争者进入这个细分市场时面临较高的行业门槛，并且遭受到细分市场内原有公司的强烈抵制，他们就很难进入。如果细分市场的进入门槛较低，该细分市场上已有的保险公司抵制心理较弱，这个细分市场就缺乏吸引力。如果某细分市场的进入壁垒高，退出的壁垒低，新公司很难进入的同时，经营不善的公司又可以安然退出，则该细分市场具有很高的吸引力。

3. 替代产品分析

如果某个细分市场已经存在替代产品或者有潜在替代产品，该细分市场就失去了吸引力。替代产品会限制细分市场内产品价格和利润的增长。

4. 购买者议价能力分析

如果某个细分市场中购买者议价能力较强或正在加强，该细分市场就没有吸引力。购买者会设法压低价格，对产品质量和服务提出更高的要求，并且使竞争者互相争斗，所有这些都会使销售商的利润受到损失。最好的办法就是提供购买者无法拒绝的险种。

5. 供应商议价能力分析

如果供应商（主要指渠道供应商）——银行、代理公司等中介行业——具有较高的市场垄断地位，对代理费的议价能力很强，那么这个细分市场就没有吸引力。2008 年上半年我国寿险业高速增长，从渠道看，主要是依靠银行保险的超速发展，银保业务已占保费总收入的半壁江山。但部分公司将手续费作为渠道竞争的主要手段，违背行业自律公约，恶性提高手续费，2000—2005 年，保险公司付给银行的手续费从 0.2%增加到了 3.5%甚至 4%，推动了整个行业手续费水平的上升。目前有一种说法，银行保险业务大发展的结果是，保险公司获得保费规模，银行获得手续费；保险公司卖出了保单，承担了风险，银行赚取了利润。对于银行保险业务，大公司往往视之为鸡肋，中小公司为了保费规模不得不硬着头皮上，这种评价虽然不是很全面，但在一定程度上反映了银行保险业务的实际情况。对此，开展股权等深层次的合作是解决此类问题的较好办法。

（三）企业目标与资源

在评估细分市场的规模、潜力以及竞争程度以后，还要对这些细分市场与企业目标和资源的一致性进行检验。企业的目标有长远目标（即战略目标）和短期目标两种，在评估细分市场时，先要看它是否与本企业的长远目标相一致，而不能“什么来钱就干什么”。除了目标一致之外，还要考虑本企业的各种资源（包括人才、技术、资金、营销与管理能力等）是否可以在这个细分市场中建立持久的竞争优势。例如，外资产险公司进入我国虽有时日，但并未陷入竞争激烈的机动车保险市场，而是另辟蹊径，在货运险、责任险市场上取得了优势地位。2007 年，外资产险公司在上述两类业务上的保费收入分别占市场份额的 50.34%和 45.74%，这种战略选择值得国内各保险公司学习。

因此，选择目标市场必须能将各种影响细分市场吸引力的因素加以综合考虑，以使细分市场内的各种因素相互协调，共同发展。

二、保险商品目标市场策略

迈克尔 · 波特还明确提出了在与五种竞争作用力抗争中，有三种提供成功机会的基本战略方法，可能使公司成为同行中的佼佼者：总成本领先战略、差异化战略、目标聚集战略。

可以说，明确企业经营战略的过程也是确定目标市场的过程。根据自身资源的优劣，企业必须扬长避短，以最优的资源组合占领目标市场。目标市场的明确对实现企业战略目标具有非常深远的意义。目标市场能否实现在于能否以己之长确立自身的领先优势。全面出击固然能弥补自己的短处，但所耗费的成本和取得的收益常常会得不偿失，而且将影响自身的长处所能发挥的巨大潜能。因此均衡发展固然重要，但要在资源非常充分的前提下才能实现。比如，安盟（AMA）是法国最大的农业保险公司，其特色在于农业保险和健康保险。根据自身的优势，安盟将目标市场定位于个人市场和中小企业保险市场。由于在农业市场强大的销售网络以及对个人市场的一贯关注，安盟已成为法国农业保险和个人健康险的市场领先者。

一般而言，企业可供选择的目标市场策略有三种：

1. 无差异营销（市场）策略

又称整体市场策略，是指保险企业将产品的整个市场视为一个目标市场，用单一的营销策略开拓市场，即用一种条款、标准的费率和一套营销方案吸引尽可能多的购买者。无差异营销策略只考虑消费者或用户在需求上的共同点，而不关心他们在需求上的差异性。实际上，目前我国多家保险公司的多数险种采取的都是该策略，如机动车辆保险、家庭财产保险等。

无差异营销的理论基础是成本的经济性。生产单一产品，可以减少生产与储运成本；无差异的广告宣传和其他促销活动可以节省促销费用；不搞市场细分，可以减少企业在市场调研、产品开发、制订各种营销组合方案等方面的营销投入。这种策略对于需求广泛、市场同质性高且能大量生产、大量销售的产品比较合适。但是其缺点是忽视保险消费者的差异性，难以满足保险需求的多样化，再加上保险产品极易模仿，导致产品同质化倾向严重，价格恶性竞争等现象就不足为奇了。

2. 差异性营销（市场）策略

差异性营销策略就是把整个市场分成若干细分市场，选择两个或两个以上的细分市场作为目标市场，分别设计不同的产品和营销方案。从保险企业的经营来看，将潜在投保者按一定的细分标准进行细分，并从中作出选择，可以使经营的险种、提供的服务更有针对性，更能满足不同投保群的需要。

采用这一策略的企业通常实力雄厚、选择能力强、提供的险种和服务多样，并能结合个人营销和团体营销、个人营销展业与银行代理、网点代理等手段求得发展。随着对消费者个性化、差异性的认识与关注，采用差异性市场策略不仅必要而且有效。

3. **集中性营销（市场）策略**

集中性营销策略是集中力量进入一个或少数几个细分市场，实行专业化生产和销售。实行这一策略，企业不是追求在一个大市场角逐，而是力求在一个或几个子市场占有较大份额。集中性营销策略的指导思想是：与其四处出击收效甚微，不如突破一点取得成功。这一策略特别适合于资源力量有限的中小企业。中小企业由于受财力、技术等方面因素制约，在整体市场可能无力与大企业抗衡，但如果集中资源优势在大企业尚未顾及或尚未建立绝对优势的某个或某几个细分市场进行竞争，成功可能性更大。

集中性营销策略的局限性体现在两个方面：一是市场区域相对较小，企业发展受到限制。二是潜伏着较大的经营风险，一旦目标市场突然发生变化，如消费者需求发生转移，或强大竞争对手的进入，或新的更有吸引力的替代品的出现，都可能使企业因没有回旋余地而陷入困境。

三、目标市场策略选择的条件

前述三种目标市场策略各有利弊，企业到底应采取哪一种策略，应综合考虑以下条件：

1. **企业资源**

企业资源的多寡，是企业在市场竞争中获胜的物质基础和保证。如果企业实力雄厚，管理水平高，那么就有能力也有可能选择差异性营销策略或无差异营销策略；反之，若企业资源有限，无力将自己的资源覆盖整个市场或几个细分市场，则适宜采取集中性营销策略，即通过将有限的资金用在“刀刃”上，集中力量打歼灭战，最大限度地发挥自身的优势，从而在激烈的竞争中占有一席之地。

2. **产品生命周期**

处于不同生命周期阶段的产品，具有各自的特点。企业应根据不同阶段的产品，采用不同的营销策略。对处于投入期的新险种来说，由于刚刚进入市场，投保者对其不熟悉，竞争者也较少，适宜采用无差异营销策略，以激起潜在目标顾客的兴趣。当产品处于成长期和成熟期时，应采取差异性或集中性营销策略，开发有别于竞争对手的产品，以便更好地有针对性地满足目标顾客的需要。当产品处于衰退期时，则宜采取集中性营销策略，以尽可能地延长产品的生命周期。

3. **产品的同质性**

就保险商品本身而言，其产品的同质性很小，故可把它看做是一种异质商品。比如，同是机动车保险，却可以根据投保人需求的不同，在保险内容、保险追求的利益重点、投保方式等方面加以改变。因此，对异质品的营销策略适宜采用差异性营销策略和集中性营销策略。

4. **市场的同质性**

主要针对保险市场上投保人的需求而言。如果投保人的需求比较接近，偏好大致相同，购买数量大体相同，对销售方式的要求差别不大的话，就可以采取无差异营销策略；相反，如果市场需求差别很大，投保人选择性较强，则宜于采用差异性营销策略或集中性营销策略。

5. **竞争者的数目和策略**

如果市场上竞争者的数目很少，市场竞争不是很激烈，那么企业完全可以通过采用无差异营销策略，控制市场、占领市场。如果市场上竞争者的数目较多，市场竞争非常激烈，企业为了进入市场、占领市场就需要寻找市场上的空白点和缺口，这时，就宜于采取差异性营销策略或集中性营销策略。当然，为了与竞争者竞争，企业也可以“反其道而行之”，当竞争者采用差异性营销策略时，不妨采用集中性营销策略；当竞争者采用无差异营销策略时，不妨采用差异性营销策略。

四、市场定位

保险公司在选定目标市场后，还要决定怎样进入目标市场。如果该目标市场已有竞争者，就应分析、了解这些竞争者在该市场上处于何种地位？它们的实力如何？有什么特点？这是确定自己市场定位必须要做的工作。

市场定位是指根据市场竞争情况和本公司的条件，确定本公司险种在目标市场上的竞争地位。具体地说，就是要在目标顾客的心目中为保险公司和险种创造一定的特色，赋予一定的形象，以适应消费者一定的需要和偏爱。这种特色和形象可以是实物方面的，也可以是心理方面的，或者是两者兼有。总之，市场定位就是要设法建立一种竞争优势，以便在目标市场上吸引更多的顾客。

（一）市场定位的策略

保险企业可以采取的市场定位策略大致有三种：

1. **抢先策略**

在人们的认识上，存在先入为主的倾向，凡是抢先进入人们头脑中的事物，就容易被记住。例如，PICC 是新中国成立后我国成立的第一家保险公司，许多新车主购买车险时都会首选中国人保。正因为如此，保险企业要想使自己所经营的险种或所提供的服务成为独创的、最好的险种或服务，就应以先声夺人的优势为人们所认识和接受。抢先策略往往是市场领先者采取的定位策略。保险公司由于领先而拥有了得天独厚的市场，由于抢先从而又进一步扩大和巩固了市场。

2. 抗争策略

一些雄心勃勃的企业经营者，在面对市场领先者占据有利市场的情况下，不甘心、不服输，敢于与之决一雌雄。这时，其所采取的定位策略就是抗争性的策略。抗争策略是一种与市场上居主要支配地位的“领先者”逆向行事的定位方式，是那些在市场上居于“挑战者”地位的竞争者通常采用的策略。例如，面对老牌、实力雄厚的中国人寿保险股份有限公司，平安人寿保险股份有限公司、太平洋人寿保险公司等都不甘落后,通过各种办法向中国人寿保险股份有限公司发起挑战，并最终与其并列成为国内三大主要人寿保险公司。另外，像后起之秀的新华人寿保险公司，本着“建立一流，是我们真正的追求”的信念，在短短 10 个月的初战中，就创造了保费收入 7 亿元的“神话”。当然，这种抗争策略有时也是一种很危险的战术，但不少企业认为这是一种更能激励自己奋发向上的可行的定位策略。因为这种策略的实施一旦成功就会取得巨大的市场优势。实行这种定位策略的企业，必须能清醒地估计自己的实力，做到“知己知彼”，只有在对自己有充分把握的情况下，才可以行动。

3. 避强策略

避强策略，顾名思义就是一种避开强有力的竞争对手的市场定位。它是那些在市场上处于弱小地位的“跟随者”和“利己者”们常常采用的策略。这类竞争者对自己的实力非常了解，他们一方面不敢惹怒市场上强大的竞争者，另一方面又想在市场上占有一席之地，于是，他们就在市场上“领导者”和“挑战者”们不屑一顾的地方努力营造自己的市场。

（二）市场定位的步骤

1. 明确可利用的竞争优势

保险市场上可利用的竞争优势有两种：一是在同样条件下比竞争者定出更低的费率；二是提供更多的特色险种和优质的保险服务以满足消费者的特殊需求。在第二种情况下，应努力发展特殊险种，提供全方位的保险服务。对于前者，应该看到保险费率的厘定是依据风险发生的频率和程度以及保险公司经营状况，不能随意降低。因此，保险公司高层次的竞争优势应该放在后者上。

2. 正确选择竞争优势

保险公司在多种竞争优势并存的情况下，要运用一定的方法作出评估，准确地选择对企业最适合的竞争优势加以开发。因为有些优势过小而开发成本太高，或与公司的形象不一致，可以弃之不用。例如，有些新保险公司，机构少，人员精干，经营成本低，则可以选择低价格的策略去战胜竞争对手；有些保险公司经营成本高，就只有选择开发新险种和提高服务质量的竞争优势。

3. 宣传竞争优势

保险公司必须采取具体方法建立自己的竞争优势，并大力进行广告宣传，因为保险公司的竞争优势不会自动在市场上显示出来。例如，美国一家保险公司通过互联网销售机动车辆保险，其广告宣传的口号“15 分钟让您节省 10%的保费”非常诱人，客户只需要花费 15 分钟左右的时间在线填写投保单就能享受 10%的折扣，随后保险公司通过邮寄送达保险单。这种宣传对树立公司产品形象起到了良好的作用。总之，保险公司应该通过大力开展保险宣传，把自己公司的定位观念准确地传递给潜在的保险购买者。

【小资料】

拓展非车险，外资财险实现赢利

受雪灾和车险无序竞争影响，沪上中资财险公司赔付率和费用率不断攀升，导致保险公司综合成本率逼近盈亏平衡点。“完成业绩指标容易，完成利润指标困难”成为沪上中资财险公司共有的话题。而外资财险公司却能独享好心情，笑对赢利。

1．主营赢利险种

日前，上海保监局局长助理李峰表示，上海产险市场传统优势险种继续领跑，责任保险、工程保险、货运险、船舶险等险种的业务量均占全国同类险种业务总量的 10%以上。前 10 月，全市责任保险实现保费收入 8.1 亿元，运输保险保费收入 10 亿元，建安工险 5.2 亿元。

美亚、东京海上、丰泰、三井住友、皇家太阳、丘博这六家外资公司，撑起了上海优势险种的半边天，其中，责任险保费市场占比 46%，运输险保费市场占比 49%，建安工险保费收入占比 16%。而这六家外资财险公司合计保费收入不到 17 亿元，市场份额为 14%。

业内人士指出，虽然上海外资保险公司市场份额出现较大滑坡，但外资财险公司业务收入和市场份额却是上升的。主要原因在于外资寿险公司经营模式与中资公司相近，失去了渠道资源的扶持，业务收入就出现滑坡；而外资财险公司以责任险、运输险等赢利险种为主营业务，与中资财险市场区隔明显。

2．赔付压力较轻

年初的雪灾，使保险公司企财险、车险和人身险业务的赔付率大幅增加。统计显示，企财险已赔付 11.7 亿元，同比增长 250%；车险赔付金额 40.9 亿元，同比增长 47%；短期健康险赔付 1 700 万元，增幅 73%。

外资财险主营的运输险、责任险和建安工险却保持了较低的简单赔付率，使外资财险公司赢利能力迅速增强。其中，运输险简单赔付率约 32%，责任险 23%，建安工险更是不到 15%。

赔付情况与保险公司风险管控能力正相关。据悉，外资财险的企业客户在选择承保人时，更注重保险公司的专业水准。例如，丰泰保险从提供每次会议纪要到提出风险改进建议，再到提供保险新政解读，让客户在每个风险环节都能感觉到投保带来的帮助。

中资财险公司也承保了许多低赔付率的业务，如意外险、健康险、信用保险等，其中航空意外险赔付率只有 0.08%。可中资公司在获取业务时却支付高昂的成本，航空意外险主要来自于机场柜面的销售，但高额的入场费使经营该业务的保险公司从顶峰时期的 20 多家，降到不足 5 家。

资料来源：和讯网．http：//news.hexun.com/2008-12-10/112189417.html.

请思考：外资财险公司的市场细分与市场定位策略与中资财险公司之间的差异。

◆ **本章小结**

保险市场细分就是在市场调研的基础上，根据保险消费者的需求特点、投保行为的差异性等因素，把保险总体市场划分为若干子市场即细分市场的过程。每一细分市场都是由需求大致相同的保险消费者群体构成。要使细分的市场成为有效的细分市场，必须满足以下四个原则：可衡量性、可进入性、差异性、赢利性。在进行保险市场细分时，要依据保险需求的差异性。具体而言，在营销实践中影响市场细分的指标和变量可以分为七大类：地理区域因素、人口和社会因素、心理因素、客户利益、行为因素、产品和服务因素以及客户价值。

保险企业在细分市场后，要对所细分的市场进行选择，确定自己的目标市场。所谓目标市场，是指在需求异质性的市场上，保险企业决定要进入、并准备为之提供保险服务的顾客群体。保险企业评估目标市场时主要从三方面进行考虑：一是目标市场的规模与潜力；二是目标市场的吸引力；三是保险企业自身的目标和资源。保险企业对细分市场评估之后，就要决定采取何种营销策略。通常，在所选择的目标市场上，保险企业可以采取以下三种基本策略：无差异市场策略、差异性市场策略、集中性市场策略。目标市场选定后，保险企业要根据市场竞争情况和本公司的条件，确定本公司险种在目标市场上的竞争地位，即市场定位。保险企业可采取的定位策略有抢先策略、抗争策略和避强策略。

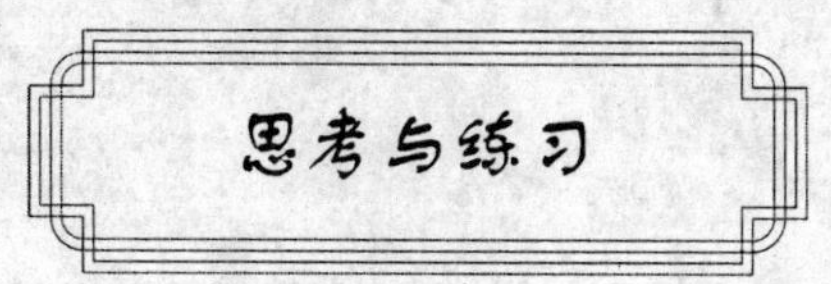

思考与练习

一、名词解释

市场细分　市场定位　目标市场　差异性市场策略　集中性市场策略　无差异市场策略

二、简答题

（1）细分保险市场的原则和依据有哪些？

（2）举例说明市场细分、目标市场选择和市场定位之间的关系。

（3）保险公司评估细分市场主要从哪些方面考虑？

（4）简要说明保险公司目标市场营销策略有哪几种。

（5）市场定位的策略有哪些？

（6）假如你是一家省级保险公司销售部门的负责人，如何结合本省的实际进行市场定位并选择目标市场？

第五章　保险商品策略

◆ 本章要点

本章是全书的重点内容之一。险种开发策略是保险企业营销策略的基础与核心，通过险种开发的原则、内容、程序，可以帮助保险企业进行市场定位；保险企业应根据保险商品不同生命周期的特点采取相应的营销策略；通过对保险商品进行不同的搭配组合，分别构成了全面化组合策略、市场专门化组合策略、商品专业化组合策略和特殊商品专业化组合策略；通过学习费率厘定的原则和方法，掌握保险商品在不同时期应当如何确定价格。

所谓保险商品策略，是指企业制订经营战略时，首先要明确企业能提供什么样的保险产品和服务去满足消费者的需求。商品策略是市场营销组合策略的基础，从一定意义上讲，企业成功与发展的关键在于商品满足消费者需求的程度以及商品策略正确与否。本章将从保险商品开发、保险商品生命周期、商品组合、商品定价等四方面进行论述。

第一节　新险种开发策略

一、保险商品的整体概念

保险商品亦称保险险种，是一种无形产品，指由保险人提供给保险市场的，能够引起人们注意、购买，从而满足人们转移或共担风险的需要，必要时能得到一定的经济补偿的承诺性服务组合。从市场营销学的角度来看，保险产品是一个包含多层次内容的整体概念。具体来说，包含核心产品、有形产品、附加产品三个层次（图 5.1）。

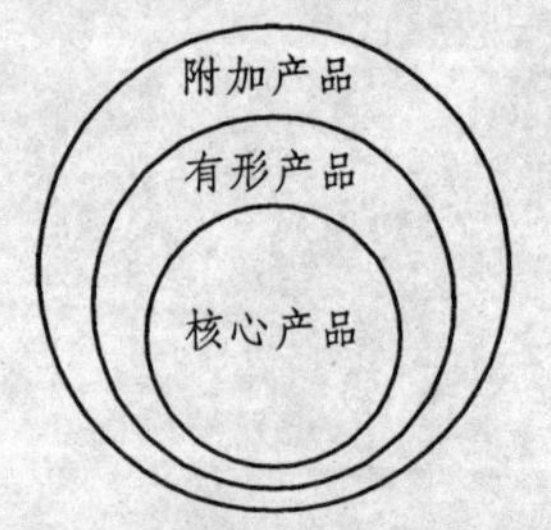

图 5.1　保险商品的整体概念

（1）核心产品。指保险产品提供给客户的最基本的利益和价值，是客户的基本要求所在。如获得保障，获取一定的投资收益，显示自己的社会地位、经济能力，表达自己的责任与爱心等。

(2) 有形产品。即保险单（或保险合同）、品牌、包装、特色、质量、费率等。它是保险产品有形的物质载体。保险产品主要是通过保险合同来体现，它包括保险责任、保险范围、除外保险责任等内容。

(3) 附加产品。即保险公司为投保人提供的从承保、防灾到理赔全过程中的服务，甚至所有能让保户获得心理上和物质上满足的方式与方法。如售前、售中、售后服务、保户福利、促销赠品等。

由于保险产品极易被模仿，在缺乏法律监管和行业自律的前提下，各保险公司所提供的险种类别和服务大体一致，因此，保险业的竞争将表现为谁获得客户的认知、谁能增加为客户服务的附加价值、谁能开发出更加符合客户心理和需要的新险种与新服务等。因此，保险企业应不断地寻找与竞争者相区别的附加价值，并将其发展成为企业竞争的优势。

二、险种开发的原则

（一）险种开发的概念

险种开发即险种创新，是指对原有险种的升级改造或者全面创新，能够给保险消费者带来新的利益和满足。新险种应具有这样的特点：即全新构思的险种，在使用性能或经济性能方面优于原有的险种，或具有新的用途。总之，新险种应体现出与原有险种显著的差异或本质的不同。

新险种不一定是完全创新的险种，但必须是对原有险种进行了变革或变异。一般国内将险种创新分为四类：

(1) 完全创新的险种。这是指保险人通过经验损失数据的积累而研发出来的能满足消费者新需求的险种。

(2) 模仿的新险种。这是指保险人借鉴外国或外地的险种，移植而来在本地区进行推广的新险种。

(3) 改进的新险种。它是指对原有险种在内容等方面进行改进的新险种。实际上是对老险种的发展，以满足消费者的新需求。

(4) 换代的新险种。它是指针对老险种突出的某一特点，重新进行包装，并冠以新的名称，使其特点有显著提高的新险种。这种做法比完全创新险种要容易，成本低，向市场推广的成功率也更高。

（二）险种开发的原则

企业推出的险种关系企业的生存与发展，关系市场的获得与丧失，因此，企业在设计开发险种时，必须遵循以下基本原则：

1. **最大满足客户需求的原则**

为了在激烈的市场竞争中赢得客户、赢得市场，保险企业必须坚持以市场为导向、以客户为导向的经营方针。为此，在险种设计时，必须以满足客户需求为第一原则。在开发险种时，必须提前做好市场调查，把社会各界对各类风险保障的需求放在首位，既要考虑保险客户的现实需求，又要考虑保险客户的潜在需求，并通过险种开发尽可能将客户的潜在需求转化为现实需求、将现实需求转化为真正的业务来源；既要考虑保险客户的近期需求，又要考虑客户的长远需求，将重点开发保险客户近期需求的险种与研究设计满足客户长远需求的险种相结合；既要考虑保险客户的普遍性需求，又要考虑客户的特殊需求，在满足普遍需求的同时，开发有特殊需求的保险险种。比如，身体部位的功能性保险产品在国外相当流行，2006 年德国世界杯上，英格兰球星欧文右腿十字韧带撕裂，当他痛苦地捂着脸被抬出场时，美国 HCC 保险控股集团的运营总监大卫·伊万斯也几乎掩面而泣。原来，HCC 保险公司此前接下了欧文双腿的保单，合同规定，一旦欧文的腿受伤，该公司要一直为他支付 20 万美元的周薪，直到他康复为止。保险公司为此付出了约 1 000 万美元。

2. **公平互利原则**

任何险种的设计与推出都应遵循公平互利的原则。险种是一种特殊的商品，它能够满足保险客户的需求，为保险人带来业务收入，但如果险种价格即保险费率不合理，就可能损害保险人利益或保险客户利益。例如，价格过低将使保险人无利可图，保险公司经营陷入困境；反之，险种价格过高，则会损害保险客户的利益，最终因为保险客户的拒绝而丧失业务来源。因此，险种开发应力求维护保险双方的利益，单从某一方的利益着想，不考虑另一方利益的做法，其交易都难以实现。

3. **适法原则**

险种开发必须遵守法律法规和维护社会道德规范与习惯。险种设计开发的适法原则主要体现在保险产品的有关条款上。保险公司供给保险产品是满足保险市场的保险需求，如果保险产品的设计不遵守国家的基本法、保险法和有关法律法规以及社会公德，那么保险公司经营的保险产品就有可能被具有道德风险的人所利用，同时使确实需求保险产品的被保险人、受益人甚至第三人蒙受经济损失。保险公司自身也可能遭遇法律诉讼和经济损失。

4. **简明原则**

保险产品在设计时应当做到保险产品结构、保险条款文字和投保、理赔手续等方面简明扼要。① 保险产品是一种无形产品，是保险企业为客户提供的一种有偿风险管理服务，从本质上讲它仍是一种服务。这种服务以保险合同的形式规定双方的权利与义务，而保单即是保险合同的主要表现形式之一，是明确双方权利与义务的法律文件，同时是消费者（投保人）了解所购买产品信息的重要渠道。通俗易懂、信息充分公开的保单既有利于保障消费者的利益、普及保险知识、增强国民保险意识，也有利于我国保险行业的长期、健康、可持续发展。② 保险产品有关内容的安排应合乎逻辑，层次严密，不至于导致投保人或被保险人理解保险产品时产生误解。③ 保险产品设计时还应考虑销售及售后服务的便捷程度。投保便捷、理赔迅速同样可以为客户和保险公司创造价值。

三、险种设计的内容

一般来说，一个好的险种设计至少应包括以下四方面的内容：险种的基本属性设计、险种的结构设计、险种的品牌设计以及险种的形象、包装设计。

（一）险种的基本属性设计

如同一件商品，要能够卖得出去，首先要对人有一定的使用价值，为人提供某种用途，保险商品也一样。险种的基本属性设计实际上就是为客户提供某种基本的核心价值的设计。

1. 险种的功能设计

保险商品具有基本功能和派生功能两类。保险商品的基本功能是能够组织经济补偿和实现保险金的给付。派生功能则包括防灾防损和资金融通。因此，任何险种在设计时都必须从险种的功能出发，开发出既适合投保人需要，又能保证实现保险人利益的险种。

2. 险种的质量设计

险种的质量主要是指险种对所承保的标的提供的咨询、承保、防灾、理赔等服务形式与服务水平。新险种所能提供的服务形式以及服务水平关系到该险种对投保人的吸引力，以及未来保险人的经济效益。

（二）险种结构设计

险种结构设计即保险单设计，主要是对保险合同的基本条款和附加条款等内容的设计。保险单简称保单，它是投保人与保险人之间保险合同行为的一种正式书面文件。保险单的设计根据各险种的不同而有所区别，但保险单作为保险合同的正式书面凭证，应包括如下重要事项：声明事项、保险事项、除外事项和条件事项等。由于险种是由多种因素构成的复合体，因此，在险种结构设计时应主要考虑以下内容：

1. 保险标的

保险标的是保险合同中指明的要承保的基本项目。确定哪些是可承保标的，哪些是不可承保标的，这是险种结构设计的基本前提。其设计合理与否、科学与否，对保险市场的销售与保险企业经济效益有重要影响。保险标的与承保范围的确定必须根据保险企业的实力与市场需要而定。

2. 保险责任

在险种结构设计时，必须明确保险人的保险责任，即保险人在哪些风险（或条件）发生时以及这些风险发生时引起何种程度损失的情况下，保险人负赔偿或给付责任。保险人承担的风险通常分为两类：一类是以火灾、意外伤害、生死等单一风险为对象；一类是以多种风险的组合为对象。保险责任过大，保险企业无力承担，该险种就难以正式推出；反之，保险责任过小，投保人的利益得不到满足，该险种也难以为人们所接受。险种设计为单一保险责任还是综合保险责任，是扩大保险责任还是缩小保险责任，要根据市场需求、现实购买能力、经营技术以及世界保险市场的发展趋势等因素来决定。

3. 除外责任

每一种险种的设计，都明确规定了保险人的除外责任，也就是保险人对被保险人的损失不承担经济补偿或给付责任的范围。如除外地点、除外风险、除外财产和除外损失等。一般保险条款规定：战争、军事行动、暴乱、核污染、被保险人的故意行为、间接损失、自然损耗等为除外责任。

4. 保险金额

保险金额简称保额，是由保险合同当事人根据保险标的的价值或具有的经济利益确定、并在保单上载明的被保险标的的金额。对保险人来说，保险金额是收取保险费的计算标准，也是补偿和给付的最高限额。对投保人、被保险人和受益人来说，它既是缴纳保费的依据，也是索赔和获得保险金的最高数额。在设计保险金额的大小时，应遵循两个基本原则：一是保险利益的原则。不论保险标的的保险金额是多少，必须以投保人具有保险利益为接受投保的前提。二是不超过标的价值的原则。比如，在财产保险中，通常用保险估价确定保险金额，保险财产估价过低，保险金额相应减少，保障效果随之降低；反之，财产估价过高，保险金额也相应增加，保障效果亦随之提高。然而，当保险财产遭受损失时，保险人只能按照实际损失负责赔偿。

5. **保险费率及其支付办法**

保险费率是指保险人承保每一危险单位的价格。就被保险人而言，保险费率是被保险人对每一危险单位所付出的代价。保险费率是保险人根据保险标的的危险程度、损失概率、责任范围、保险期限和经营费用等诸多因素来确定的，通常由纯费率和附加费率构成。设计保险单时还必须列明保险费的交纳办法及交纳时间。保险人可根据不同的险种灵活确定。

6. **保险合同当事人的权利、义务**

规定保险双方的权利、义务，以保证保险合同的顺利履行。如缴纳保险费的义务、危险增加或发生时的通知义务，以及防止损失扩大的义务等，一方违反合同约定的义务，则另一方有权解除保险合同。

7. **违约责任和争议处理**

违约责任是指保险合同当事人因其过错致使保险合同不能履行或不能完全履行，即违反保险合同规定的义务而应承担的责任。保险合同作为大诚信合同，违约责任在其中的作用更加重要。因此，在保险单中必须载明违约责任条款。争议处理条款是用以解决保险合同纠纷适用的条款。争议处理一般采用协商、调解、仲裁、诉讼法律等方式。

（三）险种的品牌设计

任何一种新险种的推出都应该有名称。而名称本身的适宜度如何、该名称能否继续延伸到其他新险种等，都是险种品牌设计所应考虑的。

1. **名称的选择**

一种新险种推出时，首先需要决定的是该不该为该险种取名，如果决定取名，那么，应取什么样的名称才是合适、有效的？正像有形商品起名是很有学问的一样，保险商品的险种名称的确定与选择也是有讲究的。首先，名称必须要与所承保的标的相关。如人保公司的“人居两旺”财产保险。其次，名称必须要有积极意义，并富于联想，如新华人寿的“福如东海”终身寿险。第三，名称应简洁、好记，朗朗上口。例如，我们常见的险种名字多是四字语，较符合我们的听说习惯。

2. **名称的宣传**

过去人们信奉的是“酒香不怕巷子深”，然而，在市场竞争日益激烈的今天，人们开始相信："酒好还得勤吆喝"。因此，为险种名称做宣传应是一件不容忽视的事情。宣传名称时，应注意以下几点：① 宣传的时机要抓准；② 宣传的力度要适当；③ 宣传的形式要新颖；④ 宣传的内容要简明扼要。

3. 名称的延伸

当一种名称深受人们喜爱，并被很多人知晓时，是否可以将这个众人皆知的名称用于任何新推出的险种呢？这就涉及名称的延伸。名称的延伸具有一定的优势：其一，它能通过"晕轮效应"，将一种已深得人们喜爱的名称用于其他新推出的险种上，从而借助知名险种的形象提升新险种的市场地位，提高知名度。其二，它可以节省资金，避免创新名称所带来的风险。因为一种已为人知的名称不必再过多地宣传，而新的名称则需要花费财力、时间让人们知晓和记忆。但是，名称的延伸也是一个需要谨慎从事的决策，因为许多实例表明，不相关的产品的名称延伸，只能带来市场占有率的下降，以及名称在人们心目中的定位模糊。

（四）险种的形象设计

从一定意义上说，险种代表着企业的实力、思想、精神，险种形象实际上就是企业形象的具体体现。因此，设计险种形象实际上就是设计企业形象。首先，险种形象应能体现企业的宗旨。每个公司都有其经营宗旨，比如，日本三井住友海上火灾保险公司的"提供最佳的商品与服务，满足客户需求"、中国人民财产保险公司的"人民保险、造福于民"、中国人寿保险公司的"成人达己、成己为人"等。其次，险种形象应是形式与内容的完美结合，险种本身要能体现企业的信誉、服务。

在险种的形象设计上，可以借鉴企业形象识别系统中的三个组成部分，即MI（理论识别）、BI（行动识别）以及VI（视觉识别），使其达到形式与内容的完美结合。

四、险种开发的程序

险种开发的程序如图 5.2 所示。

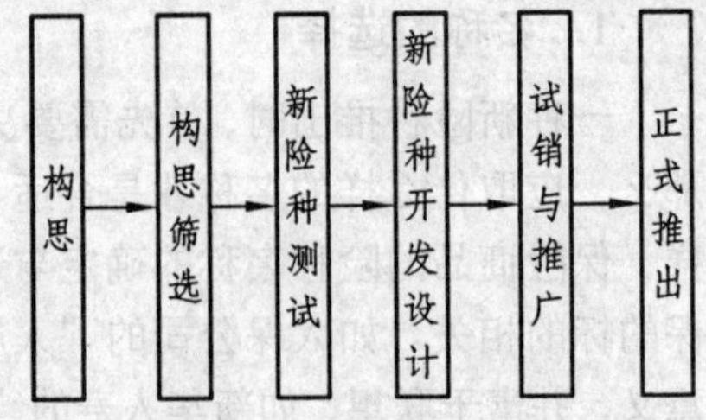

图 5.2 险种开发的程序

（一）构 思

构思是对未来保险产品的基本特征的构想，是新产品开发的起点。这些构想可以通过各种途径获得，主要有两种途径：一是内部途径；二是外部途径。从内部途径看，主要有保险企业的有关职能部门及其人员，如保险理赔部及理赔人员、保险企业管理人员、保险营销员、保险核保员等。从外部途径看，主要有客户调查、客户抱怨和建议、竞争者、科研机构、政府部门等。构思必须具有新意，具有前瞻性，不能落入俗套。构思的基本方法一般有五种：

1. 客户期望法

将了解到的市场上所关心、期望甚至急需的风险防范事项进行研究，从而为开发能够唤起消费者需求的保险产品提供思路。例如，随着我国人口老龄化的来临，老年人的保险需求，尤其是对护理保险的需求量将大大增加，由此我们可以进一步调查分析这种需求的规模有多大。

2. 增减保险责任法

该方法是将现有保险产品的保险责任，结合市场情况进行增减，从而产生新险种。例如，在保监会 2006 版商业车险的 A 条款中，车损险条款包含了"非营业企业或机关车辆的自燃"，即私家车自燃的保险责任；B 款的车损险不包含此保险责任，而是以另外的自燃险作为附加险。而在 2007 版的 B 款车辆损失险中，"非营业企业或机关车辆的自燃"，即私家车自燃被写入了保险责任。这就意味着，买新版 B 款车辆损失险的消费者车辆自燃后可获得赔偿，而在旧版中这是属于责任免除的，即免赔的。

3. 产品组合法

该方法是利用多种思维方法将现有产品进行横向、纵向、交叉等组合，以创造出适合市场需求的产品。比如，华泰财产保险公司将传统家庭财产保险与投资理财型保险产品进行组合，于 2001 年 4 月推出了国内首个理财型家庭财产保险险种"居安理财"险，很快获得市场的认可，第一期"居安理财"险产品每天销售额都在 100 万元以上。

4. 专家意见法

即邀请保险、营销等方面的专家进行座谈，就现有产品的市场适应性及市场发展趋势等问题进行深入探讨，从中发现有价值的创意。

5. 竞争启发法

即从竞争者已推出的产品和国外同类产品中得到启发，形成新险种的构思。

（二）构思筛选

新产品的构思可以富有创意，多种多样，但并不是每一构思都能为保险公司所用。也就是说，保险公司还要根据自身的资源、技术和管理水平进行筛选。为了筛选出有开发前途的方案，在进行比较和选择时，应重点把握以下标准：

(1) 市场潜力的大小；

(2) 方案特色如何；

(3) 风险损失统计资料是否准确翔实；

(4) 新产品开发所需投入的人力、物力与资金的测算，哪个方案更具操作性；

(5) 哪个方案的销售渠道更加畅通。

(三) 新险种测试

初步确定方案后，在对新险种大量开发前，一般要进行测试。其内容大致包括以下几个方面：

1. 进行新险种试制

即将创意或构思转化为试制性的新产品，也就是设计出试行的保单雏形。其中要特别突出投保人最为关心的问题，如保障对象、保险责任、责任免除、保险费率、交费方法等，以便向客户征求意见。

2. 展开典型调查活动

针对试行的保单邀请相关的客户参与讨论，请他们对该新险种作出评价。

3. 市场潜力预测

对新险种的预计销售额、成本和利润等因素进行分析，判断新险种是否符合企业目标和营销战略。

4. 方案的最终确定与完善

管理和设计人员要再一次认真研究顾客的评价与反馈信息，对新险种的开发作出最终的确定。如果结论是可行的，就将进入新险种开发和销售等实质性阶段。

(四) 新险种开发设计

新险种的开发设计具体包括保险单设计、保险条款设计和险种品牌设计等，前面险种设计部分已有阐述，这里不再重复。

(五) 试销与推广

新险种设计出来后，可在一定范围内进行试销，以求得潜在客户、营销人员、市场潜力等方面反馈的有价值的信息。在新险种试销的基础上，保险公司应根据市场反馈的情况，修改或重新制订营销策略。将新险种推向市场时，应注意不同险种的营销策略在实施时的差别。

（六）正式推出

正式推出是指将新险种推向市场。在做出正式推出决策时，必须考虑针对已选定的目标市场决定推出的时机、地点。推出时机的选择往往考虑与目标顾客消费时机或消费旺季相吻合，例如，旅游意外伤害保险可选择在旅游旺季到来之前推出；推出地点的选择则必须考虑能与目标顾客群相吻合。

第二节　保险商品生命周期策略

一、保险商品生命周期的概念

保险商品生命周期是指保险商品从进入保险市场到大量销售，直至最终退出保险市场的全过程，具体可分为投入期、成长期、成熟期和衰退期四个阶段（图 5.3）。

（一）投入期

指保险商品进入保险市场的最初阶段。这一阶段的特点是：由于保险商品还未赢得消费者的广泛接受和信赖，销售数量少，而生产成本与销售费用却较高。因此，这一阶段保险公司无利可图。

（二）成长期

指新的保险商品在市场上已经打开销路，销售量稳步上升的阶段。这一阶段的特点是：保险消费者对该类保险商品已经比较熟悉，市场需求扩大，销售量迅速增加；大批量生产与销售使单位保险商品成本和费用下降，从而使保险公司的利润大大提高；但是，由于有利可图，竞争者相继加入保险市场，竞争趋向激烈。

（三）成熟期

指保险商品在市场上已经普及，销售量达到高峰的饱和阶段。其主要特点是：保险商品已为大多数消费者所接受，销售量处于相对稳定状态，增长缓慢，并逐渐呈现下降趋势；市场竞争十分激烈；为了巩固市场占有份额，保险公司要适当增加营销费用，从而造成利润逐步下降。

（四）衰退期

指保险商品销量持续下降，即将退出市场的阶段。其主要特点是：消费者对该保险商品已经没有兴趣，保险商品的销量严重下降，保险公司利润不断降低。

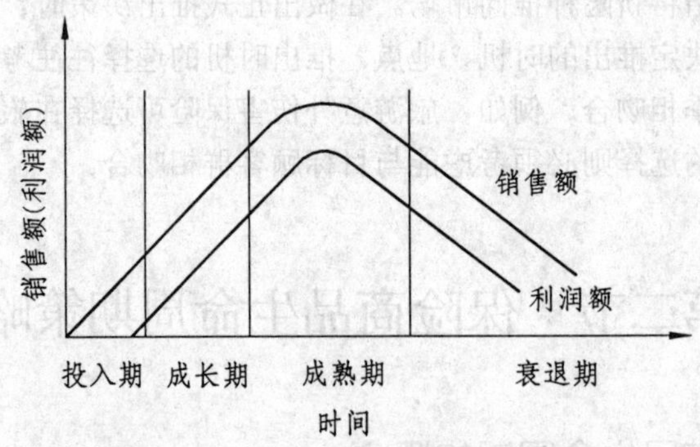

图 5.3 保险商品生命周期各阶段的销售额与利润

二、保险商品生命周期的营销策略

（一）投入期的营销策略

投入期是保险商品生命周期的第一个阶段，新的保险商品在经过开发过程后投入市场销售，此时是新的保险商品能否在市场上站稳脚跟的时期。结合这一时期的特点，保险商品在投入期的营销策略应着重突出一个“快”字，尽量缩短投入期的时间。一般有四种可供选择的策略：

1. 快速占领策略

又称双高策略，指以高价格和高水平的营销费用推出新的保险商品，以求迅速扩大销售量，迅速收回保险商品成本的策略。采用该策略，保险市场应具备以下条件：① 适合这种策略的险种，功能应特别突出，很少有替代品，且有很大的市场潜在需求量；② 该险种的需求价格弹性不大，消费者愿意高价购买。例如，重大疾病保险，即使价格很高，消费者通常也会积极购买。

2. 缓慢占领策略

也称选择性渗透策略，指保险公司以高价格和低促销费用相结合，将新险种投入保险市场的策略。这一策略适用的市场条件是：① 目标市场的潜力和规模有限；② 大部分客户对险种已经有所了解，而且需求迫切；③ 由于险种设计与经营难度较大，其余保险公司很难参与竞争，竞争威胁不大；④ 消费者对该险种的需求价格弹性不大，有制订较高价格的可能。

3. **快速渗透策略**

又称快速推销低价策略，指保险公司以高促销费用与低价格的组合向市场推出新的保险商品，以便迅速打进市场，取得最大的市场占有率的策略。采用该策略的市场条件是：① 新险种市场容量相当大；② 潜在消费者对新险种不了解，但对该险种的需求价格弹性较大；③ 大规模的销售和批量生产能有效降低新险种的成本；④ 潜在竞争十分激烈，可以用低价格、高促销来争取客户。

4. **缓慢渗透策略**

又称低费用低价策略或双低策略，指保险公司以低价格和低促销费用推出新险种的策略。该策略能使新险种很容易地渗入市场，打开销路，在取得规模经济效益的同时，获得“物美价廉”的良好印象。采用该策略的保险市场应具备的条件是：① 市场容量很大，产品适用面广；② 消费者对该险种已经基本了解，促销作用不明显；③ 该险种的需求价格弹性较大；④ 存在潜在的竞争者。该策略适用于改进型的新险种。

（二）成长期的营销策略

成长期是险种逐渐被市场接受的时期。这一阶段新险种的功能、投保渠道及服务日趋完善，客户对新险种已熟悉，需求量呈增长趋势。随着经营的稳定，费用不断下降，“有利可图”使经营该险种者增多，竞争日益激烈。在成长期，保险公司为站稳市场，加速销售额的上升，可以采取以下营销策略：

1. **产品策略**

保险企业要注意根据客户的需求改进产品的性能、功能，以产品的新特色吸引客户。例如，平安保险公司 2002 年推出的“世纪同祥连生保险”产品，将夫妻两人的深情，用一张保单连在一起，无论夫妻哪一方出现意外，另一方都将享受保障权益，体现了家庭保障的特点。保险责任还特别规定：同时身故双倍给付；在享受保障的同时，还可享受保单分红。在我国众多家庭全面走向小康的过程中，这种具有特色的新险种将会受到众多家庭的关注和喜爱。

2. **价格策略**

保险企业要注意根据生产成本和市场价格的变动趋势，分析竞争者的价格策略，保持原价或适当调整价格。如果产品有垄断性可采用高价销售；而一般竞争性产品可采取低价吸引客户。仍以“世纪同祥连生保险”为例，为了争取客户投保，该险种不但运用了产品策略，而且运用了价格策略：一张保单，夫妻共保，保费更加低廉，相对夫妻分别投保相同险种的保费要节省很多。因此，该险种能比较顺利地为众多工薪家庭所接受。

3. 渠道策略

为了进一步向市场渗透，开拓新的市场领域，保险企业应根据自身特点和市场定位，选择合适的销售渠道。目前国内常见的营销渠道主要有个人营销、经代渠道、银行保险、团体保险、电话行销等五大销售渠道。以湖北省保险行业协会2009年6月公布的统计数据显示，2009年5月信诚人寿、中英人寿、海尔纽约人寿三家合资保险公司在湖北市场实现的新单保费收入分别为990万元、1 100万元、77万元，而国寿、太平洋、新华、平安、泰康5月的新单保费收入均以数亿元计。保费收入差距如此之大的原因主要在于，海尔纽约人寿的销售渠道以电话营销为主，信诚人寿以个人代理人渠道为主，中英人寿的销售渠道则涵盖了五种渠道，而国寿等五家公司更是拥有数量众多的个人代理人队伍。因此，组建一支高素质的代理人队伍，同时进一步巩固和改进银行保险渠道，增加电话、互联网销售方式，走多渠道交叉策略，无疑将是今后的发展方向。随着2008年下半年保监会停止审批保险公司在县级城市新设立保险营销服务部的申请，对于中小保险公司特别是新进入市场的保险公司，借助专业保险代理机构拓展业务将成为必不可少的一种选择。

4. 促销策略

此阶段的促销重点应从介绍保险产品、扩大产品知名度转向树立企业和产品的形象上来。在广告宣传上，应着重宣传产品的特色与个性化的服务，通过对产品和服务的介绍，向社会展示本公司的优势所在，树立品牌形象，强化客户的信任感和投保的信心。例如，许多新公司通过赠送短期意外险的方式来宣传公司，宣传产品，提升顾客的信任感，以达到销售的目的。

5. 服务策略

保险公司一定要坚持做好售后服务工作，特别要重视热情为客户提供多种附加值的服务，这对于树立保险公司的良好形象和提高市场竞争力，是很有必要的。

（三）成熟期的营销策略

在成熟期，保险公司的主要任务是牢固占领市场，防止与抵御竞争对手的蚕食进攻。由于这一时期市场上已经出现了替代险种，因此，这一时期的营销策略应突出“改”字，通过险种改良，尽可能地延长险种的市场寿命。这一阶段可采用的具体策略主要有：

1. **市场改良策略**

即从广度和深度上拓展市场，争取新客户，刺激老客户增加购买。例如，当某保险商品在城市已处于市场饱和状态时，可以将营销重点转向农村，随着农民收入水平的不断提高，可能形成一个新的更为广阔的市场。

2. **产品改良策略**

即保险公司通过对现有险种的改进，创造新的险种特色，从而增加客户的购买。例如，国内一家寿险公司将传统的名为"美满人生"养老保险产品，改造为投保年龄放宽到 80 岁的"全家福"保险，初步拓展了市场空间。接着该公司又将市场拓展到家庭保险市场，推出"全家福家庭保障计划"业务，结合现代家庭的结构特点，将"健康增额""阳光灿烂""吉庆有余"和"美满人生"组合在一起，解决了三代同堂家庭的健康、教育、养老、理财等问题。这种围绕家庭保障，不断拓展市场空间的策略，为产品改良策略提供了借鉴。

3. **服务改良策略**

（1）该阶段要进一步强调"以顾客为本"理念的重要性，理念上的任何动摇，都有可能使自己的竞争优势丧失。为了使服务理念持久深入人心，一方面要把服务文化作为企业文化的重要内容；另一方面要用制度保证售前、售中和售后优质服务的落实，使客户从投保开始到保险责任终止，都能真正享受到不间断的保险服务。

（2）要进行服务手段的创新。要充分利用现代科技的最新成果，不断充实服务内容，提高服务的科技含量。如建立客户热线电话，开展网上保险、电话营销和通保通赔等措施。

（3）要认真研究客户的需求，不断扩大服务的内涵，在常规服务之外，要发挥自身的优势，积极向客户提供风险咨询、风险管理、风险评估、投资咨询、理财顾问、信息交流、法律顾问、汽车优惠保养、免费检测等责任以外的高附加值服务。同时，要在差异化服务上下工夫，多为客户提供一些竞争对手所没有的个性化服务。

4. **营销组合改良策略**

即保险公司通过改变定价、营销渠道以及促销方式来延长成熟期的策略。例如，将产品适当降价，进一步扩大营销渠道、拓展销售网点、调整广告媒体等多种措施配合运用，往往会使保险业务获得新的发展空间。

（四）衰退期的营销策略

进入衰退期后，保险公司应将营销策略的重点放在险种创新上，通过险种创

新开发新市场。主要的策略有:

1. 放弃策略

放弃意味着立即停办。险种的淘汰，大部分都是由于不适应客户或被保险人的要求，而被新险种代替。因此，在进入衰退期之后，保险公司应立即停办旧险种，同时要避免仓促收兵和难以割爱的错误做法。通常有些突发事件或社会的进步，如利率的突然变化等，使有些险种变得不合理，若继续经营必然导致保险公司亏损，此时应立即停办。对于即将放弃的市场，应务力降低销售费用，节约开支。

2. 新险种开发策略

有预见性、有计划地开发新的保险商品，可以使那些寻求保险替代商品的消费者再一次被吸引过来，并使保险市场重新启动。应尽可能缩短保险商品衰退期，以实现保险公司稳定经营为目的。

第三节 保险商品组合策略

一、保险商品组合的概念及其要素

(一)保险商品组合的概念

保险商品组合又称保险产品组合，是指保险公司所经营的全部商品的有机构成方式，或者说是保险企业所经营的全部产品的结构。在保险商品组合中，一般由若干条产品线组成，每条产品线又由若干个产品项目构成。

产品线是指那些密切相关满足同类需求的一组产品。产品项目是指因保险对象、保险期间、缴费方式或给付方式的差异而区别于其他产品的任何产品，也就是在保险企业产品目录中列出的每一个保险产品。例如，某人寿保险公司经营人寿险、健康险和意外伤害险三类产品，其中健康保险产品开发出医疗保险、住院医疗保险、疾病保险、生育保险等，这些就称为产品线。每一个产品线中，都包含若干产品项目。例如，生育保险线中的“母婴安康保险”则是一种保险产品项目。

(二)保险商品组合的要素

保险商品组合包括组合广度、组合深度和组合密度三个基本要素。

1. 保险商品组合广度

指保险公司所经营产品线的数量。拥有的产品线越多，则其组合广度越充分，越有利于充分发挥公司人、财、物的优势，满足客户的多方面需求，并能实现保险企业的稳定经营。但是，产品组合广度越充分，对企业技术和管理的要求越高。如果保险企业的产品线数量适宜，则有利于提高产品质量和管理水平；如果产品线过少，则会导致保险公司的承保责任过于集中，可能面临较大的经营风险。

2. 保险商品组合深度

指产品线中每种产品品牌有多少品种。如果保险公司经营的某一品牌下面险种多，就说明其保险商品组合深度深；反之，则保险商品组合深度浅。例如，“非典”期间，中国人民保险公司提供的“非典”责任险产品包含有：医务人员法定传染病责任保险、医务人员法定传染病责任保险附加治疗期间工资福利补偿保险、承运人非典型肺炎（SARS）责任保险、承运人非典型肺炎（SARS）责任保险附加司乘人员非典型肺炎（SARS）保险。其中两个是主险，两个是主险加附加险。

3. 保险商品组合密度

又称产品组合关联度，指各种保险产品在适用范围、设计特点、销售渠道等方面相互联系的紧密程度。例如，一家国外的健康保险公司开发的近百种健康保险产品，其设计原理、销售对象以及营销渠道等都有较紧密联系，说明此公司产品组合密度较大。产品组合密度大，更有利于产品适应市场需求多样化的要求。

二、保险商品组合策略

保险公司根据市场环境、企业战略目标和自身实力对商品组合的广度、深度、密度进行不同的有机组合，称为保险商品的组合策略。不同的组合方式会对保险公司的销售量和利润有不同的影响。常见的保险商品组合策略有：全面化组合策略、市场专门化组合策略、商品专业化组合策略和特殊商品专业化组合策略。

1. 全面化组合策略

指保险公司要面向尽可能多的顾客，向他们提供各种各样的保险产品。这种策略将尽可能地增加商品组合的广度和深度，与此同时，尽可能地根据自身的内部条件，考虑商品组合的关联性。通常采用这种策略的保险公司为综合性保险机构，拥有雄厚的实力、强大的技术力量和巨大的承保能力。例如，20 世纪 80 年代以来，西方发达国家在寿险运营模式上日趋多样化：一方面，新型寿险产品如分红保险和投资连接保险迅速发展，呈现出多样化的发展趋势；另一方面，为应付日益增加的经营风险，寿险业不断进行金融创新，混业经营成为趋势，催生了一大批国际综合性金融服务集团，如德国安联、法国安盛，以及巴菲特旗下的伯克希尔哈撒韦等。2009 年，中国平安保险收购深圳发展银行增发股份，实现了中国平安保险公司向包括保险、银行、投资业务的综合性金融服务集团的进一步跨越。

2. 市场专门化组合策略

指保险公司将自己的力量集中于某一特定市场，并向这一市场的顾客提供尽可能多的险种。这种策略目前被保险公司广泛采用。世界上大多数保险机构均是分业经营的，即总公司实行全面化组合策略，而其下属的子公司，采用的是产寿险分业经营的市场专门化策略。如中国平安保险（集团）股份有限公司控股设立中国平安人寿保险股份有限公司、中国平安财产保险股份有限公司、平安养老保险股份有限公司、平安资产管理有限责任公司、平安健康保险股份有限公司、平安养老金公司，并控股中国平安保险海外（控股）有限公司、平安信托投资有限责任公司，各公司均针对各自的目标市场开展业务。由于各险种系列之间的关联度大，有利于各险种的配套设计、开发并推向市场，从而取得良好的经济效益和社会效益。

3. 商品专业化组合策略

特点是保险公司只从事某一大类险种系列的经营，尽可能多地增加该系列的险种，不断加深险种组合深度，面向更多的市场。其优点在于能集中公司的技术力量，不断地改进、创新险种，充分发挥专业化的优势，同时又能扩大市场份额，提高公司声誉。可以说，专业化是西方保险业一个非常突出的特点。以日本为例，该国的商业医疗保险分为四大类：门诊类、住院补贴类、护理保障类和疾病医疗类。门诊类包括普通门诊、长期门诊；住院补贴类包括住院疾病特约，成人住院特约，女性住院特约，因癌症、糖尿病、脑血栓而引起的住院特约等；护理保障类主要是护理保险，保险责任包括护理年金、健康年金、死亡保险金等；疾病医疗类主要有三大疾病医疗保险、慢性疾病医疗险、疾病残疾险、手术险、疾病保险等。由于产品种类繁多，组合合理，客户可以根据自身的需要进行选择，这也是经济发达国家医疗保险市场发达的原因之一。随着我国保险市场的逐步开放，在我国出现的汽车保险公司、养老保险公司、健康险公司和农业险公司等新兴专业化保险公司，实行的就是这种策略。

4. 特殊商品专业化组合策略

特点是保险公司只经营某个产品系列中的几个或一个险种，专业化程度很高，经营范围狭窄，经营风险很大。例如，我国 2001 年 12 月 18 日成立的中国出口信用保险公司，就是专门承担出口信用保险业务的公司。此策略一般适用于技术力量比较单一，实力较薄弱的中小型保险公司，或者出于某一政策性目的而专门组建的政策性保险公司。

三、保险商品组合的方法

大部分保险公司推出的保险商品的保险责任趋向单元化、单一化，为商品的组合提供了广阔的空间。对不同险种进行多种组合，既有利于营销，也有利于充分体现营销人员的专业水平。保险商品可以通过功能的互补、时间的搭配、需求的分析、层次的确定等，形成不同特色的组合方案，满足客户的不同需求。

1. 按条款功能组合

针对不同的保险条款所提供的不同保险责任进行组合，突出不同功能的互补作用，既注重保险面的拓展，又突出主要责任的比例，如年金保险＋意外伤害保险＋重大疾病保险＋定期寿险＋健康保险等。这是一种结合顾客需求情况进行的保险商品组合。

2. 按时间段进行组合

针对人生旅途中不同年龄段的不同需求，设计既阶段鲜明又连贯互补、突出重点的组合方案。例如，单身期间（20～30 岁）的年轻人，主要以保障自身为主，最好的组合是保险费不高但保障高的商品，如终身寿险＋定期寿险＋意外伤害保险＋重大疾病保险＋健康保险等。又如，进入退休规划期（40～50 岁）的中年人，主要面临的是退休后生活水平的保障，最佳组合是养老保险＋终身寿险＋意外险＋医疗险。

3. 按家庭责任组合

这是根据家庭成员在家庭中所扮演的角色和承担的责任进行的组合。不同角色的家庭成员发生意外后给家庭带来的影响程度是不同的。非经济支柱的家庭成员如发生不幸所带来的主要是精神打击，而作为家庭经济支柱的成员如发生不幸，则整个家庭将陷入困境。因此，在设计保险商品组合方案时，对家庭中的主要经济支柱，要注重保障责任，以定期寿险＋意外伤害险为主，非经济支柱的家庭成员以疾病＋养老保险为主。例如，丈夫是家庭中的主要经济来源，可以为他设计如下保险套餐:20 万元的定期保险＋20 万元的意外伤害保险;妻子的保险套餐是:5 万元的终身寿险＋10 万元重大疾病保险；子女以教育储蓄险为主。

4. **按需要层次组合**

保险消费者的需求是多层次的，不同的经济水平、文化素养、性格都会表现出对保险需求的差异性，马斯洛的需求理论对我们仍有一定的启示。依据保险需求的层次性原理,险种组合也应遵循这种分层组合的原则,适应由低到高的需求渐进,由浅层组合转入深层组合。目前我国居民的总体收入水平还不高，大部分人的保险需求仍处于低层次，传统的保障性的商品组合还大有市场。但是对于高收入者，购买保险的目的已经不仅仅是为了满足对生命的保护需求，而且也是当做自己身份、责任心的一种表现，这时的保险商品组合应该是“身份组合”与“责任组合”。

第四节　保险商品价格策略

一、保险商品价格的概念及其构成

1. **保险费率**

保险商品的价格就是保险费率。保险费率是计算保险费的指标，也就是保险人按保险标的的单位保险金额和一定的保险期限向投保人计收保险费的标准。保险金额的单位，一般以 1 000 元或 100 元为一个单位。保险费根据保险费率计算而得，是投保人向保险人缴付的货币量，即

$$保险费 = 保险金额 \times 保险费率$$

保险费率的重要性在于,按照保险费率计收的保险费是建立保险基金的基础,是保险人履行偿付或给付义务的保证。只有科学、准确地确定保险费率，才能使保险经营稳定。然而，保险人所承担的是具有不确定性的未来损失补偿，确定保险费率在发生损失之前，技术上较难处理。同时保险费率还受保险监管部门的监督，也受投保人的负担能力和保险市场的荣衰及竞争的影响。因此，确定费率有一定的难度。

2. **保险费率的构成**

保险费率一般由纯费率和附加费率两部分构成。

纯费率也称净费率，是保险费率的主要部分，它是根据损失概率确定的。按纯费率收取的保险费叫纯保费,用于保险事故发生后对被保险人进行赔偿和给付。

附加费率是保险费率的次要部分，按照附加费率收取的保险费叫附加保费。

它是以保险人的营业费用为基础计算的，用于保险人的业务费用支出、手续费支出以及提供部分保险利润等，通常以占纯费率的一定比例表示。

投保人缴纳的保险费一般称为毛保费，它由纯保费和附加保费两部分构成。其中，纯保费是保险人用来建立保险基金，将来用于赔付或给付的那部分保费；附加保费主要用于保险人的各项业务开支和预期利润，包括职工工资、业务费、企业管理费、代理手续费、税金、利润等。

二、保险费率厘定的原则

1. 公平合理

指被保险人所负担的保险费的多少应与其所获得的保险权利相一致，保险费的多少应与保险的种类、保险期限、保险金额、被保险人的年龄与性别等风险因素相对称。换言之，保险费率的计算必须考虑能适用于个体风险，使被保险人所交纳的保险费的多少与保险企业所承担风险责任的大小两相适应，公正合理。

2. 保证偿付能力

保险人所承担的补偿或给付义务，当保险事故或保险事件出现时必须保证履行。因此，费率的制订应该能使保险人组织相应的保险基金，以保证必要的偿付能力。显然，费率订得过低，所集聚的保险基金有不敷偿付的可能，将使被保险人的经济保障建立在不稳定的基础上，这关系到被保险人的合法利益，也关系到保险人的法律责任。

3. 相对稳定原则

保险费率厘定后，在一定期间内应保持相对稳定，避免频繁变动。稳定的费率可使被保险人确定其负担，依照预算按时支付，不致因保险费率随时更改而应付困难，引起反感，从而导致营业量的减少。另外，不稳定的费率，如费率有继续降低的趋势，可诱使被保险人中途解约，以获得在低费率下订立新合同的利益，诱发被保险人的投机心理；另一方面，保险费率经常波动，会在社会上产生保险经营不善、业务不稳定的印象，降低对保险人的信任感，不利于保险业务的开展。所以在厘定保险费率时，必须根据过去若干年的实际经验，并预计未来若干年的发展趋势，以求厘定费率的稳定性。当然，这并不排除有关因素在客观上有所变化时的必要调整。

4. 促进安全

指在厘定费率时要体现鼓励被保险人重视安全，使保险费率成为促进安全的经济杠杆。例如，对安装或增添先进的防灾防损设备，有合格安全组织或对保险标的的安全措施有明显改进的，可以相应降低保险费率；或对在一定时期内安全无赔款的，可以在续保时给以优惠或奖励。反之，则可以相应提高费率。制订保险费率坚持促进安全原则，无论对社会、被保险人或保险人而言都具有积极意义。

三、保险费率的计算

（一）人身保险费的计算

人身保险包括人寿保险、人身意外伤害保险和健康保险三大类。人寿保险费的计算有其自身特点：第一，一般属于长期合同，采用均衡保险费；第二，以生命表作为危险概率依据，计算出来的保险费数额精确度高。人寿保险费的计算习惯上也称之为精算，它依据人的生存率（或死亡率）、利率及业务费用三项要素来计算。人寿保险费分为纯保险费和附加保险费，而后合成毛保费（或称营业保险费）。

1. 纯保险费

人寿保险的纯保险费根据人的生存率（或死亡率）和利率计算而成。生存率（或死亡率）是指在生命表中所列明的指标数。生命表也称死亡表，它是在一定时期和范围内对以人的年龄为主要差别的统计资料，经科学的分析整理，计算出某一群人中各种年龄的人的生存和死亡概率所编制成的一种表格。生命表能表明各种年龄的人当年的生存或死亡概率，生存到一定年龄时的概率以及平均今后可能生存的年数。保险人则可据以掌握各个年龄的人的生存或死亡规律，从而计算应收纯保险费的数额。

长期性人寿保险收取保险费在先、给付保险金在后，保险人可以运用先收取的保险费获得收益。因此，同一单位货币的保险费，收取的价值与给付时的价值不同。随着时间的延伸，价值随之递增，这一部分的货币升值，应归被保险人所有。所以，保险人在计算纯保险费时，应包含利率因素，即在一定利率条件下所得的利息，计入现在应交的保险费数额中。

2. 附加保险费

附加保险费包括保险人的业务开支和安全因素两个主要部分。从人寿保险附加保险费产生的实际情况看，投保时的业务费用远大于续存期费用，分期计收最合理。但人寿保险通常采用均衡保费，为简化手续，也可在纯保险费的基础上加一个较小的百分比计算附加保费。至于人身意外伤害保险，其费率不是根据生命表计算的，因为年龄因素与意外伤害发生率关系不大，它是根据以不同职业为主要因素的意外伤害统计资料来计算纯费率的。对于健康保险的费率，主要是根据疾病、分娩事故发生率及医疗费用率来计算纯费率。人身意外伤害保险和健康保险虽与人寿保险均属人身保险，但人身意外伤害保险和健康保险的保险期限短，不必计入利息因素，同时又属于损害补偿性保险，所以这两种保险的费率计算类似于财产保险。

（二）财产保险费率的计算

财产保险费率的计算主要是对各类保险标的预期损失率的测算，它依据保额损失率、稳定系数及附加费率三个要素计算而成。

1. 纯费率的计算

纯费率中包含保额损失率和稳定系数两项内容。

（1）保额损失率。保额损失率是某一大类保险标的在一定时期内保险赔款总额与承保责任金额（保险金额）之比，它根据保险企业多年的经验统计数据而得。即

$$保额损失率 = \frac{总赔款金额}{总保险金额}$$

（2）稳定系数。上述保险金额损失率为以往的统计资料的数值，保险人承担的是未来损失，用以往的统计资料作为未来年度的纯费率依据，稳定性不够，因此应另加一定的稳定系数，以保持保险财务的稳定性。在实际计算纯费率时，通常在保险金额损失率基础上增加10%～20%的稳定系数。

例如，保额损失率为0.2%，如增加10%的稳定系数，则纯费率为：

$$0.2\% \times (1 + 10\%) = 0.22\%$$

2. 附加费率的计算

附加费率可按统计资料得出的各项开支总额与保险费收入总金额的比率计算，也可在纯费率的基础上附加适当的百分比，作为附加费率。前者的计算为：

$$附加费率 = 业务开支总额/保险费收入总额$$

例如，保险费收入10 000万元，业务费用支出2 000万元，则附加费率为：

$$2\,000/10\,000 = 0.2 = 20\%$$

3. 毛费率的计算

毛费率由纯费率与附加费率计算而成，公式为：

毛费率 = 纯费率 ×（1+附加费率）

如前例，纯费率为 0.22%，附加费率为 20%，则毛费率为：

0.22% ×（1+20%）= 0.264%

四、保险商品价格策略

保险商品价格策略是整个保险营销组合策略中最重要、最活跃的策略之一，与其他组合策略存在相互依存、相互制约的关系。保险企业可以选择的价格策略包括：

（一）新险种价格策略

对于新开发险种，可考虑选择高价策略、低价策略和适中价格策略三种做法：

1. 高价策略

指利用新险种刚刚进入市场时，尚无竞争者，而市场上对此产品的需求较多。采取此策略的目的是：① 可以使企业较快地获得高利润率；② 可以使企业避免过高的赔付率造成的亏损；③ 为企业降低价格留有余地。采取此策略须具备以下条件：① 对新险种有足够的需求者且其需求价格弹性不足；② 新险种投入初期不会招致太多竞争者；③ 高价非盲目出台，而确有其合理性，如损失率较高等。

2. 低价策略

指保险企业将其创新产品价格定得较低，以吸引大量顾客，提高市场占有率。实行此策略应具备以下条件：① 市场容量较大，低价可以扩大市场占有率；② 消费者对价格较敏感，即需求价格弹性大，低价有助于市场需求量的迅速增长；③ 企业管理能力（包括风险管理能力）较强，有能力降低附加费率。

3. 适中价格策略

指采取一种使保险当事人双方都较满意的价格策略。保险企业既不希望高价策略给自己带来更多的竞争者，也不希望低价策略可能给自己带来微薄利润甚至亏损。

（二）优惠价策略

指保险企业在现有基本费率的基础上，根据营销需要对投保人实行费率优惠的策略。保险企业运用优惠价策略的目的是刺激投保人大量投保、长期投保，及时交付保险费和加强安全工作，提高市场占有率。保险企业经常采用的优惠价策略有直接费率优惠和间接费率优惠两种：

1. **直接费率优惠**

根据保险标的的风险情况、历年的赔付情况和竞争者的费率策略，保险企业可以对一些客户在续保或投保时直接实行费率优惠，优惠幅度依不同客户具体情况而定。直接费率优惠又包括统保优惠、续保优惠、趸交保费优惠等方式。

（1）统保优惠。如果某个企业或事业单位全部在一家保险企业投保，保险企业可按所缴保险费的一定比例给予优惠。因为统保能为保险企业节省对各个投保人所花费的营销费用和承保费用，提高工作效率。

（2）续保优惠。续保优惠通常运用在财产保险中。对于已经投保的被保险人，如果在保险期间未发生赔偿，期满后又继续投保的，可给予一定的优惠。例如，汽车保险中的无赔款优待条款，当投保车辆在上一年度内未发生索赔，期满续保时，可按基本保费的一定折扣收费。

（3）趸交保费优惠。在长期寿险中，如果投保人采取趸交方式，一次交清全部保险费，保险企业也可给予优惠。因为这样做减少了保险企业定期收取保费的工作量。

2. **间接费率优惠**

（1）安全防范优惠。根据保险条款规定，当保险标的在保险期限内未发生损失或损失小于预定目标时，保险企业可以将保险费的一定比例返还给投保人，以鼓励投保人（被保险人）在防灾防损方面所做的努力。

（2）预扣赔款优惠。对一些交纳巨额保险费的特大客户，保险企业可采用交纳保险费时扣除预定的赔款额，作为优惠保险费的一部分。如果保险期限内，客户发生的风险损失小于扣除的赔款额，则其剩余部分归客户所有。

（3）减免贷款利息优惠。在长期寿险业务中，被保险人可以用保单的现金价值向保险企业申请贷款。减免贷款利息优惠即指保险企业对客户的贷款减少利息或不收利息。

（三）费率调整策略

1. **费率上调策略**

由于通货膨胀、物价上涨，企业的成本费用提高，许多保险企业不得不通过提高保险费率来保证企业的正常运营。由于这是大环境影响导致的，因此提高费率一般不会引起消费者的太多抱怨。例如，传统人寿保险产品的费率往往受银行利率变动的影响，银行降息会引起人寿保险费率的提高；反之下降。

保险标的风险增加会提高保险损失率，从而引起保险赔付率上升。例如，随着人们的预期寿命延长，出现人口高龄化趋势，这对于经营年金保险的人寿保险企业来说是一种风险增加。保险企业有可能以此为由提高年金保险产品的费率。

有时保险经营者为了适应市场需求状况以及市场竞争状况，而要对某些险种的费率作出必要的上调。例如，美国保险信息学会的资深经济学家在美国“9·11”恐怖袭击发生后，马上就预言：“9·11”恐怖袭击后，保险公司会大幅度提高保险费。一些保险公司的分析人士也告诫人们，恐怖袭击造成的重大损失将推动财产险和伤害保险的费率上涨。其原因就是保险公司的商业性质决定的，保险当事人双方是一种等价的买卖关系，保险费率的高低要与保险风险状况相适应，高风险则高费率，低风险则低费率。“9·11”后人们感到保险标的风险已猛然增大，因此保险公司采取调高费率的策略，是符合商品等价交换规律的。

2. 费率下调策略

当保险市场出现供给能力过剩时，往往出现产品价格的激烈竞争，保险公司一般采取费率下调策略，以便在激烈的价格战中赢得主动；有时在激烈的市场竞争面前，保险公司为了巩固原有市场和占领新的市场，通过发挥本企业的优势、改善经营管理、降低成本、提供优质服务和降低产品价格来争取客户。但是保险费率是根据概率论和大数法则制订的，在降低费率策略的执行过程中，必须掌握一定的“度”，否则将导致“自杀性费率”和恶性竞争局面的产生，这对保险市场的稳定是不利的。例如，自2002年车险费率放开以来，国内的车险市场比较混乱，车险费率最高折扣甚至达到 50%，严重影响了保险公司的赢利能力，2004年车险全行业亏损，至今仍未解决车险赔付率过高的问题。实践证明，保险公司核心竞争能力，归根结底是通过改善经营管理、提高服务水平来形成的。

3. 费率调整产生的影响

(1) 对保险消费者的影响。

对保险消费者来说，费率的变化直接影响其投保心理和行为，进而影响保险经营者的承保数量。

当费率下调时，理应刺激更多的人投保，但在实际中，也可能会由于以下心理因素而影响投保的数量：① 投保人可能会认为该险种已经过时，投保的价值已经不大；② 费率下调可能是由于风险保障范围缩小或服务质量不高所致；③ 费率可能还会继续下降，应该再观望一段时间。

当费率上调时，理应减少人投保，但在实际中，也可能会由于以下心理因素而增加投保的数量：① 投保人可能会认为该险种的使用价值提升，投保可能有较大的利益；② 该险种保障全面，服务水平高，费率还可能继续上调。

总之，保险消费者对费率调整最为敏感，而其反应却各种各样。因此，保险营销人员只有密切关注消费者的动态，有的放矢地做好工作，才能不断地拓展自己的业务空间。

(2) 对竞争对手的影响。

在竞争的保险市场上，一家保险公司保险产品费率的调整，往往关系到其他保险公司的切身利益。因此，管理人员必须“未雨绸缪”，对各种可能出现的反应作出预测，采取有力的防范措施，例如，有些竞争者可能立刻针锋相对地作出反应，甚至诱发一场“费率大战”，若处理不好，可能使本公司陷入被动的境地；有的公司可能采取提高特色服务水平来进行抗争；等等，不一而足。因此，保险企业在作出费率调整的举措之前，一定要对各家公司可能作出的反应和自己应采取的对策逐一进行分析，以使自己始终处于主动地位，达到费率调整的预期效果。

(3) 对保险中介人的影响。

一般来说，费率的调整会极大地激发保险代理人和保险经纪人的工作热情。因为费率变化会相应的引起保险销售量的变化，而他们的收入直接与销售量挂钩，因此，他们对保险费率的调整极为重视。保险经营者应加强与代理人和经纪人的联系，及时了解他们对费率变化的心理和反应，并通过他们卓有成效的营销活动，使公司费率的调整得以顺利实现。

【小资料】

华泰：“居安理财”家财险上海市场推广纪实

2001 年 4 月，华泰财产保险股份有限公司推出面向个人的家庭财产保险产品“居安理财”险。2001 年 5 月，受华泰上海分公司副总经理吴开平先生的邀请，深圳市星博弈企业管理咨询有限公司出任该险种的上海市场营销顾问。

1. 定位“居安理财”险

通过比较分析他们确定，“一种理财方式”是“居安理财”险这种特殊产品的核心，而“财产风险保障”“安全稳定的回报”“公司信用”等组成了实际产品。他们要让“居安理财”险成为上海市民心目中一种理财观念，在潜在消费者的头脑中独树一帜，形成明确的心理占位！

在对“居安理财”险作了透彻的比较和分析后，他们开始调查和分析上海市民的投资渠道和理财观念。

通过调查他们认为：① 保险产品大有市场，市场亟待开发，消费者亟待启发教育；② 具有稳健投资理财特性的“居安理财”险除了能为客户的财产灾害提供保险保障外，还有固定的投资回报，而且是目前国内保险业中投资回报期最短的保险产品，这个特点正好符合一部分中国老百姓的投资愿望和投资心理；③ 上海人持家理财以精明著称，思想极具现代意识，容易接受新的思想观念，只要进行有效的市场宣传刺激，“居安理财”险一定可以抢占一定的市场份额。

经过反复讨论，一个关于“居安理财”险产品上市推广的整合营销战略方案终于出台：

（1）产品定位及核心价值：“居安理财”险是一种具有投资回报功能和还本特性、对风险保障更宽、更合理的家庭财产保险。“资金安全，回报期短的个人理财方式”是它的核心价值，可以在消费者心目中树立起保险产品也能理财的新概念。

（2）目标市场：重视家庭保障，家里有节余可以储蓄和投资，但又不愿意冒投资风险、个人理财习惯稳健又易于接受及尝试新的投资方式的家庭。

（3）目标人群：集中在40岁以上的中老年人。

（4）广告主题：突出消费者购买的理由：“居安理财、一举两得”。“一得”高于银行利率并且是零风险的理财回报，以突出本金安全、回报稳定、期限短的主诉求。“二得”家庭财产保险，不需额外支付费用，以说明产品本身所具的保险功能。

（5）销售渠道：根据客户购买投资风险型产品的特点（一般是大金额购买），在销售渠道的建立上要根据可信、便利的原则，选择公众信誉好、网点较多、服务规范的银行作为合作单位，在销售渠道上形成强强联合之势。

（6）传播策略：整合传播途径，突出产品核心价值，强调品牌管理。真正重视消费者的心理反应及行为特点，突出产品“功能性”及“亲和性”的统一。具体的实施方案为：

① 有计划地投放媒体广告。广告主题个性鲜明，内容通俗易懂、易于接受。

② 个性化促销。抛弃“强迫性”“干扰性”的促销方式，让“居安理财”险更贴近消费者、体现为消费者服务，让消费者关心、放心、安心。

③ 建立品牌的视觉标志，确定产品的可识别性。设计出特别的“居安理财”险的方章图案，统一出现在所有宣传品及终端展示上，构筑“居安理财”险统一的视觉形象，以增强标志的感染力。增加产品品牌的可识别性和归属感，积累品牌价值。

（7）服务策略：突出“轻承诺、重信用”的服务宗旨。强调“产品销售才是服务的开始"；强调服务力就是竞争力；强调热情是基础，专业是根本的服务思想。

（8）终端策略：强调"决胜在终端"。将日用品终端的概念引入保险业的终端市场，营造终端氛围，统一视觉形象，解说产品功能，将终端建成沟通的平台，使无形产品有形化。

2. 传播及销售"居安理财"险

根据首创产品市场宣传的"急风暴雨"原则，为了确保"居安理财"险的理财概念能迅速进入预期客户的头脑并占有一个真正有价值的地位，他们确定进入市场主要靠"进入速度"，集中火力于狭窄目标，实施市场区以迅速建立起产品在上海滩的地位，抢先在目标消费者心目中建立起一个与竞争产品不同的市场主张，树立起客户喜爱的形象。同时，通过对"居安理财"险所提供的新的理财观念的整合传播，刺激潜在消费者的购买偏好。

于是，他们将市场营销运作确定为"整合传播三步曲"：

第一步："抢先占位"消费者心智，确立产品功能的认知和企业知名度的认知。

他们选择了传播速度最快、覆盖面最广，而且市场目标人群最喜爱的报纸作为第一个传播工具。以媒体的强势亮相，迅速推出"居安理财"险。仅10天的时间，上海公司就完成了总公司下达的全年销售任务。

第二步：建立产品、品牌、企业三位一体的公众形象，建立品牌忠诚度，强化消费者对品牌的信任度。

在上海市民对"居安理财"险有了初步的认识，需求开始增加时，他们抓住时机，立即开始以广告、公关促销、终端展示三位一体的整合营销传播方式全面展开市场宣传，树立公众形象，扩大市场份额。

第三步：建立优质服务平台，巩固品牌忠诚度，发展产品的忠诚客户群及黄金客户群。

他们通过建立完整的客户个人资料库，不定期地与客户沟通，将"居安理财"险融入市民的生活，使客户能感到服务时刻就在身边。

通过传播策略的有效实施，"居安理财"险在上海已经家喻户晓，产品销售每天都在100万元以上，第一期"居安理财"险很快销售告罄，上海的销量占到了总公司销量的40%。此后，公司又推出了第二期"居安理财"险，与第一期相比虽然回报率有所下调，但因为通过有效的市场传播，在目标消费者中已经建立了"居安理财"险品牌的忠诚度及对华泰公司的信任度，产品有了忠诚的顾客群。所以，第二期"居安理财"险上市以后还是引起了消费者的积极购买，两个月内仅客户到公司直接购买就高达1 000

多万。

资料来源：中华保险网. www.123bx.com/insurance/154/baoxin27993_1.html.

请思考：“居安理财”险销售取得成功的原因。

◆ 本章小结

保险商品是指由保险人提供给保险市场的，能够引起人们注意、购买，从而满足人们转移或共担风险的需要，必要时能得到一定的经济补偿的承诺性服务组合。它由核心产品、有形产品、附加产品三个层次共同构成。

险种开发即险种创新，是指对原有险种的升级改造或者全面创新，能够给保险消费者带来新的利益和满足。险种设计至少应包括险种的基本属性设计、险种的结构设计、险种的品牌设计以及险种的形象设计等四个方面。险种设计开发应遵循最大满足客户需求的原则、公平互利原则、适法原则和简明原则。险种开发一般要经过构思、构思筛选、新险种测试、新险种开发设计、试销与推广、正式推出等几个环节。

保险商品生命周期是指保险商品从进入市场到大量销售，直至最终退出市场的全过程，具体可分为投入期、成长期、成熟期和衰退期四个阶段。由于险种不同生命周期的市场特征不同，因而采取的市场策略应有所区别。投入期的市场策略应侧重于“快”，通过快速占领或快速渗透策略，尽量缩短投入期的时间。成长期的市场策略应求“稳”，通过组合策略推动销售额快速上升。成熟期的市场策略力求“改”，通过改良策略延长险种的市场生命。衰退期的策略主要是放弃或降低销售费用，重新进行新险种开发。

保险商品组合又称保险产品组合，是指保险公司所经营的全部商品的有机构成方式，或者说是保险企业所经营的全部产品的结构。它包括组合广度、组合深度和组合密度三个基本要素。常见的保险商品组合策略有：全面化组合策略、市场专门化组合策略、商品专业化组合策略和特殊商品专业化组合策略。

保险费率是保险人用以计算保险费的标准。保险费率一般由纯费率和附加费率两部分组成。保险人在厘定费率时必须遵循公平合理、保证偿付能力、相对稳定、促进安全等原则。人身保险保费的厘定主要依据生命表、利率、业务费用三项要素来计算；财产保险费率的厘定主要依据保额损失率、稳定系数、附加费率三项要素计算。保险企业可以选择高价策略、低价策略和适中价格策略；同时还可根据营销需要对投保人实行费率优惠的策略。当费率调整时，应认真评估对消费者、竞争者、中介人等产生的影响。

思考与练习

一、名词解释

险种　险种开发　险种生命周期　保险商品组合　保险费率　纯保费　优惠价策略

二、简答题

（1）试述险种开发的原则与内容。

（2）在险种的不同生命周期分别可以采取什么营销策略？

（3）简述保险商品组合的三要素及险种组合的方法。

（4）以人寿保险为例，说明保险费率的构成要素。

（5）试述厘定保险费率的基本原则。

（6）保险商品的定价策略主要有哪些？

第六章　保险产品促销策略

本章要点

本章介绍了保险促销的概念和作用，分析了保险促销的特点，介绍了保险促销的主要手段和在选择促销形式及其组合时应考虑的主要因素，其中人员促销、公共关系、营业推广的程序、方法是本章的重点。

第一节　保险促销概述

一、保险促销的概念

保险促销是保险公司通过人员推销或非人员推销的方式，将保险商品的功能、特征等信息传递给消费者，帮助其认识保险商品所能带来的利益，从而达到引起顾客注意和兴趣、唤起需求，并购买保险商品的目的的一系列活动。因此，保险促销的实质是保险公司与顾客之间的信息沟通。

促销即促进销售的简称，是指以人员或非人员的方法及时、准确地向用户或消费者传递有关信息，让用户和消费者认识到商品或劳务所能带来的好处和利益，以激发他们的购买欲望并最终使其实施购买行为。由此可见，保险促销的实质是促进营销者与潜在购买者之间的信息沟通。

二、保险促销的作用

保险促销在保险营销组合中占有重要的地位，尤其在当今竞争异常激烈的市场背景下，保险促销更是备受重视。其作用大致可分为以下五个方面：

1. 传递保险信息

保险公司通过促销活动可以让更多的投保人和准投保人了解保险公司及其险种等各方面信息，提高知名度。例如，保险公司在新险种推出之前，一般都会先采取广告宣传、媒体推介等促销手段，将有关信息传递给潜在的投保人。

2. 突出险种特色

在同类险种的激烈竞争中，投保人往往不易发现险种之间的细微差别，保险公司的促销活动可以使其险种与众不同的特色得到突出。让潜在的投保人认识到本公司的险种能带来特殊利益，从而有利于加强本公司在竞争中的优势。在我国现阶段大多数公民保险意识淡薄，保险知识匮乏的情况下，突出险种特色的促销手段尤为必要。

3. 刺激保险需求

保险促销活动能够诱发潜在投保人的投保欲望，刺激他们的保险需求，有时甚至还能够创造保险需求。当某一险种的销售量下降时，通过适当的促销活动，可以使需求得到某种程度的恢复和提高，从而延缓某险种的市场寿命。

4. 提高声誉，巩固市场

企业形象和声誉的好坏，直接影响销售。企业声誉不佳，会使企业销售量滑坡导致市场地位的不稳定。保险公司通过促销及反复宣传，容易在投保人心目中形成良好的社会形象，使潜在的投保人对该保险公司及其险种从熟悉到亲切直至信赖，从而巩固其险种的市场地位。保险公司在树立社会信誉时，应多注重“让事实说话”,通过媒体把一些真实的理赔案件向公众展示,增加保险服务的透明度,让公众透过事实来感知保险所能带来的利益。

5. 扩大销售

保险促销最直接的表现反映在保险费总量的增长和市场占有率的提高上。

三、保险促销的特点

由于保险产品自身具有的无形性、复杂性等特点，因而保险产品的促销也区别于一般商品促销。保险产品促销具有以下特点：

1. 使潜在需求显性化

每个人都存在保险需求，无论是对人身还是财产风险的保障。但这种需求是潜在的，需要在外部因素的激发下才能转化为现实需求。在现实生活中大多数人不会主动向保险公司购买保险，因此在保险产品促销中，首先要帮助客户树立风险防范的意识，进而促成其接受保险产品。

2. 使无形产品有形化

保险产品是一种无形商品，特别是寿险合同大多是长期合同，往往长达 10

年、20 年直至终身。保险销售人员在向客户介绍保险商品时，很难让客户直观感受到保险的功用。而且投保人在交纳保费时，其未来的收益也是不确定的。因此在进行保险产品促销时，要尽可能使保险产品的作用和功能有形化，尽可能让客户比较直观地了解保险商品的作用和功能。

在具体促销工作中，我们往往借助以下方法帮助客户比较直观地了解保险产品的作用和功能。

(1) 比喻法。在具体促销中，保险产品常被比喻为“灭火器”“汽车备用胎”“雨伞”等，它可能在正常情况下没有发挥作用，但是在关键时刻却无不起到逢凶化吉的作用。

(2) 数字法。通过援引一些统计数据，说明意外事故、自然灾害、疾病等的发生率，或说明未来子女教育、养老等所需费用，以强化客户的风险防范意识、为未来及早做好准备的意识。

(3) 案例法。通过列举意外事故、自然灾害、重大疾病以及保险理赔等案例，使客户直观感受到保险的经济补偿作用。

(4) 想象法。这种方法通常运用在寿险的养老、子女教育、分红投资类产品的促销中。例如，在养老险的宣传促销中，可以引导客户想象在晚年时因为有了充分的养老保险而享受的快乐无忧的老年生活场景。

3. 使复杂产品简单化

保险产品的设计是建立在复杂的数理方法的基础上，保险条款涉及的许多概念都具有很强的专业性。这决定了客户不可能像理解银行储蓄、股票那样容易地理解保险商品。因此在保险产品促销中，要尽可能使复杂的保险商品变得简单易懂。其主要做法可考虑以下三点：

(1) 运用图表直观反映条款保费和主要保险责任；

(2) 将晦涩难懂的专业概念转化为通俗易懂的语言；

(3) 将冗长的语句压缩为概括的表述。

但在使复杂产品简单化的过程中，要注意客观、全面、准确地反映保险产品内容，避免出现歪曲、误导或避实就虚的现象。

4. 弱化保费支出对客户的心理压力

保费支出，特别是寿险保费，往往在数十年间需要每年持续缴费，这对客户往往会构成一定的心理压力。在促销中通常运用保费分摊的方法，例如，在寿险销售中，某客户需年缴保费 1 850 元，促销中可以告诉他其实每天只要省下 5 元钱，就可以获得较高数额的人身保障。另外还可以运用部分险种的减额交清功能来消除客户对未来交费能力的担忧心理。

5. 努力消除促销对象的抵制心理

现代经济在某种意义上是一种“注意力”经济或称“眼球”经济，各行各业都在使出浑身解数进行促销。保险行业近几年来呈现快速发展的态势，特别是寿险销售队伍迅速扩张。销售队伍在一定程度上出现了“鱼龙混杂”的局面，在市场促销过程中也难免出现一些简单粗暴的情况，使社会大众对保险销售人员的认同度降低，有些地方甚至明显抵制保险销售。在保险产品促销中，要努力改变和消除促销对象的抵制心理，在实践中通常从以下几个方面着手：

(1) 在宣传广告中强化公司品牌形象和公益宣传，为代理人的直接推销提供支援。这类广告可以把公司资金实力、规范管理、信用建设等方面的内容作为主要宣传目标，而不要过多涉及公司产品。

(2) 为销售人员提供一定的销售媒体，如公司内部刊物、节日问候卡等，这些宣传品要精致大方，便于携带，为代理人接触和拜访客户提供切入点，内容上可以对公司主要产品进行概要宣传。

(3) 组织开展市场促销和销售奖励活动，密切公司与客户、销售人员和客户的联系。在这类活动中，要充分调动社会宣传资源，可以通过电视台、广播电台、报纸等媒体进行大力宣传，在奖品方面要选择价格适中、实用性强、质量较好的日常用品。

四、保险促销的手段

保险促销的手段可分为直接促销和间接促销两大类。直接促销即指人员促销；间接促销又称非人员促销，可分为保险广告促销、保险公关促销和保险营业推广(图 6.1)。

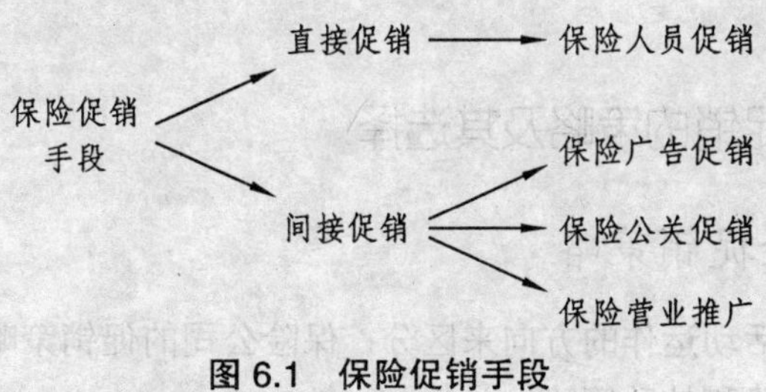

图 6.1 保险促销手段

1. 保险人员促销

指保险公司通过营销人员深入潜在的客户群中，直接进行保险商品的推荐与介绍工作，以促使消费者投保的促销手段。由于保险商品的无形性，以及保险条款的专业性与复杂性，一般的消费者难以读懂、理解，因此，在保险公司，尤其是寿险公司，人员促销是其采用的一种最主要的促销手段。人员促销的优点在于信息传递的双向性、促销过程的灵活性和满足需求的多样性。

2. 保险广告促销

指保险公司利用广告媒介的宣传，向公众介绍自己所销售的险种及相关服务。广告最大的优点在于广而告之，能在同一时间内向众多的目标顾客传递信息。因此，作为一种强有力的促销手段，广告被众多的保险公司广泛运用。从传统意义上讲，广告媒体大多是电视、邮政邮件、报纸杂志等，而当今国际互联网已经成为大众认可的一种广告媒体，保险公司可以利用国际互联网建立自己的主页，计算机用户可以下载有关公司产品与服务的信息，从而使信息沟通更快捷。

3. 保险公关促销

即公共关系促销，指保险公司为了在公众心目中树立良好的公司形象，而向公众提供信息和进行沟通的一系列活动。公关促销作为一种重要的促销手段，在树立保险公司形象、定位产品与服务、化解危机等方面具有很大的潜力。主要的公关工具包括典型事件、新闻、适时演讲、公益活动、出版物、公司识别媒体、电话信息服务等。

4. 保险营业推广

保险营业推广是指保险公司通过直接展示和利用产品、价格、服务、投保方式等方面的优点、优惠或差别性，以及通过运用多种激励工具来促进销售的一系列方式、方法的总和。营业推广的对象主要包括消费者、保险中介人和推销人员三类，其优点在于能迅速刺激消费者的保险需求，鼓励其采取投保行动。

五、保险促销的策略及其选择

（一）保险促销策略

如果从促销活动运作的方向来区分，保险公司的促销策略可以归纳为两种基本类型：推动策略和拉动策略。

1. 推动策略

推动策略是保险公司通过自己的营销人员把产品推入市场的—种策略。在保险营销中，推动策略的运用主要以保险分销渠道的成员为推销主体，以使更多的保险分销渠道成员采取积极的措施推销保险商品，从而使投保人接受保险商品。简单地讲，推动策略的实施对象是分销渠道的各成员，为推动各成员积极开展业务而采取的措施即为推动策略。

2. 拉动策略

拉动策略就是启用大量广告和其他宣传措施来激发消费者对保险公司产品产生兴趣，从而产生购买行为。在保险营销中，拉动策略的运用主要是通过各种有效的促销手段，如广告、营业推广、公共关系等将潜在投保人的兴趣和欲望调动起来，使其主动向分销渠道成员询问、打听，以推动分销渠道成员更广泛、细致地掌握需求信息并推销更多的险种。由此可见，拉动策略的实施对象则是潜在的投保人。

通过图 6.2，我们可以更清晰地分辨和理解推动和拉动这两种策略。

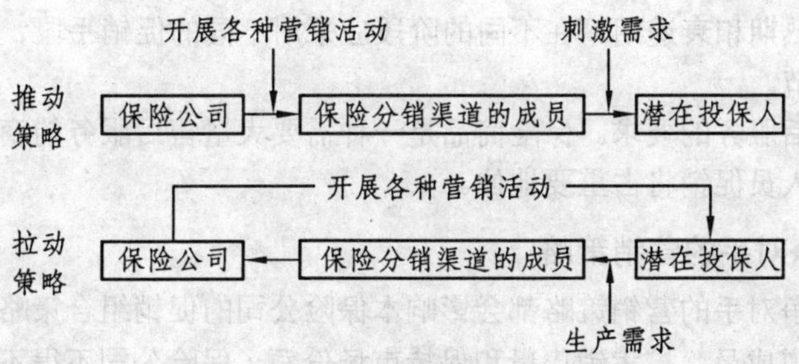

图 6.2 保险促销策略

（二）保险促销组合的选择

大多数保险公司并非仅采用单一的促销策略，而是将推动策略和拉动策略进行组合，形成保险促销组合。保险公司在确定促销组合时需要考虑很多因素，主要有：

1. 目标市场的特征

(1) 准保户所处的投保准备阶段。准保户在签约之前，大多数都要经历认识、了解、信任和投保等几个投保准备阶段。在每个阶段，各种促销手段的作用和效果有所不同。广告促销是吸引准保户兴趣和注意力最普遍、最有效的手段，因此在准保户的认知阶段发挥的作用最大，经过保险营销员的上门推销和详细的讲解，就可使准保户对保险商品有所了解并逐步产生信任感。因此，在准保户的了解和信任阶段，人员促销起着至关重要的作用，准保户投保行动的实现主要靠人员促销和展业推广来刺激其采取行动。保险公司可根据自己的营销目标，来决定促销组合。

(2) 目标市场的规模和集中程度。一般规模小而又相对集中的目标市场宜采用人员促销的手段；规模大而又相对分散的目标市场则更宜采用广告促销的手段。当然，通过特定的媒体，广告促销也可用在规模较小的目标市场中；同样，如果与其他手段相结合，人员促销也可用于规模较大的目标市场中。

(3) 目标市场中准保户的构成。准保户的构成主要包括团体投保人和个人投保人。主要采用广告和人员促销方式向个人投保人推销保险产品；而对于团体投保人则主要采用人员推销和展业推广的促销手段。

2. 保险商品的特征

(1) 保险商品的复杂性。由于保险商品的无形性和不可感知性等特点，使保险商品的销售主要靠人员推销来完成。而且随着保险的发展，保险商品的功能越来越复杂。一般来说，保险商品的功能越复杂，价格就会越高，保险商品被主动购买的可能性就越小，那么促销组合的重点就更应放在人员促销上。

(2) 保险商品的生命周期阶段。一般保险商品的生命周期主要包括导入期、成长期、成熟期和衰退期。在不同的阶段应采用不同的促销手段，详见第五章第二节第二小节。

(3) 售后服务的要求。保险商品是一种需要大量售后服务的商品，在确定促销组合时，人员促销将占重要地位。

3. 竞争对手的营销策略

任何竞争对手的营销策略都会影响本保险公司的促销组合策略。为了留住重要的分销渠道成员、扩大销售量和保持市场份额，保险公司不得不随竞争对手的策略来不断调整自己的促销组合。例如，其他公司在市场中投入了大量的广告来抢占本公司的市场份额，则本公司也需要增加促销投入以重新夺回市场。

第二节 保险人员促销策略

保险人员促销就是保险公司的推销人员与准保户面对面地交谈或在电话联系中提供有关保险与保险产品信息的促销手段。这是一种最古老的促销方式，鉴于保险商品的特征，至今它仍然是保险商品最好的销售方式。

一、保险人员促销的特点与作用

（一）保险人员促销的特点

人员促销与其他非人员促销的方式相比，具有以下特点：

1. 为消费者提供及时的个性化信息

保险人员促销涉及两个或两个以上的人之间的相互关系，每一方都能很方便地观察对方的需要及特点并作出及时调整。按一般购买者心理分析，很少有人购买他们不了解的产品。对于保险产品而言，更是少而又少的人愿意花费时间全面了解所有有关保险产品的运作方式。因为保险产品是复杂的，而它们被用来满足某人的需求与目的的方式更加复杂。这就需要保险专业人员给他们提供更多的专业知识指导。促销人员能够从准保户的意见中确切地了解他们的需求，并据此设计促销介绍，对销售信息作出及时调整，尤其能对准保户的疑虑立即作出解释。这是一种个性化的服务。

2. 促使准保户作出及时的反应

保险人员促销使准保户感到有听取推销陈述后作出反应的责任，也许他们的反应仅仅是一句礼貌的“谢谢”。大多数情况下，准保户的投保动机需要外界的刺激才能形成，而其他的几种促销方式无法面对面地与之沟通，恰恰是人员促销这种方式可以以其及时且富有个性化的服务有效地唤起他们的投保欲望和激发他们的投保行动。

3. 为建立公司与消费者之间的关系提供捷径

保险人员促销可能发展出各种各样的关系，突出的一个方面就是将买卖关系发展到深厚的友谊关系。保险促销人员工作的一个重要方面是充当公司和保户的纽带。促销人员以其个性化的信息向准保户推荐最适合其需求的产品，使消费者更信任他们。从自己信任的促销人员那里购买了某种保险产品的保户，会更容易购买其他保险产品，而且还会向周围的人推荐。另外，有关现有保户需求的信息也有助于公司进行以客户为中心的营销活动及新产品的促销选择。因此，这是一条建立公司与潜在的和现有的客户之间永久联系的最佳途径。没有其他任何促销手段能像人员促销这样在公司和最终消费者之间建立起如此直接和相互影响的联系。

4. 塑造保险行业的基本形象

保险人员促销工作对公司乃至整个保险行业的信誉有巨大的影响。保险促销人员不仅代表着保险人的职业形象并展示自己的职业修养，而且还塑造公司的基本形象。它为消费者提供的专业服务是其他任何一种促销方式都无法替代，其所代表的是保险公司乃至整个保险行业的形象。

（二）保险人员促销的作用

随着保险营销活动的日益发展，人员促销在保险营销中的地位和作用日益重要，主要表现在以下几个方面：

1. **寻求客户**

保险人员推销的过程不仅是不断满足现有投保人需求的过程，更重要的是不断寻找新的客户来挖掘并满足其需求的过程。寻找准投保人是保险人员促销的首要作用，“寻”就是要找到潜在投保人使其成为准保户，“求”就是通过拜访准保户，以求成交，使其变为现实投保人。

2. **沟通信息**

保险营销人员是保险公司与投保人之间联系的重要纽带。一方面，投保人从保险营销员处获得有关保险公司、保险产品的各种信息；另一方面，营销人员将投保人的投保信息、对保险公司的意见、对售后服务的建议等信息反馈给保险公司，为保险公司的营销决策提供依据。

3. **销售保险商品**

销售商品是人员推销的主要目的。在满足投保人需求的前提下，保险营销人员运用各种营销策略和技巧，同投保人签订保单。

4. **提供服务**

签单并不是人员促销活动的终结。人员促销不仅要与投保人达成签单协议，而且还要向投保人提供一系列的优质服务，如提供业务咨询、催缴保费、代办理赔、保单变更和保单迁移等售后服务。

5. **收集市场情报**

保险营销人员对市场最了解，能够收集市场需求、竞争状况、费率行情等市场动态，有利于保险公司作出营销决策。

6. **树立保险公司形象**

从某种意义上说，保险营销人员就是保险公司的形象代表。优秀的保险营销员都十分注意在行销过程中，以丰富的专业知识、得体的言谈举止、良好的服务态度来树立保险公司良好的公众形象,从而有利于进一步扩大保险公司的知名度。

二、合格保险营销人员的素质要求

有的时候，人的感情重于理智。因此，在保险营销中，客户对促销员的信任往往大于对产品的信任；客户认可保险首先是从对保险促销人员的认可开始的。所以，对保险促销人员而言，与其说是推销保险，不如说是推销自己。因此，对于保险促销人员而言，良好的素质是取得成功的至关重要的因素。

（一）仪表素质

1. 服装与装束——合适得体

容颜不可变，但外表永远是人们评判初次见面者的重要项目。合宜的衣着是仪表的关键，得体的配饰会使人明亮有精神。合适得体的服装与装束不仅对准保户而且对保险促销人员本身都会产生良好的效果。一个促销人员具备良好的仪表与装束，不是为了显示，而是为了与客户接触时不为仪表担忧。一个人如果知道自己的外表不会引起别人的反感，他就能产生一种自信心；相反，如果他忽略了衣着和装束，外表很不完美，客户不时地投来挑剔的目光，这种自信心就会消失。因此，合宜得体的服装与装束不仅会引起准保户的注意并产生好感，还会给促销人员自身带来自信心，更为营销沟通的顺利进行创造了良好的条件。

2. 谈吐艺术——清晰而又充满热情

言语可以弥补外表给人的印象。如果说仪表与装束是敲门砖，谈吐则决定了别人是否愿为你敞开大门。因为从一个人的谈吐可看出这个人的教养与个性。而且在相互沟通中，除了所要说的内容之外，语音本身也能向客户传达心意和思想。因此，保险促销人员在向准保户介绍产品时，语音要清晰并富有热情与温暖，语速适中，给人以感染力。需要切记的是不可说话叽里咕噜，语调单一，语速过快，发音出错，滥用俗语，表达时缺乏热情、冷冰冰。

3. 倾听——聚精会神

倾听是指一个人礼貌客气地听取他人的讲话的一种能力，也是一种教养，这也是一个杰出促销员的特征。倾听，就是要聚精会神地聆听、点头示意表示理解。世界上充满渴望找到知音的人，让这种人能有机会，向一个明智而有理解能力并信得过的耐心听众交谈，这是发展友谊的最好办法。耐心倾听，倾听保户的意见、成就、目标、抱负、希望，极为重要。让别人把话讲出来，别人也会允许你畅所欲言。况且，别人讲得越多你了解的情况也就越多，在推销时就可以有的放矢。

“沉默值千斤”。这是一个人的优秀品格的一大要素。在与准保户沟通时，一定要切记不要为了急于表达自己，而不假思索地打断别人，尤其不要乱插嘴。

4. 行为举止——优雅

人与人之间的交流与沟通，肢体语言会散发出无言的信息，会在不知不觉中影响一个人的观感。适当的手势运用与会意的目光接触都会给对方良好的感触，并能及时判断交流是否继续、是否适时，及时作出必要的调整。不良的习惯和动作，如坐姿不雅、谈话时咬指甲、敲打桌面、摇头晃脑等具有刺激性的行为举止，千万要努力纠正，以免因小失大。

（二）品德素质

1. 礼貌为先，尊重他人

促销是从守时开始的。养成良好的守时习惯是身为保险促销人员必须谨记在心的原则。做生意讲究的是时机，商场上永远在追求时效。迟到不但耽误了对方的时间，也有可能使你失去客户的信赖。更严重的是会影响客户对保险促销人员基本人格可信性的评价。因为，倘若一个人连守时都无法做到，还能期待他遵守什么呢？尤其对于保险这样一种需要长期提供服务的产品，对于承诺的遵守要求更严格。

另外，对于见面寒暄、握手、递名片等细枝末节，也是一个人的基本素质的表现。例如，握手时不要淡漠无趣像摸盘子或是只轻轻地抓一下手指；但也不要用力过大，像“大力士”似的能把人骨头捏碎，稍微加点劲就能带来第一好印象。对于吸烟的促销人员，要切记，不吸烟不会丢掉生意，相反，促销时吸烟往往会招致失败。

2. 充满自信，钟爱保险事业

自信是成功的第一秘诀。推销保险是与人打交道最频繁的行业，保险促销人员是最容易产生挫折感与压力的人群，因此自信对保险促销人员来说更加至关重要。但自信是来自于不断获取经验和逐步做到办事胸有成竹的过程，没有一定的时间和艰苦的努力是无法获得的。

自信首先是对所从事的职业的信心。“自重者，人恒重之”。一个能尊重自己，尊重自己职业的人，自然也能尊重他人及他人的一切，并赢得他人的尊重。一个连自己都看不起，对所从事的职业没有信心的人，又怎能期待他人的尊重？所以，对保险促销人员来说，对于保险的真谛的深信是其能否全身心地投入保险事业，并为之骄傲而自豪的基本前提。

3. 独具个性的人格魅力

保险促销人员扮演的角色非常重要，其素质高低对消费者投保重要程度的影响比保险公司知名度的影响高出近10个百分点。营销路上，尽管荆棘丛生，但仍有很多成功的促销人员凭着其极富个性魅力的人格，排除了一个个障碍，取得了非凡的成绩。某公司一位优秀代理人，在给一位富商准保户的投保策划中，以该准保户曾接触过的几位代理人的方案为基础，作出了令该准保户非常满意的组合性方案，但是在该准保户决定签约，一笔可观的佣金收入到手之际，这位代理人却作出了惊人的举动。他表示他的方案可以被采用，但该准保户可以选择此前曾接触的任何一位与之签约，因为他的方案是在他们的基础上的完善。该准保户最后仍决定与他签约，而且明确表示正是受了此举的感染。

4. 对公司、对客户的责任感

责任感是以道德感为基础，是一种对自己应负责任的义不容辞的情感。当人尽到了自己承担的责任时，就会体验到满足、喜悦、自豪的情感；相反在没有尽到责任时就会感到惭愧、内疚、羞耻等，心理学上把一个人对自我行为从理智和情感两方面进行的统一评价，称为“良心”。当一个人在行为上尽职尽责时，会觉得问心无愧。反之，则会受到良心责备。作为与客户打交道的代表，保险促销人员的举止言行是保险公司形象的代表。所以，促销人员应以高度负责的精神来塑造和维护企业的形象。更重要的是保险促销人员在为客户设计方案时，一定要设身处地，尤其要以客户的经济承受能力为前提，如果只把眼光盯在佣金收入上，使客户因投保陷入经济困境将会受到良心的谴责。

（三）心理素质

1. 具有较强的自我心理调控能力

自我心理调控能力是指适应人际关系和社会自然环境的校正能力。一个成功的保险促销人员能很有条理地使自己在友好的基础上推销业务，就毫无恐惧和紧张感。当然促销人员无法控制准客户的情绪，但至少可以控制自己的情绪，这样在促销过程中，双方的情绪至少有一方处于正常状态，就可以有效面谈。

2. 面对挫折，具有容忍力

容忍是一种宽容忍耐的心理。人所能承受的心理负荷是有一定限度的，当外界刺激，即心理冲击超过一定限度时会产生心理突变。这个原理，称为心理容量原理。心理容量，是一个变量。容忍，就是心理容量的扩大，正如俗话讲的“虚怀若谷”“宰相肚里能撑船”。能忍受挫折的打击，或承受住超过一定限度的外界刺激，仍保持个人心理活动正常的适应能力，叫做挫折容忍力。扩大其心理容量，提高其挫折容忍力，能保持容忍的大度。这对保险促销人员来讲更为可贵。例如，被誉为促销之神的日本原一平曾为一笔大交易，在4年中拜访同一顾客71次，每次都被一个貌似退休的老人挡驾。后来，他了解到那位挡驾的老人，就是他要拜访的这家公司的总经理。“天下之大竟有如此荒唐之事”，他忍住了心中的愤怒，重新拜访，终于感动了这位目标顾客，达到了创纪录的促销成果。

3. 具有坚忍不拔的毅力

毅力，是一种坚强持久的意志。因此，毅力又称坚毅性、坚持性。一个毅力强的人，为了达到预定目标，在执行决定的前进道路上，不论遇到什么艰难险阻，都能始终百折不挠，坚定不移。例如，日本著名促销专家齐藤竹元助刚做推销员不久就制订计划，准备向五十铃汽车公司推销企业保险。可是听说这家公司一直以不交纳企业保险费为原则。当时很多保险公司的推销员向他发动过攻势，均无济于事。但是齐藤竹元助却不愿放过这个机会，仍决定试一试。从此，他开始了长期艰苦的推销访问工作。从他家到五十铃公司来回一趟需要 6 个小时，一天又一天，他挟着厚厚的资料和一个又一个的方案，怀着“今天肯定会成功”的信念，不停地奔走，前后大约跑了 300 多次，持续了 3 年之久，终于成功了。

（四）业务素质

1. 具有敏锐的洞察力

洞察力是指促销员对市场行情有特殊的职业敏感，善于捕捉市场信息，能耳听八方，眼观六路，见微知著，对市场发展趋势作出正确的判断。人们常说，信息是无形的财富，是企业兴衰的重要资源，要获得有价值的市场信息，就有赖于促销人员一双“火眼金睛”。在美国的促销员中流传着这样一个故事。一个美国鞋业公司要把自己的产品卖给太平洋上一小岛的土著居民。该公司首先派去了自己的财务经理。几天以后，该经理电报回报：“这里的人根本不穿鞋，此地没有我们的市场。”该公司又把自己最好的促销员派到该岛上以证实这一点。一周之后，该推销员回报：“这里的居民没有一个人有鞋，这里有巨大的潜在市场。”该公司最后又把自己的市场营销副经理派去考察。两周以后，他回报说：“这里的居民不穿鞋。但他们的脚有许多伤病，可以从穿鞋中得到益处。因为他们的脚普遍较小，我们必须重新设计我们的鞋。我们要教给他们穿鞋的方法并告诉他们穿鞋的好处。我们还必须取得部落酋长的支持与合作。他们没有钱，但岛上盛产菠萝，我测算了 3 年内的销售收入以及我们的成本，包括把菠萝卖给欧洲的超级市场连锁集团的费用。我得出的结论是我们的资金回报率可达 30%，因而我建议公司应开辟这个市场。”

2. 塑造知识渊博的完美专业形象

促销人员具有丰富的产品知识是非常重要的。“知识与勇气能够造就伟大的事业”。有丰富的知识，才能创造有利的契机。知识更能增强信心，促销员充满信心的时候，也会感染客户信心满怀。但是，客户的询问只要有一个得不到圆满回答，信心就会动摇。即使客户的 3 个问题你回答了 2 个，10 个问题回答了 9 个，剩下的 1 个没有答案的问题也会让客户对你产生怀疑，认为你说的话缺乏权威性。在这里，需要纠正一种观念：有人认为，推销保险是与人打交道，只要会公关就可以。的确，推销保险，95%靠对人的了解，仅有 5%靠知识，但这 5%的知识，保险促销人员必须100%地了解。对于保险促销人员而言，要塑造完美的专业形象，需要把握的知识包括三个方面：① 熟悉公司历史。因为如果头脑中装着公司起步和发展的背景，你就会有一种归属感。这种归属感会使你对公司产生忠诚和兴趣。② 对专业知识要精通。但是，保险知识是一个总的概念，它包括很多组成部分。对于保险促销人员来说，最重要的是知道哪些是你推销的险种所能做到的，哪些是做不到的。人们之所以投保，是因为它有用并能提供服务，这也是客户唯一关心的，即保单在特定情况下能为他做些什么。因此，一个寿险促销员必须精通每张保单的作用。③ 对与保险及保险促销相关知识要广博。拥有广博的知识，才能创造源源不断的话题，应付客户的各种疑问。保险促销人员除了具有专业知识和推销技巧外，还应广泛涉猎一些相关知识，如投资理财、法律、医疗保健、政治形势、心理学、行为学等。

（五）社交技能

1. 不要直接指出或暗示客户的错误

因为每个人都有很强的自尊心，当面指出他的错误，会使他难堪，伤害其自尊。试想一下被你伤害了自尊的人，还会成为你的客户吗?

2. 不要炫耀自己

尤其是在那些出于背景不同容易产生自卑感的人面前。

3. 不要与客户辩论

客户随时会讲出难听的话，激得你总想进行猛烈的反驳，但千万不要，一定要善于把自己想说的话强咽下去。良好的修养和忍耐力，一定会为你赢得客户。要记住永远不要对客户说“不”。

4. 不要打断对方的谈话

说话的人可能过于吞吞吐吐，你或许能将他的意思表达得更清楚更完美，但千万不要这么做!如果善于让别人把话讲出来，别人也会允许你畅所欲言，而且别人讲的越多，你了解的情况就越多。要记住客户一般都喜欢那些不仅善于讲话，而且善于听别人讲话的人。

三、人员促销过程

推销保险商品的过程通常包括六个步骤：保户开拓、实况调查、设计投保建议书、方案介绍、疑问解答和促成签约、售后服务。这几个步骤可能在一次会面时就全部发生，也可能每一步骤分开进行。但无论是一次发生还是分别发生，都有相应的技巧。

（一）保户开拓

1. 保户开拓的方法

保户开拓是识别、接触并鉴定合格的潜在准保户的过程。保户开拓是保险促销中的一个最重要的任务。如果没有足够的客户源，以后的促销就好比是无源之水。因此，保户开拓的能力也是保险促销人员尽快和不断获得成功的决定性因素。

准保户来自许多方面，包括：现有的和过去的客户、朋友、亲属和邻居、曾经的业务伙伴、广告和电视营销活动中的附单和咨询、国际互联网主页的咨询、报纸杂志上的文章与广告、通讯录和工商名录、公司记录和报告等。保户开拓的一个重要方法是运用市场细分法，确定适合自己的准保户群，即把精力集中于某一特定的目标市场上。一个人不可能把触角伸向四面八方，不可能适应所有的消费者群。通过市场细分，同类消费者聚集成一个消费群体，形成一个细分市场，促销人员可以根据自己的特点，集中力量为一个或几个细分市场服务。这些被选中的细分部分即为本人的目标市场。目标市场可以是农民、医生、教师、职业运动员、企业家、公务员等。通过向某一目标市场集中促销，学会这个市场的“语言”，也能够更好地了解该市场的需求，获得这一特定目标市场所需要的经验和专门知识。随着时间的推移，便会在这个市场上站稳，更容易接近市场对象，从特定的群体中获得更多的准保户。

2. 保户开拓的途径

保险促销人员一般依据自己的个性和促销风格进行保户开拓。常用的途径有陌生拜访、缘故开拓、直接邮件和电话联络。

陌生拜访是一种无预约性的拜访。这是一种对初次步入保险促销行列的促销人员的心理和意志的磨炼，但由于其费时且收效不显著，一般在后期很少采用。缘故开拓是利用已有的关系，如亲朋关系、工作关系、商务关系等，从熟人那里开始推销，或是经介绍结识准保户，这是保户开拓的一条捷径。直接邮件是指利用事前拜访信与事后反馈信引导准保户并与之接近的方法。利用这种途径的关键在于邮件的设计，包括措辞、内容、格式甚至外包装的图案着色等细枝末节都应注意。电话联络是指通过打电话给事先选定的准保户，了解他们感兴趣的产品，以发现他们的真正需求，从而决定是否需要面谈或约定面谈的具体时间。

3. 准保户的鉴定

鉴定准保户是确定客户是不是真正的准保户的过程。对保险推销人员来说，合格的准保户有四个标准，即有保险需求、有交费能力、符合核保标准、容易接近。

(1) 最重要的是消费者必须有保险需求。多数情况下，准保户投保时并不清楚自己的保险需求。所以保险推销工作的一个重要任务就是帮助准保户识别其保险需求。但这不是一件轻而易举的事情，由于保险总让人联想起灾难，而多数人本能地厌恶考虑他们的死亡和残疾的可能性，所以，促销人员需要使用一定的技巧引导准保户从不了解保险需求到实实在在地知道其保险需求。

(2) 准保户经济能力的鉴定是准保户能否转化为保户的关键。保险促销人员作为准保户的顾问与参谋,需要根据准保户的家庭经济状况作出风险管理的方案，这也是促销人员创造能力的反映。

(3) 对准保户的保险条件的鉴定，即看准保户是否符合保险公司的核保条件也就是可保性。例如，在寿险核保中非常重要的一个标准是被保险人的身体健康状况，为此需要准保户提供体检证明予以核实。

(4) 准保户必须容易接近。一些人虽然以上三条都具备，但由于工作关系、性格甚或是生活态度、生活方式等方面的原因也很难成为合格的准保户。

（二）实况调查

指对准保户的风险状况、经济状况的分析，确定准保户的某种需求，以确定用来满足消费者的方案的设计。实况调查所搜集的有关个体准保户的信息一般包括：年龄、家庭人口及构成、收入和储蓄的来源与数量、目前持有的保单、平均每月支出额、风险事故发生导致的最大可能损失。通过对准保户的财务问题及其财务目标建立的可行性分析,可以帮助准保户了解其财务需求和优先考虑的重点、最佳满足这些需求的产品种类、准保户经济能力可承受的产品种类、未来可以考虑购买的保险产品等。

（三）设计投保建议书

根据实况调查得到的信息，保险促销人员可以提供几种方案，并说明每一种可供选择方案的成本和给付金额，以适应准保户的需求。以图表和范例阐明的方案更直观，在寿险投保建议书中通常包括保险金额和现金价值。在这一阶段，利用电脑演示能够立即向准保户提供有图示的灵活生动的销售说明，还能够完成一些特定产品所需要的复杂的数学和财务计算。

（四）方案介绍

保险推销过程的核心是方案说明，即向准客户传达促销信息的行为，目的是作出解释、刺激兴趣并动员准客户购买建议书中推荐的产品。有经验的促销人员在长期实践中形成了自己独具风格的方案介绍，并将其运用于几乎每一种促销拜访中。

一般而言，方案介绍的主要是所推荐产品的作用，包括以图表形式表示出来的图示，书面、口头的解释，或书面与口头兼而有之，保险产品销售图解通常由描述将要解决的或达到目的的数字图、要素成本和保险产品结构所组成。

（五）疑问解答和促成签约

准保户对建议书完全满意以至于毫无异议地投保的情况是极为少见的，有异议是销售过程的正常部分。如果准保户反对投保，促销人员要分析准保户不想投保的原因，并采取行动解答准保户的疑问。在多数情况下，准保户这时会提出一连串的反对意见，把推销员的建议全部推翻，这时一定要注意，每一个反对意见就像涉过浅滩的踏脚石，千万不要放弃。因为有希望的购买者需要安慰和支持，需要正确、合乎逻辑的理由，以便根据这些理由下决心投保。有经验的推销员了解这点，并能一步步地引导准保户朝前走。从心理活动过程来看，他这时正处在“向我证实”这样一个阶段，感情与理智交叉起作用，内心紧张，事实上他要说的意思是“你能否站出来，支持我得出的这个结论”。但这远没达到“既要干，就马上干”的状态，所以要适时、适度地正确引导，促成签约。

促成签约，是指促销人员通过请求并得到准保户对于投保建议书所推荐的保险保障的认同，进而达成购买承诺的过程。这时一个非常好的办法是强化感情，在准保户的内心引起波动，直到解决这个问题成为他感情上不可缺少的东西。引起感情上的需要，是促销过程中很重要的一环。发挥移情作用这种“神入”的能力，使一个人进入另一个人的内心世界，凭想象感受别人经历的事，设身处地地考虑，将会起到意想不到的效果。

（六）售后服务

促成签约后，推销过程并没有完结，相反，进入了一个新的阶段——售后服务阶段。提供恰当的售后服务，使保户投保之后始终满意。为此，代理人应经常对客户进行售后访问，坚定客户最初的投保决定有助于他们减少认知失调(即购买者懊悔)。提供良好的售后服务还会在客户中建立信誉，以促成老保户重复投保，并通过促销人员及时满足保户变化了的保险需求。

售后服务包括确信已签发的保险单和所有客户的回答是否已经确切、清楚地记下来，保证体检顺利完成和尽可能为需要体检的人员提供便利，协助检查报告及时得到处理，对任何投保人、公司所提出的问题和要求作出及时的答复。

此外，保险单的交付也是提供售后服务的一个重要方面，它可以打消客户的认知失调，使保单持有者重复投保，并为其合适的家庭成员购买保险；通过提醒保单持有人现有的保险保障不足或未来的保险需求，为将来的销售奠定基础；为保单所有人提供优质的服务；如果需要答复，鼓励保单所有人有疑问时进行咨询；解释保险条款；获取参考导引和其他潜在客户的名单；加强同客户的联系，并将这种关系保持下去。

第三节　保险广告促销策略

在当今信息时代，广告无处不有，无时不在。它像一条无形的纽带，把某一地区、某一国家，甚至世界范围内的保险公司同成千上万的消费者联系在一起。保险这种特殊的行业，使保险产品不像其他产品那样可以陈列出来，让顾客通过比较来辨别产品的优劣，保险产品的销售更加需要依靠广告这种促销手段来帮助客户获得各种信息，从而使其作出购买决策。

一、广告的定义

广告一词从汉语字面理解就是“广而告之”。它源于拉丁文 Adventure，在中古英语时代演变为 Advertise，意为劝告、忠告、通知和报告。从一般意义上讲，是指利用大众媒介向公众传递某种信息的沟通方式。

广告有广义与狭义之分。广义广告包括赢利性广告和非赢利性广告；狭义广告指赢利性广告，也叫经济广告或商业广告。这里我们只讨论商业广告。根据《中华人民共和国广告法》，广告是指商品经营者或者服务提供者承担费用，通过一定媒介和形式直接或者间接地介绍自己所推销的商品或者服务的商业广告。

二、广告的作用

广告作为保险公司与消费者沟通的一种有效手段，在保险营销中的作用突出表现为：

1. 传递保险信息，沟通保险供求

传递信息是保险的基本作用。通过各种广告媒介，保险公司可以将其提供的各种产品和服务信息传递给消费者，使其了解本公司的产品和服务的主要特点，创造销售的机会。例如，各保险公司在推出新险种时，都会在报纸上对该产品作详细的介绍。

2. 传播保险理念，引导保险消费

在保险消费中，我国消费者有很多错误、扭曲的消费观念，最突出的就是将投保作为纯投资，而忽略甚至根本不知保险最基本的风险保障功能。保险公司应该利用广告，向消费者传播正确的保险消费观念，尤其在新险种层出不穷时更应引导他们正确认识辨别保险以及不同险种的功能。例如，中国人民保险公司的"担四海风险，保五洲平安""天有不测风云，我有人民保险"传递的就是一种风险保障理念。

3. 刺激保险需求，激发投保欲望

广告能够诱导消费者的需求，影响他们的心理。利用理性或情感的广告诉求，可以在一定程度上刺激消费者的保险需求，激发其投保的欲望，并采取投保的行动。美国人寿健康保险教育基金会（LIFE）有一则非常经典的寿险广告。该广告的精彩之处是使用了引人注目的标题："你在意死一会儿吗?（Would you mind dying for a moment?）"。该句广告词的创意就在于其向潜在客户传授了人寿保险知识，激发他们在未来财务计划中考虑人寿保险。

4. 传播企业文化，树立企业形象

除了推销功能之外，广告还能树立企业和产品的形象，加强消费者的记忆与好感，提高品牌知名度和声誉，增强企业无形资产价值。例如，中国平安保险公司的"漫漫人生路，平安保平安""中国平安，平安中国"，中国太平洋公司的"平时注入一滴水，难时拥有太平洋"，泰康人寿保险公司的"不求最大，但求最好"等都是各自企业文化与形象的象征。

三、保险广告决策

在保险营销的广告中，人们通常要考虑的是"5M"决策，如图 6.3 所示。

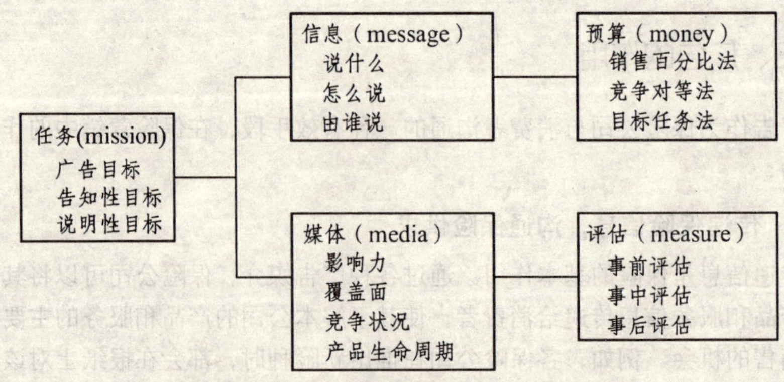

图 6.3 广告决策中的"5M"决策

1. 确定广告目标

保险企业广告的目标主要有三种类型：告知性目标、说明性目标、以提高声誉为目标。

（1）告知性目标。就是把保险行业、保险公司、保险险种与费率调整等方面的信息，及时准确地告诉公众，让消费者知晓。

保险广告告知公众的信息主要有：告知本公司的名称、徽标、承保技术设备、人才方面的实力，以提高公众对公司的信任度；告知本公司理赔的及时性、准确性及人们的赞誉，以提高公司的信誉度；在节日之际做庆贺性广告，以增强公众的好感；做公益性或慈善性的广告，以告知本公司的爱心；等等。

（2）说明性目标。以说明为目标的广告称为产品性广告，主要是向公众说明险种的保险对象、投保手续、保费、保额、缴费方式等。产品性广告是通过邮件、报纸、电视广告等将人们的注意力吸引到保险产品的特征上，激发顾客对产品的兴趣，扩大顾客群。产品性广告又可分为信息性产品广告和劝诱性产品广告。信息性产品广告是向顾客传递有关产品和服务的信息，介绍新产品的特点、功能及费率，告知顾客投保方法和地点；劝诱性产品广告是使顾客对某一种产品产生偏好，以改变顾客对某一品牌的看法，建立品牌忠诚度。

（3）以提高声誉为目标。通过宣传企业的观念和宗旨来提高保险公司声誉的广告称为保险企业形象广告。在做这类广告时一定要谦虚诚实，避免自我吹嘘。保险企业要长期、定期地做广告，有持之以恒的精神，不断增强公众对公司实力的信任。

【小资料】

“相知多年，值得托付”

——析中国人寿保险公司广告

中国人寿广告语运用含蓄、具有文化气息的语言表达了企业的核心诉求点，既包含了公司与客户多年的真诚交流互动中培养起来的深切感情，又显示了客户对中国人寿的信任以及值得客户相依的强大实力。

“相知多年”表明中国人寿与其客户的交流合作有了多年的历史，是以老朋友的身份在同客户交流；“值得托付”表明中国人寿在保险业内所拥有的实力能够承载客户给予的这份信任。通过这则广告语，中国人寿成功地塑造了美好的品牌形象，强化了客户对中国人寿的信赖，在2005年的一项针对中国20个城市寿险品牌调查显示：中国人寿以成熟、稳重的形象成为消费者喜爱的品牌，其品牌健康指数排名第一。今天，中国人寿以“成己为人、成人达己”作为企业文化的核心理念，以“诚信为本、稳健经营”为企业的经营宗旨，为将企业打造成国内领先、世界一流的大型现代金融保险集团而奋力开拓。

资料来源：高丽华. 中外保险业广告语点评. 当代金融家，2008（7）.

2. 决定广告信息

保险企业要向投保者传递的信息很多，如公司的服务形象、开发的新险种、理赔的速度等。在广告中“说什么”“怎么说”“由谁说”是值得研究的问题，要了解投保者最关心的信息，什么样的广告信息投保者最愿意接受并产生良好的效果。

【小资料】

友邦天之骄子大学教育年金保险（分红型）

险种名称：友邦天之骄子大学教育年金保险（分红型）。

所属公司：美国友邦保险有限公司北京分公司。

承保年龄：60 天至 12 周岁。

保险利益：

1. 教育金红利，锦上添花

已分配的教育金红利将累积到与大学教育年金一同领取。若被保险人不幸身故，则返还该教育金红利的现金价值予投保人。

2. 教育年金，成龙成凤

被保险人在 18~21 周岁期间的四年中，每年均可获得大学教育年金给付。

3. 规划灵活，随时加保

教育年金的金额将由您根据自己对孩子未来教育的规划灵活购买，并可随时加保。

注：教育年金每份 100 元，至少投保 5 份

缴费方式：可选择趸缴（即一次性缴清）或年缴至 17 周岁

资料来源：中国经济信息网. www.cei.gov.cn/index/serve/showdoc.asp?Color = Five&blockcode = wnbxyw&filename = 200308182742.（本文经整理而得）

3. 制订广告预算

广告预算是指保险企业从事广告活动而支出的费用。广告预算可以是一定时期内按销售额或利润额的一定比例提取的预算总额，也可以是按不同的商品、地区、媒体和不同的广告时间而分别计算分配的广告预算。

广告预算费用可分为直接广告费和间接广告费。直接广告费指因制作广告作品而支出的制作费，以及把作品刊播于各种媒体所支出的媒体费。间接广告费指广告部门的人事费用、管理费用及其他费用。

影响广告预算的因素主要有：目标市场的大小及潜力、潜在市场规模与地区分散程度、目标市场销售份额、商品理解度、品牌忠诚度、竞争企业动向及其广告战略、产品生命周期、市场区划及其特点。

制订广告预算的方法有销售百分比法、竞争对等法、目标任务法等，保险企业可以根据自己的实际情况选择适当的方法。

4. 选择广告媒体

广告媒体是指能在广告主与广告对象之间起到媒介作用，传递广告信息的物质技术手段。广告媒体主要有：印刷媒体，如报纸、杂志、画册、电话簿等；电子媒体，如电视、广播、电子邮件、电子显示屏、VCD 等；邮寄媒体，如商品目录、说明书、挂历、宣传册、明信片等；户外媒体，如灯箱、路牌等；店铺媒体，如 POP、橱窗展示等；交通媒体，如车身广告等。在众多的广告媒体中，影响最大的是报纸、杂志、电视、广播四大媒体。

保险企业在选择广告媒介时，应根据所要传递的保险信息的不同，考虑竞争状况、广告覆盖面、广告频率、产品生命周期等因素。具体的广告选择策略有：

(1) 根据目标沟通对象的习惯选择媒体。例如，青年人喜欢上网、看电视，老年人喜欢听广播，年轻女性喜欢看画报等。保险公司应根据公众习惯，选择公众易接受的媒体做广告。

(2) 根据保险信息的特点考虑覆盖面，要宣传公司信誉、财力等方面的信息，应选择覆盖面广的媒体，如中央电视台和全国发行的报纸、杂志等；对具体险种的宣传，则可采用地方性的印刷媒体、户外媒体或邮寄媒体。

(3) 在预算范围内，尽量选择费用较小而效果较好的媒体。在测定媒体的成本与效益时人们经常采用“平均千人的到达成本（CPM）”，公式如下：

CPM = 每次广告单位时间的价格/预计媒介普及人数

预计媒介普及人数中潜在的保险购买者所占的比例越大，广告的效果越好。

5. 评估广告效果

保险广告效果的评估主要分为三个阶段：事前评估、事中评估和事后评估。

(1) 事前评估是在广告作品尚未正式制作完成之前进行的各种测验。可以邀请有关的专家、潜在投保者及保险营销员来现场观摩或在实验室测试，主要包括对广告创意、广告作品、媒体组合方式、媒体传播时间与空间等方面的效果测定。

(2) 事中评估是在广告执行过程中对广告效果进行的测定。主要方法有销售地区试验法、回函测定法、分割测定法等。销售地区试验法是将销售地区分为两类，一类地区做广告，另一类地区不做广告，经过一个时期后，将两个地区的销售情况进行比较，以判断广告的效果。分割测定法是将两则广告刊在同一个版面上，根据消费者的反馈信息来分别判断广告的效果。

(3) 事后评估是在广告作品制作完成并推出之后进行的检验，以便获悉广告策略是否成功。主要包括认知测试、回忆测试和态度测试。认知测试又称为再确认法，即检测顾客是否记得以前接触过的广告。回忆测试是衡量顾客对广告记忆情况的测试，可分为纯粹回想法和辅助回想法。纯粹回想法是测试曾经接触过某一特定广告的顾客，在无任何人员提示的情况下，是否仍记得这则广告。辅助回想法是提示给顾客一定的信息，以唤起对某一特定广告的回忆。

第四节　保险公关促销策略

公共关系，简称公关（public relations）是指企业为宣传产品和服务、获得公众理解和支持、树立良好的企业形象而进行的一系列活动。保险公共关系是保险企业十分重要的管理职能，对实现保险市场的营销目标有积极作用。

一、保险企业公共关系的对象

公共关系的对象也称公众，主要包括顾客、协作单位、竞争者、社区和本企业员工等。通过与顾客建立良好的公共关系，企业能够不断吸引新的和潜在的顾客，争取长期保险购买者；通过与电视台、广播电台、报纸、刊物等新闻机构建立良好的公共关系，企业能够争取新闻舆论对保险业的支持。

保险企业通过公共关系能够得到地方政府、社区群众等的理解和支持，并与它们建立广泛长期的联系。通过公共关系，能够和银行、商业、公安、交通等部门保持密切关系，保证保险企业正常的市场营销活动。此外，在市场营销中，各保险企业之间既是竞争对手，又是合作伙伴，正确地运用公共关系，处理好竞争者之间的关系，是十分重要的。

二、保险企业公共关系的主要内容

(1) 利用新闻宣传。消费者通常很信任新闻机构对产品或服务的报道，因此，保险企业应当争取更多的机会和新闻界建立联系，及时将保险公司的服务、保险品种及灾后理赔等信息通过各种新闻媒介传送给公众，增强人们的保险意识，同时树立本企业的良好形象。

(2) 听取并处理公众意见。企业应当主动收集公众对险种和服务的意见，并尽快将处理措施或改进后的情况告知公众。

(3) 与银行、商业、公安、交通等部门建立密切关系，争取它们对本企业的支持。

(4) 建立企业内部的公共关系。企业不但应当关心员工的生活，还要开展职工家属的公共关系活动，扩展与社会各界的联系。

(5) 积极参与各种社会活动，通过举办新闻发布会、保险咨询日等活动向公众推销保险。

(6) 赞助和支持各项社会公益活动。企业应积极支持各项公益活动，如运动会、少年儿童发展基金、残疾人福利基金等，这样有助于在广泛的社会范围内树立良好的企业形象。

三、保险公关的主要工具

保险公司开展公关促销活动，可以采用的工具有：

1. 出版物

保险公司可以借助一些出版物来接触和影响目标消费者，包括各种书刊资料，如保险报刊、宣传小册子、视听材料和公司的业务通讯及杂志等。在通知目标消费者时，这些出版物扮演着重要的角色，它传递给消费者大量的信息：保险的知识与理念、保险公司的运作、某些保险产品的具体介绍等。好文章能吸引公众对公司和产品的注意，帮助建立公司形象和向目标市场通告重要新闻。视听材料，如电影和带解说的幻灯片、录像以及录音带也正越来越多地作为促销工具使用。视听材料成本要比印刷品高，但影响也较大。

2. 事　件

保险公司可以安排特殊事件来吸引公众对新产品及公司的注意，包括新闻发布会、研讨会、旅游、展览、竞赛和比赛、周年庆祝、对体育和文化事业提供资助等可接触到目标公众的方式。

【小资料】

利用“同一首歌”宣传中国人寿

2004 年 10 月 20 日，中国人寿保险股份有限公司举办了以“把爱心送给每一个人”为主题的《同一首歌——走进中国人寿》大型演唱会，是中国人寿将营销与文化相结合的一次大胆尝试，也是金融业开始抢占公关活动市场的一声号角。这一活动很好地利用了当时在中国很有影响力的“同一首歌”来做广告，无论从宣传力量、传播范围还是与客户的融洽接受程度都是一般纯电视广告所不及的。

资料来源：张靖. 保险公司：利用广告提升公众形象. 中国经济时报，2005-10-26.

3. 新　闻

保险公关的一个重要职责是发现或创造有关公司、产品及人物的新闻。新闻创造需要一些技巧，包括制订故事的中心思想、调查研究、新闻写作。但如何让媒体接受新闻稿件和参加新闻发布会更需要营销技巧和人际关系技巧。新闻机构需要的是有趣味性和时效性的故事，因此与新闻界的编辑及记者建立良好的关系，对公司获得更多更好的有关采访与报道的机会至关重要。

4. 演　说

演说是进行产品和公司宣传的另一个重要工具。越来越多的公司发言人要在电视上、广播中接受采访，回答提问，在销售会议上讲话，这对沟通公司与外界的关系，树立公司形象都是非常重要的。很多公司会仔细地挑选发言人，聘请专人写演讲稿，请老师进行辅导，以求提高发言人的演讲水平。

5. 公益活动

公司通过为公益事业作时间或资金上的奉献，能提高公司的公众信誉。例如，为参加奥运会的运动员提供意外伤害保险，为见义勇为者提供寿险等。

6. 识别媒体

通常，公司的广告材料要求有一个可识别的外表，否则会经常产生混淆，失去创作或强化公司识别标志的机会。在一个高度开放的社会里，公司要尽全力获得公众的注意，必须努力设计一个公众能立刻认知的视觉识别标志。这个视觉识别标志可用在公司的商标、文具、小册子、招牌、商业名片、建筑物等上面。

四、保险公关促销决策

保险企业运用公共关系作出以下几方面的决策：

1. 确定公共关系目标

保险企业的公共关系目标包括下面四项：

(1) 提高知名度。通过媒体宣传，可以吸引公众对险种、服务、推销人员及营业机构的注意力，并加深公众对企业的印象。

(2) 提升信誉度。通过参与各项公益事业，可以提升保险企业的信誉。

(3) 激励销售人员、代理人和经纪人。公共关系可以激发销售人员、代理人和经纪人的推销热情，在推出新险种时，保险企业可以通过公关活动宣传促进销售。

(4) 降低促销成本。公关费用一般比电视、广播等媒体广告的费用低。营销人员应为每一项公关活动制订特定的目标，不同的目标细分市场、不同的险种，其公关目标和方案也不一样，要具体问题具体分析。

2. 选择公关主题与公共载体

确定公共关系目标后，公共关系人员要拟定宣传的主题和公共载体。假设一个知名度较低的人寿保险企业，想要提高它的公众知名度，公关人员应先收集一些信息。例如，为什么本企业知名度不高？竞争者的主要优势是什么？怎样提高主要险种的市场销售量和市场占有率？通过分析，公关人员可提出公关主题，即重点宣传一种主要险种，如含分红的年金保险。针对上述主题，企业可选择一种公共载体，在发行量较大的杂志上，刊登介绍本企业年金保险特点的文章或广告。

3. 实施公关方案

实施公关方案要按计划进行，在实施过程中，企业应争取新闻机构的支持，特别是在召开新闻发布会或处理较大的理赔案时，新闻方面的配合尤为重要。

4. 评估公共关系活动的效果

由于公共关系常与其他促销形式一起发挥作用，所以效果很难评估。但是如果公共关系单独运用，其作用就比较容易评估。评估公共关系的效果主要有下列几种方法：

(1) 展露次数。这是比较简便的方法，主要是统计公共宣传通过媒体向公众展露的次数。

(2) 评价消费者认知、理解和态度的变化。在实施公关方案后，衡量消费者对险种的认知和态度方面有何变化。如果通过这项活动，使消费者了解了该企业的险种，或消除了对该企业的疑虑和不信任，就说明该项公关活动取得了良好的效果。

(3) 保险费收入和利润的变化。公关活动实施一段时期后，企业可统计保险费收入和利润的情况，并与实施公关活动前的情况进行比较，进而评估公共关系的效果。

第五节 保险营业推广

一、营业推广的特点

营业推广又称销售促进，是企业促销活动中较频繁采用的一种促销方式。它包括除广告、公共关系和人员推销以外的所有激发人们采取购买行动的措施。在保险市场日益激烈的竞争中，营业推广已成为一种有效的促销形式。这是因为营业推广比广告更具有“实惠性”，对购买者和推销人员的吸引力更大，比公共关系所产生的效果更直接、迅速。营业推广的基本特征主要有以下几个方面。

1. 非规则性和非周期性

营业推广不像广告、人员推销、公共关系那样作为一种常规性的促销活动出现，而是往往用于短期、额外、补充性的促销工作，其着眼点往往在于解决一些更具体的促销问题，因此往往表现为非规则性、非周期性的使用。

2. 灵活多样性

营业推广的具体方式很多，各种方式各有其长处和特点，企业可以根据其产品和服务的特点、不同的市场营销环境，灵活地加以选择和运用。

3. 短期效益较为明显

一般来说，只要营业推广的方式选择得当，其效果可以很快在促销活动中显现出来，而不像广告、公共关系等促销手段那样，要取得效益往往需要一个较长的周期，因而营业推广最适用于完成短期的具体目标。例如，在短期内促成客户大量购买，吸引潜在客户等。

二、营业推广的程序

由于营业推广有多种形式，实际情况错综复杂，所以，企业进行营业推广决策绝非易事，必须遵循科学的管理程序。企业可按下列程序进行营业推广决策：确定营业推广目标，选择营业推广的形式，制订营业推广方案，组织营业推广方案试验，执行和控制营业推广方案以及进行营业推广方案的评估。

1. 确定营业推广目标

营业推广的目标来源于企业市场销售目标和总的促销目标。企业总的促销目标要靠营业推广、广告、公共关系和人员推销等多种促销形式的综合运用来完成。具体到确定营业推广目标，主要是解决“向谁推广”和“推广什么”两个问题。营业推广目标因目标市场类型的不同而异，主要有以下几种：

(1) 针对个体购买者，可运用有奖销售、赠送纪念品、提供附加值服务，或赋予保险特别的概念和意义，如贺卡保险、纪念保单、礼品保单等形式来促销。应该指出，个体购买者中，不同性别、年龄、地位的购买者对不同营业推广形式的态度也不一样，这里不展开叙述。

(2) 针对团体购买者，可运用优惠费率、安全返还、提供防灾费、提供信贷、联合共保等形式来促销。

(3) 针对代理人、经纪人，为提高其招揽购买者的积极性，可运用提高代办费、手续费，提供工作方便，举办季节旅游活动，培训业务人员等形式来保持与他们的良好合作关系，避免他们转向竞争对手。

2. 选择营业推广的形式

为了达到某一营业推广目标，可能有多种促销形式可供选择。企业在选择促销形式时，必须考虑促销的目标、保险市场的类型、竞争状况和各种促销形式的费用等。

(1) 抽奖。这种活动是为促成客户购买或提高客户的忠诚度而采用的一种奖励措施。对个体购买者，可采用抽奖的方式促销，对中奖者给予一定的奖金或奖品。

(2) 赠送小礼品或礼品券。在客户购买保险后，随保险单（或保险合同）赠送一份小礼品或一张礼品券。例如，保险公司可以向保险交费达一定金额的保户赠送一定金额的物品或购物券；个人代理人在向客户递送保单，或是在客户过生日、纪念日时赠送小礼品等。

(3) 促销性策略联盟。保险企业与相关单位联合开展促销活动。如利用商场促销的机会，让商场为购买大件商品的顾客提供一定数额的保险费。再如，保险企业可以设计“贺卡”保险，像普通贺卡一样送给团体客户。

(4) 优惠保险费。对连续购买保险者，保险企业可以优惠保险费。对一些较大的客户，还可实行无赔款优待，即安全返还策略。

(5) 销售竞赛。开展推销人员推销竞赛，对竞赛优胜者给予物质奖励或其他奖励（如旅游、晋升职位和工资等)。

(6) 提高代办费和介绍费。为了维护与代理人、经纪人的合作关系，鼓励他们推销保险，保险企业可以采用提高代办费和介绍费的策略，还可以给代理人、经纪人其他方面的好处，如赠送礼品，免费旅游等。

(7) 举办保险咨询活动日。保险企业为了吸引更多的购买者，尤其是个体购买者，可以定期或不定期举办保险咨询活动日，同时还可以提高企业知名度。

3. 制订营业推广方案

以上各种营业推广形式都有其各自的特点，同时也都存在一定的局限性。保险企业在制订营业推广方案时，可以根据自己的市场营销战略、营销计划和推广形式的特点，选择一种或几种推广形式，为此必须考虑以下几个问题。

(1) 营业推广的对象。在实施营业推广中，可以选择全体购买者，也可以选择一部分购买者，作为营业推广对象。一般来说，保险企业在确定推广对象时，应将重点放在潜在购买者身上，促成他们作出抉择，购买本企业产品，或是促成初次购买者成为企业的忠诚客户。企业还可以把购买者按参加保险期限长短分成几个等级，对不同级别的购买者给予不同的奖励。

(2) 营业推广的途径。保险企业的市场营销人员，应分析通过什么途径去实施营业推广，以取得理想的效果。例如，赠送“奖券”的分发方法有：附在保险单或保险合同上，由销售人员或代理人员分发，利用广告媒体。这些分发方法的影响范围和成本是不相同的。

(3) 营业推广的时机与持续时间。正确选择组织营业推广的时机是十分重要的。时机选择得好，可以节约促销费用，并提高促销效果。另外，如果促销的时间很短，许多客户可能得不到好处，因为他们可能未来得及再次购买。如果持续时间太长，许多营业推广形式会呈现效力递减的趋势。合适的促销周期长度应根据不同险种和不同购买者确定。

(4) 险种的特点。根据不同险种的特点，企业可采用不同的营业推广形式。例如，个体购买的财产保险和人身保险实行有奖销售或赠送小礼品，可能效果很好；而对机动车保险销售，可能采用无赔款优待等形式更能吸引购买者。

(5) 营业推广的经费预算。企业要根据营业推广的目标和所选择的形式，制订合理的营业推广经费预算。

4. 组织营业推广方案试验

促销方案经若干步骤，并根据经验确定下来以后，还要进行先期试验。通过组织方案试验，可以发现促销形式是否合适，表现方法是否有效，以及不同市场对促销形式的反映情况等。如发现问题应及时解决，从而使促销方案更有效。方案试验的范围可视险种和市场情况而定。

5. 执行和控制营业推广方案

企业市场营销部门要制订促销方案的执行和控制计划。执行计划包括准备工作、促销方案实施的时间和步骤、应急计划等，控制计划包括修正方案的时机、方法、信息反馈等。

6. 进行营业推广方案的评估

为了改进营业推广形式，需要对营业推广方案进行评估。保险企业营业推广方案的评估，可采用以下几种方法。

（1）抽样调查法。企业可以通过对购买者和一般公众进行抽样调查，了解营业推广的效果。

（2）重点调查法。对在推广时购买本企业保险，而事后又转向购买其他企业保险的客户进行重点调查。

（3）试验法。企业还可以通过试验，在小范围内考察营业推广方案的效果。

（4）比较法。对营业推广之前、推广期间和推广之后的销售情况进行比较。

◆ 本章小结

保险促销的实质是促进营销者与潜在购买者之间的信息沟通。保险促销的手段可分为直接促销和间接促销两大类。前者指人员促销，后者又称非人员促销，可分为保险广告促销、保险公共关系促销和保险营业推广等策略。保险公司应根据目标市场的特征、保险商品的特征、竞争对手的营销策略进行保险营销组合和营销策略的选择。

保险人员促销就是保险公司的推销人员与准保户面对面地交谈或在电话联系中提供有关保险与保险产品信息的促销手段。一名优秀的保险营销人员，在仪表、品德、心理、业务、社交等方面要达到一定的素质要求。推销保险商品的过程通常包括保户开拓、实况调查、设计投保建议书、方案介绍、疑问解答和促成签约、售后服务等六个步骤。

广告是指商品经营者或者服务提供者承担费用，通过一定媒介和形式直接或者间接地介绍自己所推销的商品或者服务的商业广告。保险广告的作用是：传递保险信息，沟通保险供求；传播保险理念，引导保险消费；刺激保险需求，激发投保欲望；传播企业文化，树立企业形象。保险广告具有多种多样的内容和形式。保险广告决策通常包括确定广告目标、决定广告信息、制订广告预算、选择广告媒体、评估广告效果等五个步骤。

保险公关是指企业为宣传产品和服务、获得公众理解和支持、树立良好的企业形象而进行的一系列活动。保险公关的主要工具有出版物、事件、新闻、演说、公益活动、识别媒体等。保险企业在运用公共关系时，通常要经过明确公共关系目标、选择公关主题和公共载体、实施公关方案和评估公关效果等几个阶段。

营业推广又称销售促进，是企业促销活动中较频繁采用的一种促销方式。企业可按下列程序进行营业推广决策：确定营业推广目标，选择营业推广的形式，制订营业推广方案，组织营业推广方案试验，执行和控制营业推广方案以及进行营业推广方案的评估。

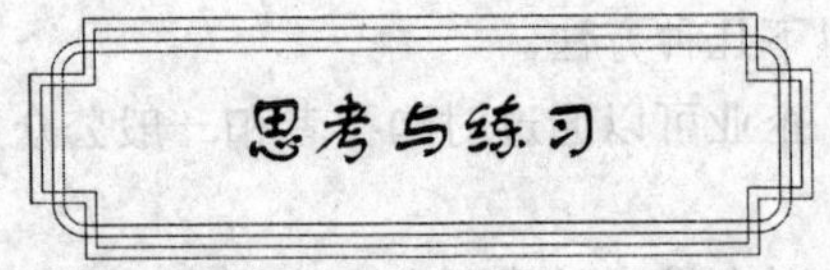

思考与练习

一、名词解释

保险促销　推动策略　拉动策略　保险促销组合　人员促销　非人员促销　保险广告促销　保险公共关系促销　保险营业推广

二、问答题

（1）保险促销有哪些作用和手段？
（2）如何进行保险促销策略的组合？
（3）保险营销人员应具备哪些基本素质和修养？
（4）保险广告促销的目标有哪些？
（5）保险公司应该如何正确选择保险广告媒体？
（6）保险公司应该如何灵活运用保险公关促销？
（7）保险公关促销的主要手段及其决策是什么？
（8）保险公司应如何进行营业推广？

第七章　保险服务策略和客户管理策略

◆ **本章要点**

本章介绍了保险服务策略和客户管理策略，其中保险服务的内容及保险服务质量评价、客户关系管理的内容与策略是本章的重点。

第一节　保险服务策略

一、保险服务的内涵

保险服务是指保险公司为社会公众提供的一切有价值的活动。这是一种现代化服务观念，它与传统性服务的最大区别在于它呈现明显的外延扩张。传统观念认为，保险公司的服务集中体现为经济赔偿与给付，只要对客户履行了赔付的保险责任，也就意味着为其提供了良好的服务，而现代化服务观念则认为，保险服务远非局限于此，围绕经济赔偿与给付这一核心所进行的各种扩散性服务，均在保险公司的服务范畴之内。

保险服务的内容包括提供保险保障、咨询与申诉、防灾防损、契约保全、附加价值服务等，其中的第一项可称之为核心性服务，其他各项可称之为扩散性服务。核心性服务与扩散性服务的关系是：核心性服务是根本，扩散性服务围绕核心性服务展开，切不可喧宾夺主。在同行业竞争激烈的情况下，以不影响核心性服务质量为前提，可以适当地增加扩散性服务的比重和种类，以便争取到更多的客户。但是，如果扩散性服务增设不当或者超过了居于主导地位的核心性服务，则会适得其反。比如，某保险公司增设有奖保险、为客户设计保险方案以及安排保额较大的客户外出旅游，假如客户并不觉得这些新增设的项目有很大的实惠和吸引力，这些新提供的项目又非本公司的独创之举，或者毫无新奇之处，就不能引起人们的特殊兴趣。然而，随着新设项目逐渐增加的新的行政管理费用却加大了公司的成本。同时，公司的员工注意力分散于多种业务，无法集中于核心服务上，对保险公司的经营活动也是不利的。

二、保险服务的特征

1. 非实体性

保险服务是一种非实物形态的使用价值，它以活动的形式提供具有特殊使用价值的劳动。保险服务的非实体性使它具有以下特性：

（1）生产过程与消费过程同时进行，即保险员工提供服务于客户的过程，也正是顾客消费服务的过程，二者在时间上统一。由于保险服务不是一个具体的物品，而是一种活动、一个过程，所以在保险服务中保险员工与顾客必定直接见面，发生直接的联系。因此，顾客只有积极地加入到保险服务的过程中来，才能得到服务，只有积极配合服务提供者的活动，才能得到完美的服务。同时，保险员工只有牢固树立顾客第一、服务第一的观念，充分了解和掌握顾客的服务需求，才能提供“适销对路”的保险服务。

可以说，顾客对服务过程的亲自参与及其在这一过程中主动与服务提供者沟通，服务提供者提供服务及其在服务过程中与顾客的互动行为，影响保险服务水平的高低，决定保险公司和顾客的关系。为此，保险公司应该有效地引导顾客正确地扮演他们的角色，鼓励和支持他们参与服务过程；了解和掌握不同客户需求的差异性，确保保险服务能够最大限度地满足顾客的要求。

（2）不可储存性。基于保险服务的生产与消费同时进行，使其使用价值不能脱离生产者和消费者而固定在一个耐久的物品上，当然也不可能像有形商品那样，被储存起来以备使用。保险服务的不可储存性，要求保险公司有效地解决保险服务供给与需求时间上的差异。

2. 差异性

差异性是指保险服务构成成分经常变化，很难统一界定。保险服务是以人为中心的活动，由于人类个性的存在，使对保险服务质量检验很难采用统一的标准。一方面，由于保险员工自身素质不同，导致不同的员工提供同样内容的保险服务会有不同的水准，另一方面，由于顾客直接参与保险服务过程，顾客本身的因素不同，也直接影响保险服务的质量和效果。差异性可能使顾客对保险公司及其提供的服务产生形象混淆，即提供了良好的服务未必得到恰如其分的评价。

3. 缺乏所有权

保险服务在其生产和消费过程中不涉及任何所有权的转移问题。既然保险服务是无形的，又不可储存，在交易完成后就消失了，所以消费者并没有“实质性”

地拥有服务。这会导致消费者产生一种担忧，感到参加保险之后，未必能得到及时有效的服务。为此，保险公司应通过各种媒体宣传自己的服务宗旨，树立良好的企业形象，化解顾客的忧虑。

4. 双重属性

保险服务即可以被看做是一种无偿的服务，体现了企业的社会精神，又可以看做是有偿服务，是企业的一种经营策略。即使是无偿的服务最终也是源自于保户所缴纳的保费。

5. 完整性

客户购买保险并不限于获得营销员的主动热情，更需要营销人员为其设计科学合理的保险计划，解答各种问题，履行合同规定的赔付。所以保险服务人员要具备相应的专业知识和技能，有好的服务态度，才会有良好的服务效果。

6. 超值性

保险公司可以为保户提供超过顾客所购买商品本身价值的服务，超过客户对保险商品的期望。一个成功的企业必定是一个能提供超值服务的企业，通过超值服务赢得客户信任，占有更多的市场。

三、保险服务内容

保险服务的内容和其他企业有所不同，它的服务内容涵盖了从售前到售中以及售后的全过程。

（一）售前服务

售前服务是指推销保险商品之前为顾客提供的涉及保险方面的服务，这是在精心研究人们保险需求心理基础上，在他们未接触到保险商品之前，用一系列激励方法来激发顾客购买欲望而提供的各项服务。保险售前服务内容十分丰富，其核心是为顾客提供方便，具体有以下各项内容：

1. 保险咨询服务

人们在投保之前需要了解有关保险信息，如保险公司的情况、险种情况、条款内容等。保险公司的员工应竭诚为顾客服务，千方百计地把顾客期望得到的信息传递给他们。

（1）保险公司应提供的资讯服务。

①用广告传递保险资讯。可以传递：理念信息、服务信息和视觉信息。即有

关保险公司的企业精神、经营宗旨、管理目标等理念信息，服务项目和服务内容即险种方面的信息，公司名称、办公条件、员工形象等视觉信息。

② 以公关活动传递保险资讯。可以通过保险新闻活动、新闻发布会、保险摄影宣传、保险赞助活动等增进与消费者的交流，树立公司良好企业形象。

(2) 保险营销员应提供的资讯服务。

一般来讲，保险公司通过媒体主要宣传企业形象等信息，而具体险种方面的信息需要借助保险营销员等具体人员来完成。顾客无法完全了解保险性质，更难以理解保险的有关术语，需要一对一地说明保险条款内容。应该说，个人提供的资讯服务比保险公司提供的资讯服务更直接、详尽、有效。

2. 风险规划与管理服务

(1) 帮助顾客识别风险。

① 帮助顾客识别家庭风险。在人的一生中随时都面临着各种风险，如生、老、病、死等，会危及人的生命和身体，造成生活不便和经济困难。然而许多顾客忽视风险存在，或者暂时没有意识到处于风险之中，保险营销员就应该帮助顾客识别主要家庭风险。

② 帮助企业识别风险。保险业务人员应深入企业，根据企业提供的有关资料，利用适当的方法，协助企业进行风险识别。例如，仓库存货有无易燃物品，机器设备有无超负荷运转等。

(2) 帮助顾客选择风险防范措施。

① 帮助顾客做好家庭财务计划。在人的一生中，不同时期有不同的特点，成长期、青年期、中年期、老年期等不同时期的财务规划应该有所侧重，有所不同。保险营销人员应该帮助顾客进行财务分析、财务规划。

② 帮助企业进行风险防范。从企业的角度来看，可以进行风险避免，也可以进行风险转移。确定是否将风险转移出去，关键是对风险自留与风险转移进行成本费用比较，保险业务人员的服务也体现在这里。风险自留在下述情况下对企业有利：自留费用低于保险人的附加费用；费用和损失分布于很长的时间，因而导致较大的机会成本；投资机会好，预期回报率高；有承受最大潜在损失的经济能力。

风险自留之后，保险业务人员的收入可能会有所减少，因此，保险业务人员不能因一己私利而损害顾客利益，将不需要转移的风险故意说成需要转移的。

（二）售中服务

售中服务是指在保险商品买卖过程中，直接为销售活动提供的各种服务，它是销售实现的关键环节。其主要内容有：

1. 迎宾服务

只有对顾客主动热情、耐心周到，才能为公司招徕生意。迎宾服务是售前与售中服务的中间环节，既指纯服务性的迎宾服务，也指销售操作的第一程序。优质迎宾服务带给顾客的第一印象是其他服务项目代替不了的。在迎宾服务中，要求保险公司有关人员微笑服务，有良好的服务态度，如诚恳、热情、虚心等，有优美的服务行为。

2. 承保服务

即从业务接洽、协商、投保、审核、验险、接受业务、制单、收取保费到复核签章、清分发送、归档保管等。

3. 技术性服务

对投保的客户进行保险业务指导，提供快捷有效的服务。

4. 建立保户档案

例如，财产保险中，单位名称、法人代表、拥有的财产情况、坐落位置、防灾情况等。

（三）售后服务

售后服务是在保险商品销售后，保险公司为客户提供的服务的统称。

1. 为保户提供售后服务的理由

售后服务最能体现保险公司或营销员的特色；保户购买的就是服务而不仅仅是保险商品；售后服务的质量往往左右客户的选择；可以发掘客户的其他需求；可以塑造专业形象；可以随时掌握客户信息；等等。

2. 售后服务的工作内容

(1) 营销员：应把握一切机会与保户保持密切联系，送小礼品、打电话问候、定期拜访等。

(2) 保险公司：① 提供防灾防损服务。保险公司可以采取各种措施，尽量减少保险事故的发生以减少损失。具体来讲，包括灾前的安全防范、灾中的抢险救灾、灾后的清理评估等。保险防灾虽然是无偿的，但根本上是为了减少事故发生，减少损失，并提升企业形象。② 提供理赔服务。当保险标的发生保险事故后，保险人根据保险合同规定履行赔偿或给付责任，对被保险人提出的索赔进行处理。在这一过程中，应当迅速、准确、合理地处理赔案。理赔时要实事求是、坚持“主动、迅速、准确、合理”方针。③ 提供契约保全服务。维护已生效的保单，及时作保单相应的变更。④ 咨询与申诉制度。及时提供咨询答复与申诉回复。

（四）附加值服务

所谓附加值服务是保险公司为符合其条件的客户提供的正常服务之外的服务。由于保险市场竞争日趋激烈，各家保险公司所提供的保险商品和服务越来越向同质化方向发展，因此要想在竞争中取胜，关键在于能否为客户提供个性化的附加值服务。

附加值服务并不包括在保险公司正常的服务范围内，而是保险公司为客户提供的额外服务内容。因此，保险公司提供附加值服务也是有条件的，通常只有那些在保险金额达到一定数目的客户才能享受。另外，有些大的团体由于影响力比较大，也可能享受附加值服务。提供附加值服务的主要目的是加强投保人和保险公司之间的联系和沟通，提高那些高价值客户对公司的忠诚度。附加值服务和保险公司的客户服务在本质上是相同的，都是保险公司为客户提供的服务内容，但在一定程度上附加值也可以转化为正常的客户服务内容，即当某家公司提供的附加值服务开始成为业界的共识时，如果哪家公司不提供，就会失去客户，在这种情况下，附加值服务就转化为正常的服务内容了。

从目前来看，各家公司推出的附加值服务主要包括以下几个方面：

1. 免费体检

为了留住现有客户，同时控制可能存在的各种风险，尤其是保险金额较高的客户，为他们提供免费体检是一个重要手段。

2. 举办各种客户联谊活动

举办客户联谊活动是增进保险公司和客户之间感情的重要手段。一般来说，重大节日是举办客户联谊活动的良好契机。各家保险公司都会利用这个时机举办活动，比如在“六一”儿童节举办少儿活动，吸引家长携带小朋友参加，以增加客户对公司的忠诚度。

3. 设立保险医疗“绿色通道”

在医疗保险的理赔过程中，客户要想获得保险公司的理赔需要办理多次手续，还要为理赔提供各种准备资料，手续相当烦琐，尤其对于那些初次理赔的客户，非常麻烦，因此许多保险公司为减少客户的麻烦，同时也减轻保险公司的工作压力，设立了专门的保险医疗“绿色通道”。通常的做法是由保险公司和相关的医疗机构达成协议，为保险公司的客户提供无障碍的全方位医疗服务，一旦保险公司的客户患病在医院诊治或住院，可以免交保险责任范围内的费用，把以后需要客户理赔改变为医疗诊治后当即解决，避免事后办理索赔手续的麻烦。开辟保险医疗“绿色通道”的保险公司，一般会在医院门诊部设立专区，出示“保险医疗卡”，经医院确认后，由服务人员引领前往专科诊室就诊。需要住院治疗的，也做妥善安排。患者在保险责任范围内的费用不需自己交纳，而由保险公司和医院统一结算。

4. 提供急难救助

急难救助服务是保险公司为持有该公司保单、累积交纳保费超过一定数量的客户提供的一定范围内的救助服务。一般来说，持有此卡的客户会享有以下服务：①紧急医疗咨询。即持卡人在异地遭遇意外伤害或患病需要帮助时，保险公司可以提供医疗咨询服务，并且代为介绍医疗机构和医生。②安排医生诊治。即当持卡人请求且情况紧急时，保险公司可以帮助客户联系医生前往治疗，但费用先由被保险人自己垫付。③公司代垫住院费用。即持卡人在外地经确诊需要住院而无法立即支付住院费用时，保险公司可以在一定范围内代为垫付。④医疗转运服务。即当持卡人遭遇紧急事故，经确诊需要转院治疗时，保险公司可以护送被保险人至适合治疗的医疗机构，当有需要时，保险公司也可以在一定范围内垫付治疗和转院费用。⑤紧急信息传播与病情追踪。即当持卡人遭遇紧急事故时，保险公司可将其情况通知家人，也可以在病人住院期间派专家对病情进行追踪，了解治疗情况并及时和病人家属、医院沟通。⑥亲属探访。即当持卡人遭遇紧急事故连续住院在 14 天以上，并经医生确定需要继续治疗时，保险公司可协助持卡人亲属前往事故发生地探访。

5. 提供商户消费卡

商户消费卡是指保险公司同一些商户签订协议，当保险公司的客户持卡在这些商户消费时可以享受一定的消费优惠，这些商家也会为持卡人提供一定程度的消费便利和特别服务。一般只有客户购买保险达到一定程度时保险公司才会为其发放商户消费卡。有些卡不仅具有消费优惠的功能，还具有金融卡的功能，同银行卡一样办理存取款、代缴各种收费等。

6. 提供健康保险卡

当客户购买了一定数量的健康保险的保单后，保险公司就可能为其提供健康保险卡。客户持有健康保险卡前往指定医院就诊时，可以享受医院提供的优先服务。具体的内容各家保险公司不尽相同，但一般都可享受比较便利的服务，减少烦琐的手续。

四、保险服务质量

（一）保险服务质量

为保险服务质量下定义是一件困难的事情：一方面，由于服务的非实体性，无法制订明确的质量标准来衡量服务质量；另一方面，由于保险服务产品的生产与消费同时进行，所以也不可能通过控制生产过程以保证产品质量的方法来使其符合规定的质量标准。可见，保险服务质量与有形产品的质量在内涵上有很大的差别。一般而言，保险服务质量可以从以下几个方面来理解：

1. 感知服务质量

即顾客感觉到的服务质量与他们所期望的服务质量对比，如果顾客对服务感知符合或高于其预期水平，则他们获得了较高的满意度，从而会认为保险服务的质量比较高；反之则认为保险服务质量比较低。

2. 项目质量与职能质量

如果一项服务自身的职能不能发挥，无法提供给顾客所需要的实质性服务，即使服务人员的态度再好、交流技巧再高也于事无补。反之，即使通过服务提供给了顾客所需要的东西，但由于服务态度恶劣、交往笨拙，也可能给顾客留下服务质量差的印象。

3. 企业形象与质量判断

企业形象在保险服务过程中不可避免地影响客户对服务质量的评价，如果事先有比较好的企业形象认同，可能在接受服务的过程中会强化这一感觉，从而觉得服务质量很好，如果事先对保险企业形象不认同，可能会强化另一种感觉，即认为这家保险公司果然不行，即使服务质量实际上比较好，但客户的评价会很低。

4. 体验质量与预期质量

顾客对服务质量的判断取决于预期质量与实际感知质量的差。如果预期太高，则很可能会“失望”，从而形成对该保险公司服务质量“不好”的评价。

（二）保险服务质量的影响因素

保险服务质量取决于两个方面：一是保险公司外部的因素，即客户的感知；二是保险公司内部的因素，即全体员工的表现。

1. 保险公司外部因素

（1）顾客对服务的期望与对保险公司感觉的差距。顾客到保险公司投保总是抱有一定的期望，如服务的项目多、服务态度好、保险范围广、手续简便等。而保险公司对于客户的这些期望很难准确进行预测，例如，保险理赔中，客户普遍比较低调，但是保险公司往往会借机炒作，导致客户反感，而保险公司还茫然不知。

（2）保险公司对顾客期望的认识与所能提供服务质量的差距。有时，保险公司可能认识到了顾客的期望，但是受到各种条件制约，很难使这些期望得以实现。

（3）提供服务过程与外部沟通之间的差距。保险公司在广告宣传时不可避免地会提升客户对于保险公司服务的期望，但实际上广告宣传中的很多服务项目很难长期保持如广告宣传般令人满意，从而使客户产生不满情绪。

2. 保险公司内部因素

保险公司的服务质量最终取决于顾客的评价，而顾客的评价则取决于保险员工的表现。

（1）管理者的原因。

① 是否真正了解顾客的愿望。管理者很难再与客户打交道，自然无法掌握客户最新的信息。

② 是否把顾客期望充分体现在所制订的服务质量标准上。

③ 对员工的要求是否恰当，如着装要求。

④ 员工对管理者的要求不清楚。

（2）员工素质。

① 团队精神，员工是否将个人利益放在集体利益之下，是否团结一致，真诚相待。

② 员工是否胜任，有否接受持续培训，有否掌握新的工作技术。

③员工控制力，保险公司的员工应该学会控制自己的情绪，创造愉快的工作环境，让顾客得到满意的服务。

（3）服务项目和手段。

更多的服务项目和手段选择一般会提升客户的满意度。

（三）保险服务质量的测定

保险服务质量测定是由顾客完成的，一般来说，顾客评价服务质量主要考虑可靠性、反应性、保证性、同情心、有形化这五个方面。

（1）可靠性，即保险公司能保质保量地完成所承诺的服务。

（2）反应性，即保险公司随时准备提供快捷有效的服务。

（3）保证性，即保险公司员工的友好态度和工作的胜任能力。

（4）同情心，即以“感同身受”的情怀为顾客提供个性化的服务，真诚地关心客户。

(5) 有形化，即将无形的服务以实体设施、设备、服务人员以及各种传播材料呈现和反映出来。

（四）保险优质服务策略

保险优质服务策略是指为实现保险营销服务目标而采取的行动方案与对策，是保险促销及提高市场竞争力的重要手段。保险企业常用的优质服务策略有以下五种。

1. 创新化服务策略

也叫特色化或差别化服务策略，指保险企业通过开发有别于竞争对手的新服务、新险种或运用新的服务方式，树立自己的市场形象，赢得市场竞争的策略。它包括三方面内容:

(1) 保险产品的创新化。主要表现在: ① 开发竞争者所没有的新险种；② 赋予老险种新的特色内容；③ 险种组合的创新化。

(2) 新服务方式的创新化。其主要表现是: ① 手续简便或服务更高效；② 新的分红方式，如人寿分红保险、投资联结保险、家庭财产分红保险等；③ 新的销售方式；④ 新的定损赔付方式；⑤ 新的防灾防损途径；等等。

(3) 服务内容的创新化。

2. 客户满意服务策略

指保险企业向客户提供全方位、高质量及特色化的服务，赢得客户首肯和赞誉的一种服务策略。它也是保险营销的重要策略。为此，保险企业应与社会公众及客户经常保持联系，随时了解客户对服务质量的意见和建议，并通过改善人员素质和办公设施、服务途径等，尽量让客户满意。具体应做到: ① 坚持定期拜访顾客或召集顾客座谈，听取其意见和建议；② 妥善处理客户投诉，尽量使其满意；③ 强化公关宣传，让更多的人了解本公司的优质服务及特色。

3. 加强防灾防损服务策略

防灾防损是客户服务的重要内容，也是保险企业的基本任务之一，保险企业应积极参与并协助保户搞好防灾防损工作，确保保险标的安全。加强防灾防损服务，既能产生良好的社会效益，获得保户的信任，又能减少赔付款支出，提高自身经济效益，是一种一举多得的服务策略。

4. 客户服务形象策略

客户服务形象是指保险企业通过提供各种客户服务而给公众留下的印象。它是保险企业形象的重要组成部分，事关保险营销的兴衰。客户服务形象包括服饰着装、服务态度、内容、范围、方式和手段等。因此，热诚虚心的服务态度，优雅大方的服务行为，丰富多彩的服务内容，广泛的服务范围等，都有利于树立良好的服务形象，增强公众对企业的信任感，进而提高保险企业声誉，促进营销事业的发展。

5. 客户服务品牌策略

创一流服务品牌事关保险企业未来的生存和发展，是赢得市场的重要策略。客户服务品牌包括公司标志产品、服务管理、企业文化、价值标准、道德规范等因素，通常通过司徽、司歌、职工制服、电视广告等媒介，以及员工服务质量展示给社会公众。其基本功能就是强调本公司与众不同的产品和服务，进而吸引客户，确立自己的市场优势。一流服务品牌都具有新颖独特、形象好记等特点，是公司的宝贵财富。要创建服务品牌，应做到：① 要以人为本，留住人才。人才是品牌的创造者、建设者和维护者。② 以客户为中心，提供尽善尽美的服务。③ 强化品牌建设与维护管理。④ 加强媒体宣传、扩大品牌影响。⑤ 加强员工培训和服务创新。

第二节 保险客户管理策略

在传统的保险行业中，保险公司和客户保持的只是一种松散的保险合同关系，保险公司只在客户需要理赔或其他服务的时候才会和客户联系，在客户和公司的交往中，保险公司总是处于被动的状态，这种客户占据主动位置的“企业—客户”关系在以前的经济环境中有一定的生存条件。但随着市场经济的发展尤其是市场竞争的加剧，这种传统的模式越来越不能适应市场的需要，市场竞争的激烈也同时意味着客户可以有更多的选择，客户开始在进行选择时占据主动的位置，而保险公司也开始由以前的被动应对客户转变为主动与客户沟通交流。供需情况的改变对“企业—客户”关系产生了深刻的影响，在新型的市场环境中要想占据领先位置，不仅要主动为客户提供服务，还要加强对客户兴趣爱好的研究，对不同的客户进行档案管理，以便更好地针对不同客户提供不同的产品。在这种新型的市场环境中，能够与客户建立良好的关系，对客户信息进行有效的管理，是企业的核心竞争力。市场发展催生了客户关系管理的发展，客户关系管理也就应运而生。

一、客户关系管理的定义

客户关系管理（Customer Relation Management，CRM）是以提高客户获得、

客户保留、客户忠诚和客户创利为目的，是一个建立将客户信息转化为积极的关系管理的反复循环的过程。

从微观角度来看，CRM 要求在与客户接触时，公司应将与客户接触和简单的营销活动区分开来，双方的沟通与交流必须是双向的，公司应将客户的资料和相关信息记录在案并进行管理，如果没有对客户信息进行有效的管理，就不会存在有效的客户关系；从宏观角度来看，公司应该利用综合联络中心创造和充实动态的客户交互环境，产生覆盖全面渠道的自动客户回应能力，整合全线业务功能并实时协调运营，拓展和提高客户交互水平并将其转化为客户知识的客户关系技术。

CRM 的功能是将销售管理、营销管理、客户服务支持等方面的工作进行有效整合，要求企业对客户生命周期有完整的认识，提供与客户沟通的统一平台，提高员工与客户接触的效率和客户反馈率，实现前台业务和后台业务领域的整合。CRM 是可测量的并可用于增加价值链的赢利能力，它的运行划分为执行型和处理型两类工作，前者是执行系统管理和战略实现功能，后者是适合各类客户使用的支持和决策工具。

二、客户关系管理的目标

CRM 主要实施于保险企业的市场营销、客户服务和技术支持等与客户相关的部门，其实施目标主要有以下几个：

（一）培育更多忠诚的客户

CRM 不仅是一种管理手段，更是一种全新的营销管理理念。利用 CRM 系统，保险企业能通过客户信息库，清晰地了解客户的姓名、年龄、家庭状况、工作性质、收入水平、通信地址、个人兴趣爱好以及保险需求偏好等信息，为他们度身定制产品，进行“一对一”的个性化服务，把客户想要的产品和服务及时地送到他们的手中，真正做到“以客户为中心”，赢得客户的“忠诚”。保险公司为了能够快速、有效获取大量客户信息资源，首先应由公司专业部门通过相关渠道，按部门、按系统、成批量地去搜集客户信息，再把客户信息纳入客户信息资料库，通过在客户信息资料库中对客户进行筛选并进行拜访和服务，争取把部分客户资源变成准客户，最终变成公司客户。

客户资料库可分为“客户信息库”“准客户资料库”和“客户资料库”。客户信息库是公司通过不同渠道在社会上广泛搜集，还未经过初选、整理的客户资料库，以及经过初选、整合后公司认为暂不具备准客户条件或已经在其他公司投保，暂不准备加保的客户资料库；“准客户资料库”是在“客户信息库”的基础上，经过筛选、论证而形成的；那些经过论证确实已有投保要求的准客户，则形成“客户资料库”。客户资料建立的方法有：姓氏建立法、区域建立法、阶层建立法、收入建立法、职务建立法、职称建立法、部门建立法、系统建立法、年龄建立法、生日建立法、保费建立法、保额建立法。总之，要分门别类将客户资料整理出来，输入电脑。这样便于将客户资料进行排队、分析、筛选、调阅与查找，根据这些有选择的资料就可以有步骤地、有针对性地对不同类型或处于不同阶段的客户进行不同性质的沟通、拜访和服务。

对于资料库中的客户特别是大客户，公司要特别重视；对于准客户资料中的客户，公司对他们要像对待客户一样温暖，争取把他们发展成为新客户；对于信息资料库中的客户，要认真筛选，把有投保因素的客户及时选到准客户资料库中。

（二）最大限度降低保险企业的成本

CRM 通过对客户信息的管理和挖掘，保险企业能够依据不同客户过去的投保行为，分析他们的不同保障偏好，预测出他们未来的投保意向，据此有针对性地分别对他们实施不同的营销活动，避免大规模广告的高额投入，从而使企业的营销成本降到最低，而营销的成功率达到最高。

（三）建立呼叫中心实现服务自动化

保险企业应通过建立电话呼叫中心，实现各种保险服务和客户投诉等的自动化。使客户只需拨打一个统一的电话号码，就能得到“直通车”式的服务。最后应强调：电话中心、客户服务柜台和网站的建设水平和完善程度，是衡量保险公司整体服务水平的标志。电话中心作为一种能与客户保持直接联系的新型营销渠道，在保险公司的经营管理中发挥着越来越重要的作用：

1. 提高满意度，增强忠诚度

对一家保险公司来说，如何通过各种方式，在保险公司与客户之间建立顺畅的沟通渠道，让客户经常感受到公司的关心，并且不断增加客户满意的服务项目，已成为决定保险公司前途和命运的关键问题，必须认真思考。电话中心以其方便、快捷的方式，成为保险公司客户服务的重要手段之一。

2. 降低服务成本，有效管理资源

保险公司的客户服务需要庞大的支持系统，包括人力系统、数据系统、设备系统及通信系统等各方面的支援。只有通过先进的技术手段将上述系统紧密集成起来，才能形成高效的客户服务。随着 CTI（computer telephony integration，计算机电话集成）技术、Internet 技术的飞速发展与融合，产生了由先进的计算机系统

集成的电话中心，它极大地改进了保险公司与客户接触的广度和深度，引起了一场保险公司客户服务方式的革命。同时先进的管理思想越来越融入电话中心的核心设计中，使保险公司对资源的管理更加有效。实践证明，管理系统的完善可以极大地提高电话中心的工作效率，使超大型、多功能的电话中心得以实现。

3. 拓宽销售渠道，挖掘市场资源

在保险竞争中，各种销售手段的灵活运用是取胜的有力武器。而将客户的投诉和抱怨化为销售机会更是一种高明的销售技巧。当客户拨打服务电话，电话中心坐席员可以及时访问数据库将客户的问题转化为销售机会，将客户的误解、抱怨转化为亲切的服务。同时，坐席员还可以通过向客户介绍新险种、服务项目的方式来回答客户的提问。有条件的电话中心还可以进行呼出服务，主动访问客户，使潜在的客户资源得到开发。

4. 提供分析数据，推动业务发展

电话中心直接面对客户，接触的是真实的保险需求。利用电话中心的计算机系统将市场数据加以统计分析，对客户的险种需求、服务需求加以提炼、总结，将对保险公司的业务发展起到积极的推动作用。这些珍贵的市场数据是每一家保险公司都急需的，也是电话中心在运营中不断体现重要性、不断升值的原因之一。因此，保险公司的电话中心绝不是单纯的成本中心，而是潜在的利润中心。

三、客户关系管理的内容

CRM 的基本内容主要包括客户信息管理、中介人管理、时间管理、潜在客户管理、销售管理、电话销售、客户服务、呼叫中心、电子商务等。保险企业的客户关系管理主要围绕上述几个方面展开。

1. 客户信息管理

包括客户自然状况的基本信息；与此客户相关的基本活动和活动历史；联系人的选择；投保意向资料的输入和跟踪；建议书和保险合同的形成；客户的分类；客户信用程度的分析与确定等。

2. 中介人管理

包括中介人概况的记录、存储和检索；跟踪其与客户的联系；中介机构的内部设置概况等。

3. 时间管理

包括设计约见、活动计划；进行事件安排，如会议、电话、电子邮件、传真；

备忘录；进行团队事件安排；查看团队中其他人的安排，以免发生冲突；把事件的安排通知相关的人；任务表；预告统一提示；记事本；电子邮件。

4. 潜在客户管理

包括业务线索的记录、升级和分配；销售机会的升级和分配；潜在客户的跟踪。

5. 销售管理

包括组织和浏览销售信息，如客户、业务描述、中介人、时间、销售阶段、业务额、可能结束的时间等；产生各销售业务的阶段报告，并给出业务所处阶段、成功的可能性、历史销售状况评价等信息；对销售业务给出战略、战术上的支持；对地域（省市、邮编、地区、行业、相关客户、联系人等）进行维护；把销售人员归入某一地域并授权；地域的重新设置；根据利润、领域、优先级、时间、状态等标准，用户可定制关于将要进行的活动、业务、客户联系人、约见等方面的报告；销售费用管理；销售佣金管理；应收账款管理。

6. 电话销售

包括电话簿；电话列表（列出业务、客户与联系人的对应关系）；把电话号码分配到销售人员；记录电话细节并安排回电；电话内容草稿；电话录音、电话统计和报告；自动拨号。

7. 客户服务

包括服务项目的安排、调度和重新分配；事件的升级；跟踪与某一业务相关的事件；事件报告；服务协议和合同；订单管理和跟踪；问题及其解决方法的数据库。

8. 呼叫中心

包括呼入呼出电话处理；互联网回呼；呼叫中心运行管理；电话转移；报表统计分析；通过传真、电话、电子邮件、打印机等自动进行资料发送；呼入呼出调度管理；客户投诉管理。

9. 电子商务

包括个性化界面、服务；网站内容管理；店面；保单和业务处理；销售空间拓展；客户自助服务；网站运行情况的分析和报告。

四、客户关系管理策略

（一）客户分类管理

客户是保险公司的安身立命之本，但是不同的客户其赢利能力是不同的，而服务客户是要付出成本的。因此，保险公司应该对客户进行分类管理，将有限的资源配置到赢利产出最佳的客户身上。通过对客户进行差异分析，识别保险公司的“金牌”客户。

1. 客户分类管理的内容

(1) 哪些客户导致了保险公司成本的发生。

(2) 保险公司本年度最想和哪些客户建立关系，如何选择出这些客户。

(3) 上年度有哪些大宗客户对保险公司的产品或服务多次提出了抱怨，列出这些企业。

(4) 去年最大的客户今年是否继续投保，找出这些客户。

(5) 是否有些客户从本公司只选择一两种保险产品，却从其他地方选择很多种保险产品。

根据客户对于本保险公司的价值(如市场花费、保险收入、与本公司有业务交往的年限等)，把客户进行分类。

2. 客户分类管理模型

下面介绍一种客户分类管理的四层层级划分的客户层级模型。

(1) 铂金层级。铂金层级客户代表那些赢利能力最强的客户，他们对价格不太敏感，愿意花钱购买，对保险公司比较忠诚。

(2) 黄金层级。黄金层级客户没有铂金层级客户的赢利能力强，他们对保险公司也没有那么忠诚，往往与几家保险公司合作，以降低自身的风险。

(3) 钢铁层级。钢铁层级包括的客户数量很大，但他们的消费支出水平、忠诚度、赢利能力不值得保险公司特殊对待。

(4) 重铅层级。重铅层级客户不能给保险公司带来赢利。他们的要求很多，超出了他们的消费支出水平和赢利能力对应的要求，有时他们是问题客户，向他人抱怨，消耗保险公司的资源。

3. 客户分类管理的意义

(1) 能让保险公司的资源分配更有效。因为许多客户挤占了保险公司的时间、精力和员工的情感，而对保险公司的回报很少或根本无益，所以保险公司不应该在所有的客户上花费相同的时间。

(2) 通过对顶级客户提供优质服务，保险公司的声望可以提升，其竞争地位也随之提升。

(3) 因为不同层级的目标不同，所以向不同的客户提供不同的服务更能满足客户的需求，如果能清楚地划分客户需求，就能为不同层级开发新的服务，为目标市场提供更有针对性的产品，这样保险公司在市场上成功机会更大，更能满足客户的要求。

（二）客户忠诚度管理

客户忠诚是指客户始终忠于一个保险公司，购买其产品和服务，并帮助保险公司改进形象和经营。客户忠诚能够刺激保险公司的收益和业务增长，客户不仅会续签保单，而且还会从这一保险公司购买额外的保险产品并可能将保险公司的产品介绍给其他消费者。一般情况下，保险公司可以通过两个指标分析客户忠诚度。

(1) 保持率。是指始终坚持购买一个保险公司的产品的客户比率。客户的保持率越高，就表明该客户的忠诚度越高。

(2) 购买份额。是指客户的业务占公司拥有的特定产品种类或产品系列的比例。客户的购买份额越高，客户的忠诚度相对也越高。

（三）新客户开发

对于保险公司来说，老客户并不是唯一重要的，新客户也绝非可有可无。美国著名的经销商波库克根据多年积累的经验提出了这样一个观点——“新客户是招揽生意的有力来源”。他认为，“新客户对于他们刚买到的商品既是喜又是爱，如果此商品使用后确实很方便，他们会赞不绝口，乐于向他们的亲朋好友推荐。通过这些新客户，你就可以开发出许多潜在客户”。所以，保险公司的营销人员必须不断地开发新的客户。进行新客户开发之前，应首先搜集新客户的有关资料，然后将客户资料进行归档，实施“建档管理”。客户档案一般包括客户的特征、需求、交易能力等信息。日本保险大师原一平对准客户进行分类管理的方法就是其成功进行新客户开发的“助推器”。原一平从事保险推销工作 50 年，他积累的准客户近 3 万个。他把这些准客户根据成交的可能性，分为 A～E 级，建立他的准客户卡。

“A”级是在投保边缘的准客户。这一级的准客户，经奉劝可以随时投保。

“B”级是因某种因素而不能立刻投保的准客户。但这一级的准客户，只要稍假以时日，都会晋升到“A”级。

“C”级的准客户与“A”级的相同，原来都属随时会投保的准客户，但因健康原因，目前被公司拒保。

“D”级的准客户健康没有问题，不过经济状况不太稳定。由于收入不稳定，长期支付保费成问题。对于此类准客户有待他们的经济状况改善后再行动。

“E”级的准客户对保险的认识还不够，还须再下工夫进行深入调查。

原一平一旦与每一级准客户接触，就会将获得的信息资料记录在相应的卡片上，最后形成较完整的客户档案，针对不同的客户特点进行开发。

应该注意的是，在开发新客户时，一定要考虑新客户的“质”。通常保险公司在开发新客户时，都因过多地考虑客户的数量而忽略其质量。比如，不能因为提高客户的数量，将所提供的险种的档次降低，这样虽然短时间会吸引更多的新客户，但从长远来看，会损害保险公司的赢利，使原来的老客户产生不满，因为开发过多的客户，可能会分散维系现有客户的精力。

（四）客户信息资料的管理

CRM 可以通过先进的信息与通信技术、数据仓库和数据挖掘技术，分析现有客户和潜在客户相关的需求、模式、机会、风险和成本，从而最大限度地赢得保险公司整体经济效益。就保险公司来说，基于信息技术的 CRM 系统通过对积聚于保险公司的大量数据进行综合分析，识别在市场竞争中最有利可图的客户群，确定目标市场，将客户通过多种指标进行分类，针对不同的客户，实施不同的策略，为目标客户群提供一对一、符合客户心理的服务。同时通过分析各种数据之间的关联，衡量客户的需求、忠诚度、满意度、赢利能力、潜在价值、信用度和风险度等指标，为保险公司管理层提供正确的决策支持，提升其竞争能力和赢利能力。

◆ 本章小结

保险服务是指保险公司为社会公众提供的一切有价值的活动。保险服务具有非实体性、差异性、缺乏所有权、双重属性、完整性、超值性的特征。保险服务主要包括售前服务、售中服务、售后服务和附加值服务。保险服务质量与有形产品的质量在内涵上有极大的差别，一般而言，保险服务质量取决于保险公司外部的因素（即客户的感知）和保险公司内部的因素（即全体员工的表现）两个方面。顾客评价服务质量主要考虑可靠性、反应性、保证性、同情心、有形化这五个方面。保险企业可通过创新化服务策略、客户满意服务策略、加强防灾防损服务策略、客户服务形象策略、客户服务品牌策略来提升服务质量。

客户关系管理（CRM）以提高客户获得、客户保留、客户忠诚和客户创利为目的，是一个建立将客户信息转化为积极的关系管理的反复循环的过程。CRM 的目标有：培育更多忠诚的客户、最大限度降低保险企业的成本、建立呼叫中心实现服务自动化。CRM 的基本内容主要包括客户信息管理、中介人管理、时间管理、潜在客户管理、销售管理、电话销售、客户服务、呼叫中心、电子商务等。客户关系管理策略包括客户分类管理、客户忠诚度管理、新客户开发、客户信息资料的管理等。

思考与练习

一、名词解释

售前服务　售中服务　售后服务　附加值服务　客户关系管理

二、问答题

（1）保险服务的特征有哪些？

（2）保险服务具体包括哪些内容？

（3）保险公司应该如何提升服务质量？

（4）保险服务质量的影响因素有哪些？

（5）客户关系管理的内涵是什么？

（6）客户关系管理的目标是什么？

（7）客户关系管理的策略有哪些？

第八章　保险营销渠道策略

◆ **本章要点**

本章主要涉及保险营销渠道的概念、功能、种类，保险营销渠道的选择策略及影响因素等内容。

第一节　保险营销渠道概述

一、保险营销渠道的概念

保险营销渠道又称保险销售渠道、保险营销体系，它是指为完成保险市场交换活动而进行一系列保险营销活动的组织和个人所形成的体系，是联系保险公司和顾客之间的桥梁，是保险商品顺利流通、交换的关键。

保险营销渠道的起点是出售保险产品的保险公司，终点是购买保险产品的各种客户，而参与这个保险产品从保险公司向客户转移过程的每个人和组织都是保险营销渠道的组成部分。因此，一个完整的保险营销渠道不仅仅包括保险产品的生产者——保险公司和消费者——客户，还包括为把产品从生产者转移到消费者而提供便利的一切组织和个人。我们把这些组织和个人称为营销渠道成员。这些处于中间地位的组织和个人是保险营销渠道的重要组成部分。

二、保险营销渠道的功能

从保险供给和需求的角度来看，保险营销渠道的基本功能是：将满足不同保险需求的不同险种转变为顾客所需要的有现实意义的保险组合，即通过保险营销渠道，根据顾客的现实保险需要，对保险公司的险种进行组合搭配，为顾客设计保险消费方案，满足顾客的保险需求并使之消费效用最大化。它消除和克服了保险公司与保户之间在时间、地点、所有权等方面的各种矛盾，即保险营销渠道扮演着一个撮合保险供给和保险需求的重要角色。简而言之，保险营销渠道所执行的功能是将保险商品由保险公司转移到保险消费者手中。具体而言，保险营销渠道所有渠道成员所执行的功能主要有：

(1) 沟通保险信息。搜集与传递有关保险营销环境中各种力量和因素变动的信息，并对其加以分析、研究和整理，以利于保险营销规划与促成保险交易。

(2) 促销。利用各种可能的营销渠道，通过生动、活泼的保险宣传，发掘并传播保险商品的说服性信息。

(3) 接触。主动寻找潜在的顾客并与之保持经常性的联系和沟通。

(4) 配合。使所提供的保险服务能够最大限度地满足顾客的需要，包括数量与险种的组合等。

(5) 双向选择。保险营销既是保险公司选择最合适的顾客的过程，同时也是顾客选择最满意的保险公司和最佳保险服务的过程，保险营销渠道的所有成员必须善于并尽最大努力促成这种双向选择的达成。

(6) 实际购销。即购买和销售功能，就保险经纪人而言，是代表顾客选择、评价和购买适当的保险商品。对于其他保险营销渠道的成员而言，就是销售保险商品。购销功能主要是完成保险商品所有权的转移。

(7) 资金融通。资金（主要指保费收入，有时也是佣金）的取得和周转，以满足销售工作的各项成本。

(8) 风险承担。承担保险营销所带来的直接风险，主要指保险责任风险。

前五项功能主要是为了促成保险交易的达成，后三项功能则在于帮助履行交易。但总的来看，不管是哪项功能，都必须有人完成。在保险营销渠道中可以取消某一环节的人员设置，但不能取消任何一项功能，而且谁能以最低的费用完成，就应该由谁来承担。实践证明，保险公司往往愿意借助中间商完成以上功能。这样保险公司可以集中财力做好自己的主要业务（主要指保险险种的开发和资金的运用）。而中间商则可以凭借自己的专业知识、经验和活动规模，常常能比保险公司完成得更出色，特别是在寿险营销中，中间商的作用表现得更突出。

第二节 保险营销渠道的种类

保险营销渠道是指保险这一产品从保险企业向购买者转移过程中所经过的途径。一般来说，保险产品销售主要通过直接营销渠道和间接营销渠道来实现。

一、直接营销渠道

直接营销渠道也称直销制，是保险公司利用本公司的专属员工，向顾客提供各种保险险种和服务的保险营销渠道。通俗地讲，即保险公司在编外勤人员直接向顾客推销、销售保险单的方式。采用直接营销渠道时保险公司直接与投保人建立关系。直接营销渠道的销售过程与其他营销渠道类似，也包括传递给准保户销售信息、接受投保申请、签发保险合同等。

(一) 保险直销的形式

1. 外勤人员销售

即由采取直销制的保险公司配备的专门从事保险推销、由公司支付薪金的外勤人员销售产品。这些外勤人员是保险公司的员工，代表保险公司与客户接洽，并与客户洽谈投保与承保事宜，负责向客户招揽业务、推销产品、核保、收取保费及提供其他服务等。外勤人员的行为必须受其与保险公司签订的推销合同的约束。

2. 保险门市部销售

这是由保险公司在公司本部或特定场所设立的直接招揽保险业务的部门向顾客直接销售保险产品。在保险公司本部设立的门市部面向本地区的全体保险客户或潜在的保险客户；在特定场所设立的保险门市部则面向特定的保险客户，如在飞机场、港口、车站等场所设置的保险业务专柜，目的是承揽这些公共场所的流动人口投保的意外伤害险、运输险等。

3. 分支机构销售

保险公司设立分支机构的目的是提高市场份额。由于分支机构更接近保险客户，直接招揽与承保业务便成为保险公司分支机构的重要任务。不过，保险公司分支机构除继续延伸保险办事处承保业务外，仍然主要依靠外勤人员和保险门市部直接销售保险产品。

(二) 保险直销渠道的利弊分析

1. 直接营销渠道的优势

直接营销渠道无论独立利用还是与其他营销渠道联用，均可使保险公司有效控制承保风险，保持业务量的稳定。其优点如下：

(1) 有利于控制保险欺诈行为的发生。由于保险公司的业务人员稳定性强又比较熟悉业务，因而，不易发生误导或欺骗投保人的道德风险，给保险消费者增加了安全感。

(2) 有利于树立公司良好的品牌。采用直销制，保险公司的业务人员直接代表保险公司开展业务，具有较强的公司特征，从而在客户中树立起公司良好的外部形象。

(3) 有利于降低业务成本和营销成本。采用直销制，公司员工享有固定的工资和福利，员工的培训费用少于代理人员的同类费用，因而能维持营销系统较低的成本，使公司产品在费率上有竞争力。

(4) 有利于稳定与客户的关系。直接营销人员能够准确地安排时间，在合适的时候去接触潜在客户，从而有利于建立与保险客户之间的长期关系。

2. 直接营销渠道的弊端

通过直接营销渠道销售保险，保险公司可保持稳定的业务量。但鉴于保险服务，特别是人寿保险需要与大量的目标顾客进行长时间的接触，而保险公司基于财力所雇用的直销人员总是相对较少，这样，以有限的人力面对无限的市场，其弊端显而易见。主要表现在以下几个方面:

(1) 有限的直销人员只能提供有限的服务，不利于公司争取更多的顾客。

(2) 直销人员任务繁重，来去匆匆，不可能与保户建立较为密切的关系，因此不大可能将保户更多的潜在保险需求转化成为现实购买力。

(3) 直销制限于人力，其业务范围往往很小，保险公司只能侧重于企业财产险和一些手续比较简单的团体保险的营销。

(4) 直销制下需要保险公司自己到市场上挖掘新保源、发现新客户，但鉴于业务范围的限制，对市场供求和经济形势的变化不可能作出充分合理的预期，因此，工作效率偏低。

(5) 直销制下由于直销人员的收入与其业务量不发生必然联系，因此不利于其工作积极性的发挥。

由此看来，直销制虽可减少业务成本，但就长远发展而言，已不能适应现代经济发展的需要，它需要新的营销渠道作为补充。

(三) 直销保险服务的特点

直接营销渠道能迅速带来销售增长。尤其是邮政及电信系统的日益发展，使直接营销渠道的成本日益降低。直接营销渠道使用了各种各样的工具，主要包括直接邮件、印刷媒体、广播媒体、电话营销及其他方法。

适合于直销的保险服务一般具有以下特点:

(1) 申请简便。运用直接营销渠道销售的险种必须简单，以便于向投保人作出清晰的解释。直销要求险种条款语言要严谨、平实，服务内容应具体明确。

(2) 核保简便。通常运用直接营销渠道销售的险种有两种，一是在无需体检的前提下得到核保，二是在保证签单的前提下得到核保。对于前者，该类险种投保单中设计有申请人健康状况的询问。对于后者，一般是就团体保险而言的，团体险只要一签单，就无需进行单独核保，团体中所有合格的成员都会自动获得一张签发的保单（一般是保险凭证）。

(3) 管理简便。由于运用直接营销渠道销售的险种比较简单，从而降低甚至消除了许多管理成本。通过直接营销渠道，采用系统化的投保和理赔程序，销售大量基本相同的险种。保险公司往往通过设置免费拨号电话，提高客户服务质量。许多保险公司通过电话和互联网提供全天候的保险服务。直接营销人员利用这种方法，进行核保和管理，使成本降到最低限度。

(4) 交费简便。运用直接营销渠道销售的险种，都在有关说明中简明扼要地列明了保险产品的费率和交费手续，使客户投保交费很方便。在美国，直销产品所公布的保费通常是按月报价的，以强调支付能力与潜在客户的需求和预算的协调性。

在美国，将直接营销渠道称为直接响应系统，在这个系统里，保险公司直接通过邮寄、报纸、杂志和广播电视等方式与顾客发生联系，而不需要中间人，因此在某些方面很有效。近年来出现了一种电话营销的新方式，适用于对某种细分市场的推销。直接销售系统正在成为间接营销渠道的有效补充。

二、间接营销渠道

间接营销渠道也称中介人制度，是指保险公司利用保险代理人和保险经纪人等中介机构，把保险商品推销到顾客手中的保险营销渠道。

在保险业发展初期，保险公司大多采用直接营销渠道进行保险营销，即使在现在，也仍有一些保险公司继续沿用这种方法。但无论是实力有限的保险公司，还是实力雄厚的保险公司，在现代保险市场中，单单依靠自己的业务员和分支机构进行保险营销都是远远不够的，同时也是不经济的。这是因为保险营销工作要求营销员必须广泛地与保险消费者进行直接接触，而对一家保险公司来说，不管其资金实力有多雄厚，都不可能建立一支足以包容整个保险市场的营销队伍，即使可能，庞大的工资支出和业务费用势必提高保险营运的成本，从而直接影响保险公司的经济效益。因此，在竞争日益激烈的现代保险市场中，保险公司在依靠自己的专业人员进行直接营销的同时,会更广泛地利用保险中介人进行间接营销，这也是一个成熟保险市场应该具有的重要特征。

依照国际惯例，保险市场的间接营销渠道主要是指保险代理人制度和保险经纪人制度。

（一）保险代理人制度

保险代理人是代理保险公司进行保险营销活动的主体，是为保险公司招揽和代理保险业务并收取代理佣金的人。在我国，根据保险代理人的职业分类，保险代理人的主要形式有三种：① 专业保险代理人，即专门从事保险代理人业务的保险代理公司。② 兼业保险代理人，即受保险公司的委托，在从事自身业务的同时，指定专人为保险公司代办保险业务的单位。③ 个人代理人，即根据保险公司的委托，向保险公司收取代理手续费，并在保险公司授权的范围内代为办理保险业务的个人。

1. 保险代理人制度的种类

保险代理人制度是保险代理人代理保险公司招揽和经营保险业务的一种制度。保险代理人制度分为以下三种：

（1）总代理人制度。这是以总代理人为中心的保险代理人制度，即保险人和总代理人签订代理合同，在合同项下，总代理人可以自己招揽保险业务，亦可招揽保险代理人进行保险营销，保险人根据业务量向总代理人支付代理手续费。总代理人对其所属的代理人员的组织管理、报酬及各项费用负完全责任；同时总代理人必须保有足够多的业务量，否则保险公司就会解除其总代理权（这是因为保险公司支付给总代理人的佣金较高，一般占保费收入的30%，有时甚至高达50%）。总代理人的代理范围一般无明确限定，而以保险人的授权为准。财产保险的总代理人通常为独立代理人，我国目前还未采用；而寿险公司的总代理人一般只代表一家保险公司，美国多采用这种制度。

（2）分公司制度。这是指保险公司通过在各地设置分支机构来完成总代理人所负担的各项任务，从而更好地控制整个保险市场的一种保险代理制度。分公司的经理一般均由总公司直接委派，依照总公司的命令处理日常事务。分公司经理的工作绩效主要取决于承接的新业务能带来多少利润性保险费，所以必须用大部分时间进行保险营销。分公司的经理、职员都是支领固定薪金的，但一般也依其招揽的业务数量，给予资金鼓励。另外，分公司的一切业务开支也均由总公司负担。实际上，分公司即为总公司的延伸，而非独立的机构。分公司所辖的代理人虽直接与总公司订立代理合同，但实际上由分公司经理指派，并受其监督和管理。

（3）直接报告制度。这是指保险代理人直接与总公司来往，与总公司签订代理合同，而不与分公司或总代理人发生关系的保险代理制度。事实上，即使不设分公司或不设总代理人，总公司也必须与各地代理人保持大量的接触，并提供许多直接的服务。通常规模较小的保险公司采用这种制度。

2. 保险代理人制度的利弊分析

（1）保险代理人制度的优势。

较之其他保险营销渠道，保险代理人制度的优势主要有：

① 建立代理人制度有利于提高保险公司的供给能力，增进保险业务销售。代理人拓展了保险人在市场上的业务空间，弥补了保险公司营业网点少、营销人员不足的状况，从而在客观上提高了保险公司的供给能力，方便了客户投保。保险公司的某些销售意图，以最快的速度通过代理人得以实现。习惯上，保险公司通常利用保险代理人，特别是专职代理人承保个人保险领域和商业保险领域的业务，美国和日本都利用保险代理人在个人保险市场上广泛地招揽业务，我国的专职保险代理人在争取分散性保险业务方面也是十分成功的。

② 建立保险代理人制度是保险公司降低保险成本的有效途径。保险公司要在短时期内迅速解决自身营业机构与人员的合理配置问题是不现实的，在经济上也不划算。建立代理人制度后，由于代理人是按劳取酬，保险公司只需向代理人支付代理手续费，这样就节约了在直销制下必须支付的各项费用（包括员工管理费、宣传费、防灾费、员工福利等），从而大大降低了保险成本。事实上，保险代理人的工作提高了保险企业的经营效率。这是因为，保险代理人拥有保险公司授予的部分权力，在开展业务时能很好地配合保险公司各职能部的工作，从而在客观上减少了保险公司的各项开支。

③ 建立保险代理人制度有利于提高保险公司的服务质量，增强保险公司在市场竞争中的实力。保险公司占领市场的关键在于是否能够提供最佳的保险服务。什么是最佳的保险服务？根据消费者效用理论，最佳的保险服务应该是代价最小、条件适宜、便利快捷的保险服务。而要向社会公众提供这样的服务，光靠保险公司自身的力量是无法顺利达成的。建立保险代理人制度，利用代理人分布广泛、人员众多、服务优良等优势，即可弥补保险公司自身在保险服务方面的欠缺，全面提高服务质量，从而在社会公众心目中建立起良好的企业信誉和企业形象，增强保险公司的竞争力。

④ 保险代理人与顾客联系紧密，更易获得投保人的信任，便于开展保险宣传，代理查勘损失及理算等服务，同时也便于经常检查和了解保险标的的安全状况以及投保人或被保险人履行保险合同的情况，并提供防灾防损咨询。保险代理人往往具有自身独特的优势，如熟悉某些顾客的行业技术，在某个特定范围内具有良好的业务背景，在当地公众心目中具有一定的威望和影响，与顾客熟识，信息灵通，具有良好的个人信誉并掌握顾客的财务及风险状况等。我国的保险代理人通常是某一企业的财务部门、工会组织、农村的财务人员。有业务背景的离退休人员、有特长的技术人员，更易获得投保人的信任和感情上的认可，而最终争取到业务。保险公司只有充分利用代理人所具有的各种优势，不断密切同代理人的合作关系，才能最大限度地拥有客户，最终实现自己的经济利益。

⑤ 建立保险代理人制度，有利于保险公司迅速建立、健全更有效的保险信息

网络，提高保险企业的经营水平。随着社会经济的日益发展，各种新的、更为复杂的保险需求会不断涌现，保险公司只有及时、准确地捕捉到市场信息，适时地开发新的保险领域，有效地增加保险供给量，才能在激烈的市场竞争中站稳脚跟，并求得发展。代理人在营销过程中，由于其接触面较广，故其信息来源也较快，这将有助于保险公司全面、迅速地了解整个市场的变化及走向，从而使保险公司的业务决策与经营管理更科学合理。

(2) 保险代理人制度的弊端。

建立保险代理人制度，利用代理人进行保险营销确实具有许多直销制无法取代的优势，但事物总是一分为二的，代理制也存在着一些不足之处。保险代理人制度弊端主要表现在：

① 保险推销之间的冲突使保险代理人与保险公司很难形成融洽的合作伙伴关系。保险代理人作为保险公司推销部门的延伸，其任务是力求营业额的增加，以获取更多的代理佣金收入，而保险公司核保部门的任务，则在于提高保险的品质，两者目的不同，冲突在所难免。事实上，不管代理人在选择投保人时做得如何良好，最后的取舍仍然是由保险公司或其分公司的核保人所决定的。这些专门人员受过良好的专业训练，并能从整体立场判断个别风险的得失，而这正是地方代理人无法做到的。因此，有时代理人认为良好的业务也会被保险公司的核保部门拒保。最可能的情形是，当有某种新的潜在危险发生时，例如，对于空气与水的污染，责任保险的核保部门就会设法在保单内增加除外条款，以消除自身对此损失的赔偿责任，或是增加承保此种危险的条件（如增加污染防治设备），以图在实际上阻止此种危险的发生。不论哪一种情况，都会减少保单的可卖性，这自然是保险代理人所不愿看到的。一分为二地来看，保险公司的核保人员因其是保险公司固定支薪的专家，且能较充分地收集多方面的资料，因此，他们能够比较客观地分析与判断危险的大小。唯一值得批评的是，他们的工作有时是消极的，保留了坏的危险，难免受到批评，剔除了好的危险，又减少了保险公司的业务收入，因此，他们总是过于谨慎，从而使保险公司更新换代一部分良好的业务，同时也减少了代理人可能获得的佣金。而这正是代理人与保险公司产生利益冲突的根本原因。

② 代理人为了获取更多的佣金收入，往往频繁地使用默示权力和表意权力，有时甚至越权推销保单，从而导致保险人与被保险人发生矛盾，损坏了保险公司在保险市场上的良好声誉。比如，就法律而言，代理人应被授予一般公众可以合理相信他们所具有的权力，即默示权力。这样，在人寿保险中，公众通常都设想代理人有随投保书收缴第一期保费的权力，倘若某一人寿保险公司由于不能理解的原因，竟未授权代理人接受第一期保费，则依默示权力规则，他仍应视为当然有此权力，即使保险公司在代理契约中特别规定代理人不得收取第一期保费，由

于缺乏对每一投保人有关此点的通知，法庭仍将认为，投保人对代理人支付第一期保费，即已尽其缴付保费之义务，如有损失发生，保险公司不得以未收取保费为理由拒绝赔偿。然而保险公司则认为，既然代理契约中已明文规定代理人不得收取第一期保费，保险公司当然可以未收取保费为由拒绝损失赔偿，这样势必造成保险人与被保险人的矛盾，双方争执之下，只能交由法庭裁决。不管法庭裁决的结果如何，如果保险人经常出入法庭，其在社会公众心目中的形象以及它提供保险服务的信誉也就大打折扣。然而应当了解的是，公众相信，合理与否决定权在于法庭，而不在于保单持有人。合理性问题，是根据代理人为行使其职责通常必须采取的行为来加以判定。

③ 代理人有时会串通投保人或投保人以外的第三人，实施有损于被代理人（保险人）利益的行为。保险代理人出于恶意，与投保人或投保人以外的其他人作虚假申报，骗取高额保险金，损害保险人的利益，这是代理人滥用代理权的一种表现。此外，在兼职代理中，主管机构可能会利用其对下属客户的制约关系，强迫客户按其指定的保险公司投保；出于竞争，保险公司还会以不断提高手续费标准的自杀性方式互相争夺保险代理人；代理人业务素质差，单纯为佣金而开展业务，从而导致保险公司承保质量不断下降，危及自身存亡；对代理人的行为缺乏实质性的约束，更没有规范管理，从而导致保险代理人市场的严重混乱。

因此，要发展保险代理人市场，使其发挥应有的良好作用，就必须加强对保险代理人的业务培训，提高其业务素质，严格经营资格考核，并对其行为进行规范化管理。

（二）保险经纪人制度

保险经纪人制度是指保险公司依靠保险经纪人争取保险业务，销售保险的一种保险营销方式。保险经纪人在开展业务时必须遵循以下原则：其行为必须符合市场原则；诚实对待投保人和保险人关系；遵守最大诚信原则；时刻牢记其委托人和委托指令；在最合理的保险费率下，利用其技术和经验帮助委托人进行最佳投保决策。

在国际保险市场上，英国的保险经纪人制度影响最大，保险经纪人的力量最强。在劳合社市场上，保险业务的成交必须由保险经纪人办理，投保人或被保险人不能向保险人直接办理保险。承保人接受的保险业务是由劳合社经纪人开价的，他只能通过指定的经纪人接受业务。劳合社经纪人是劳合社市场的中心人物，这是英国保险市场的一大特色。

1. 保险经纪人的业务操作程序

保险经纪人无论从事哪类保险业务，一般来说，都要进行以下的业务操作：

（1）选择保险市场，接受投保人的委托。保险经纪人在进入保险市场时应进行详细的调查、分析和认真的观察，尽量选择自己比较熟悉的保险业务，并制订出一套比较周密的经纪计划。如果决策得当，就会使保险经纪人在已选择的这项业务中占重要的市场份额，进而提高交易成功率；如果推销成功，取得了投保人的信任，保险经纪人的经纪业务就会随之而来，保险客户会自动与保险经纪人保持联系。但保险客户在选择保险经纪人或保险经纪公司时并不是盲目地听信各种宣传，他们往往要进行一番考察，最后从优选择。客户在选择保险经纪人时通常会从以下几个方面考虑：① 保险经纪人对于所从事的经纪活动的专业知识和保险知识的掌握程度；② 保险经纪人在当地的保险中介实践和风险管理方面的经验，如客户数量、信誉好坏等；③ 保险经纪人与保险市场的业务关系、经纪人的市场地位，如经纪人与哪家保险公司交往多、与经纪人有业务关系的保险公司的数量及经纪人与上述公司是否具有良好的业务关系等；④ 保险经纪公司的规模大小、经纪服务质量等。

（2）到保险市场上为客户寻找承保人。保险经纪人在接受了投保人的委托后，接下来就要为投保人寻找承保人。投保人可能直接向经纪人下达指令，委托经纪人根据明确的要求到保险市场上选择承保人。但在多数情况下，保险经纪人在寻找承保人之前，要与投保人一起花大量的时间讨论投保人的经营情况、风险状况、近期和远期规划、损失的历史以及现有的保险险种和保险程度，然后经纪人通常以书面形式提出保险数量、差别及保险市场。如果投保人同意这项建议，经纪人就可以据此到保险市场上寻找承保人。保险经纪人进入保险交易后，一般是根据所投保的险别、数量和自己对保险人的信誉、服务质量的了解程度，选择其认为最可靠的保险人进行磋商。

（3）为签约准备必要的文件和资料。保险经纪人在安排完承保事务后，经纪人和投保人共同讨论填写的“保险条”，是一种标准形式的表格，有的和其他一些文件将传回经纪人办公室，由保险单起草人开始起草保险单并计算保险费。这既是保险经纪人的义务，同时也是保险经纪活动必须进行的一个重要步骤。

（4）监督保险合同的执行情况，协助索赔。保险公司签发了保险合同之后，保险经纪人有义务帮助并监督保险客户执行保险合同中规定的所有保险条款，提示客户注意不测事故的发生，协助客户制订和实施风险管理计划。在损失发生后，保险经纪人有义务协助索赔。

2. 保险经纪人制度的利弊分析

（1）保险经纪人制度的优势。

保险经纪人既然是经纪人的一种，自然具有一般经纪人应有的作用：① 为其委托人提供信息；② 代为办理相关手续。然而，保险经纪人毕竟是一种特殊的经纪人，其职业优势具体可从以下三个方面得到体现：

① 对于投保人或被保险人来说，鉴于保险经纪人一般是风险识别及保险选择方面的专家，因此，投保人或被保险人更易借助保险经纪人以最低的保费获得最优的保险保障。当顾客需要分散巨大风险时，经纪人有办法在广阔的市场上替其分散，避免顾客到保险市场上寻找愿意承担全部风险的承保人。保险经纪人由于具有丰富的保险方面的经验，可以帮助委托人及时发现潜在风险并在对其认知和分析的基础上，提出消除或减少这种风险的各种可能的办法。此外，保险经纪人虽然是投保人或被保险人的代理人，但其佣金却是由保险人从保费中按一定比例支付的。因此，利用保险经纪人不会给投保人或被保险人增加额外开支。而且根据代理法，保险经纪人应对投保人或被保险人负责，有义务利用其所有的知识和技能为其委托人以最合理的条件获得最优承保。如果因为保险经纪人的疏忽致使被保险人利益受到损害，被保险人有权起诉其经纪人并要求赔偿。为了防止因经纪人破产而致使被保险人的利益损失得不到补偿，保险经纪人一般应有职业损失保单以防不测。

② 对于保险人来说，保险经纪人虽然不是其代理人，但对其同样有益。在当今世界保险市场上，依靠保险企业内部人员直接销售保单的方式已经落伍，绝大多数保险业务都是通过代理人或经纪人招揽的。利用保险代理人进行保险营销，往往要受机构设立、费用、住房等诸多条件的限制，而利用保险经纪人则显得优越得多。他们不占人员编制，不需办公用房，费用也只是在他们提供保险业务时按保费的一定比例扣除。另外，保险经纪人分布面广，不受代理网点的地区限制，哪里有保源就活动在哪里。因此，利用保险经纪人对于保险人来说是相当经济的。

③ 对于保险经纪人本身来说，从事保险经纪业务可以获得佣金收入，解决自己的就业问题。

(2) 保险经纪人制度的弊端。

保险经纪人营销既有积极的一面，同时也有消极的一面。对保险经纪人的管理如果缺乏法律、法规的限制，可能导致经纪人在活动中以中介为名，采取欺诈手段，提供虚假信息，进而牟取暴利，使交易者在经济上蒙受损失，扰乱正常的保险商品流通秩序。2004 年 10 月 14 日，全球最大的保险经纪商马什·麦克里安公司被推上被告席，罪名是投标欺诈、操纵股价、收取合法佣金以外的变相回扣。因此，对经纪人的行业管理必须用法律手段来规范，通过立法来规定经纪人的法律地位、资格条件、营业条件、活动范围及佣金标准等，使其在正常的行业秩序下开展业务。只有这样才能兴利除弊，更好地利用保险经纪人为我国的保险市场服务。

第三节　保险营销渠道选择

一、影响保险营销渠道选择的因素

保险公司究竟应该如何选择营销渠道，才能以最小的代价，最有效地把保险商品送到目标顾客手里，这是一个非常现实的问题。保险公司在选择和评价保险营销渠道时，一般都要考虑如下几个因素：

（一）保险商品本身的因素

保险公司生产和销售什么样的保险商品，将直接影响其对营销渠道的选择。商品因素主要包括保险商品的承保范围、保险责任范围、价格即保险费率等。

1．承保范围

承保范围的大小、集中程度、专业程度、现代化程度都对保险营销渠道选择有不同角度、不同深度、不同力度的影响。保险公司要计算出不同承保范围下采取不同保险营销渠道的显成本和隐成本，然后与这种营销渠道所能产生的最基本收益和最大收益相比较，由此保险公司将能清楚地知道为什么要采用这种营销渠道而不是其他。一般而言，承保范围越大，则选择间接营销渠道的倾向越明显；承保范围越集中，专业化程度及现代化程度越高，采用代理人及经纪人制度的必要性越强。

2．保险责任范围

责任范围在某种程度上也是一个保险市场的规范化、合法性问题。保险市场越规范，业务执行的合法程度越高，保险主体越希望自己承担的责任能够做到适度的分解和转移。保险公司承担的责任范围越广、越大，就越倾向于将这些责任通过特定的合法途径和双方均能够认可的保险市场所涉及的各方当事人承担。

3．保险费率水平

保险费率水平的高低对营销渠道选择的影响主要体现在保险经营利润的合理、有效的分割上。一般而言，间接营销渠道花费的总成本较高，就需要相对较高的保险费水平来支撑。

（二）保险市场情况

1．保险市场需求

保险市场需求对保险营销渠道的影响可以通过保险市场总体和结构特征反映

出来，也可以借助其在时间、空间和时空节点上的不同变化反映出来。市场情况主要考虑的是保险消费者的服务需求。有效的渠道规划首先需要决定不同的目标市场内的消费者从此渠道得到哪一种服务。渠道服务分为五类：

(1) 数量多少。保险消费者要购买一份合同还是许多份合同？数量越少，渠道所提供的服务越快。

(2) 市场分散化。保险消费者是想就近（甚至不出门）购买还是要乘车、打电话，甚至利用邮购或网络购买？渠道越分散，提供的服务越多。

(3) 等候时间。保险消费者要立即购买，还是愿意等待？越快速的服务意味着渠道服务越好。

(4) 商品多样化。保险消费者需要多种保险商品的组合还是专门性保险服务？渠道提供的组合越多，服务水准越高。

(5) 售后服务。保险消费者需要更多的附加服务（如提供风险预测及风险管理咨询等)，还是希望从别处（如风险及风险管理咨询机构）获得这些服务？附加服务越多，渠道服务水准越高。

由此可知，保险营销渠道的设计者应当充分了解消费者所要求的服务水准，以选择最有效的营销渠道，但要提供所有的服务是不可能的，也是不切实际的，保险公司和其渠道成员未必有必备的资源和技术来提供所有要求的服务。而且提供较高水准的服务将导致渠道成本的增加，对顾客而言将意味着价格提高。保险公司必须在消费者的服务需求、符合需求的成本和可行性、消费者对价格的偏好这三者之间达成平衡。相同的保险商品，费率偏低的较易推销。如果低服务水准意味着低费率，则表明保险消费者通常乐意接受较低的服务水准。

2. 投保人分布

潜在投保人在空间上的分布可能是毫无规律可言的，但保险公司总是尽可能地将其划分为分散的还是集中的、有条理的还是纷乱的、经常的还是突发性的。针对投保人在空间上的不同分布以及不同分布所能产生的不同特点，营销渠道的选择也应该有不同特点。

3. 竞争者的渠道选择

与自己相关联的营销渠道的选择,也是一个对自己营销渠道选择的影响因素。这取决于自己在面对竞争者时所采取的不同战略，是迎头面对的硬碰硬式的，还是曲线绕行的回避式的。

（三）保险企业自身的条件

由于直销制具有明显的优点，所以保险公司太都有直销的愿望，但是进行直销必须有一定的人力、物力和财力，保险公司对市场是否熟悉、有无营销人才和财力大小，决定完成渠道功能的效率。如果条件不好，完成渠道功能的效率不如中介商，就不应贸然采取直销的方式。

（四）保险中介商的合作情况

有时候选择什么营销渠道并不是保险公司单方面的问题，还要考虑中介商的态度和意见。中介商的态度是否积极、是否乐意合作对渠道的效率必然产生重大的影响。例如，有些新险种，保险代理人或保险经纪人对其销路没有把握，不肯轻易接受委托，在这种情况下，保险公司只能自己推销。

（五）环境因素

从微观环境看，企业大多避免采用与竞争对手相同的营销渠道，但也不尽然。从宏观环境看，经济形势对营销渠道的选择有较大的制约作用，如在经济萧条时，保险公司的营销策略重点只能是控制和降低保险商品的营销成本，因此必须尽量减少中间环节，取消不必要的附加费率。此外，政府有关保险营销的种种政策、法规也会限制保险营销渠道选择的范围。

（六）营销成本和效益的评价

这是决定渠道选择的最终因素。保险公司在作出选择之前，对可供选择的若干渠道的费用、风险和利润，最好进行详细的分析、评价和比较，以确保选择的营销方案是最佳方案。

二、保险营销渠道的选择

保险企业对市场营销渠道进行选择，不仅要保证保险商品及时到达投保人手中，而且要求所选择的营销渠道效率高，销售成本低，能取得很好的经济效益，能够以最小的代价、最有效地推销保险。因此，在现代社会经济条件下，对于刚刚成立不久、规模较小的保险公司，由于其自身财力、经营技能以及其他外部条件的种种限制，适宜采用传统的直销制，这样既有利于保险公司稳步成长，又有利于逐步树立良好的企业形象。当然，随着公司规模的不断扩大，市场占有份额的不断增加，营销技能和经验的迅速积累，在条件允许的情况下，可有计划地引入代理制和经纪制，最终形成符合自身状况的具有特色的保险营销渠道组合。而对于规模较大、声誉较高的保险公司，在各种条件都具备的情况下，完全可以自行选择既符合企业自身状况，又符合市场规模的保险营销渠道组合。在具体的营销渠道选择中，保险公司必须全面考虑其所面临的各方面因素，使所选择的营销渠道能最大限度减少不利因素的影响，同时保证自己的经济效益。

（一）保险营销渠道选择的步骤

1．确定是否选择中间环节（即选择直接营销渠道还是间接营销渠道）

采用直接营销渠道是为了保证保险商品及时交换，节约中间环节所需要的费用，且对于一些特殊险种，可以借助企业的整体安排，加强其推销宣传和配套服务；同时，直接营销渠道有利于保险企业加强对市场的深入了解和分析。其缺点是由于投保人分布范围广或者由于保险企业内部业务人员的短缺等，不足以应付市场上的供求矛盾。这就必须借助间接营销渠道。

2．选择中间环节机构（选择间接营销渠道时）

对此，要注意对其素质的考察，主要包括：具备保险的基本理论知识；对所保业务有较清晰的了解；对工作认真负责，将保险企业的利益和自身利益紧密结合起来。

（二）保险营销渠道选择的策略

要使保险营销渠道选择达到最优，在选择保险营销渠道时要注意使用一些特定的保险营销渠道选择策略，这些策略主要有：

1．内部营销与交互作用营销

内部营销与交互作用营销是国外学者近年提出、用以解决服务企业特定营销问题的两种思路。我们知道，有形产品的生产在某种程度上是标准化的，其销售是在实物化基础上进行的。与之相反，保险商品的生产是非标准化的，因而保险服务质量也是不稳定的，保险商品的销售也因其无形性而变得更加困难。因此，保险企业仅仅运用传统的营销组合策略是不够的，还应在直接营销渠道和间接营销渠道下采用内部营销与交互作用营销策略。

所谓内部营销，是指在保险公司内部全面贯彻市场营销观念，使每一个与顾客接触的部门和个人均从事营销活动，而不是仅仅由营销部门承担营销任务。实施内部营销的目的在于：提高保险公司的服务质量，使每一个顾客都感觉其需求得到了较好的满足。内部营销策略实质上是要求保险企业“营销化”，即所有的部门和人员树立营销观念，承担营销任务。内部营销策略能否取得预期的效果，主要取决于两个因素：① 保险公司是否对全体员工进行培训，使其树立营销意识，掌握营销方法；② 保险公司能否建立一套完善的制度，规定各部门所应承担的营销责任，并通过恰当的措施确保各部门履行各自的责任。应该强调指出的是，保险公司能否实施内部营销，与公司的营销部门是否善于促进和推动每个部门和员工实行市场营销是分不开的。

所谓交互作用营销，是指通过改善保险公司与顾客相互关系的方式，提高顾客所感知的保险服务质量。在有形产品的营销中，产品质量与企业销售产品的方式有着尤为密切的联系。但在保险服务的营销中，顾客对服务质量的评价，不仅依据其技术质量（如费率分解是否真实、准确），而且依据其职能质量（如保险营销人员是否真正替顾客着想）。营销人员不能想当然地认为，只要提供了优良的技术服务，顾客就会感到满意。事实上，在很多情况下，即使顾客已经接受了优良的保险服务，也可能不会公正地评价保险服务质量。一般而言，保险服务的专业性、技术性越强，保险服务的内容和程序越复杂，对保险服务质量作出评价就越困难，因而保险公司就越需要运用交互作用营销技巧。

2. 差别化管理策略

对于大多数保险公司而言，实施差别化管理是提高竞争能力、树立市场形象的重要手段。保险服务是无形的，因而不大可能像有形产品那样通过形状、包装、色彩等产品特征很容易地被顾客辨别。而当各个竞争者所提供的保险产品大同小异时，价格竞争又会十分激烈，因此，对保险公司而言，使自己的服务（在顾客看来）区别于竞争对手的服务，既十分重要，又相当困难。

实施差别化管理，主要有两方面的内容，即服务内容的差别化和企业形象的差别化。服务内容的差别化是使本企业所提供的服务区别于其他企业的关键；形象的差别化则起到某种强化内容差异的作用。服务内容的差别化，既可以是对主要服务内容的革新或改进，如保险公司开发或开始营销一种其他公司所没有的新险种；也可以是对次要服务内容的革新或改进，如保险公司放宽了某一险种的承保条件等。企业形象的差别化，通常是指通过 CI 系统树立“品牌”形象，这与有形产品没有区别。不过，从实践角度来看，似乎保险公司不像有形产品生产企业那样重视建立差别化形象的工作。

保险公司在实施差别化管理的过程中，应特别注重连续性。众所周知，服务内容的革新或改进极易被竞争者模仿。一种革新或改进的有形产品，可以在法律的保护下保持较长时期的垄断地位，而新的保险服务项目则没有这种保护。因此，保险公司必须实施连续性差别化管理，始终坚持创新的经营，才能在竞争中始终处于优势地位。一旦获得持续良好的声誉，保险公司就能享受由此而产生的经济效益。

3. 服务质量管理策略

与有形产品一样，保险服务的质量如何也是影响其销售的最主要因素。所不同的是，保险服务的质量比有形产品更难控制，这是由保险服务本身的特点所决定的。因此，保险公司应当更加重视服务质量管理。努力使保险服务的质量达到或超过目标顾客的期望和要求，是保险服务质量管理的基本目标。为了实现这一目标，保险公司必须首先把握目标顾客对保险服务质量有哪些期望和要求。顾客对保险服务质量的期望和要求一般包括:能够在方便的时间和地点获得保险服务，能够在事前被告知保险服务的内容，保险服务提供人员应具有良好的服务技能和态度，保险服务质量具有稳定性，保险服务内容具有真实性和可靠性，等等。

在准确了解顾客对保险服务质量的期望和要求的基础上，保险公司应找出现有服务水平与预期服务水平之间的差距，并采取有效措施弥补保险服务质量的不足。通常，保险公司可采用下列手段加强保险服务质量管理:

(1) 建立标准化的服务程序和规范。为了克服服务人员个性差异给服务质量控制带来的困难，保险公司应尽可能详细地制订标准化的服务程序和规范，对服务内容的每个方面，服务过程的每个环节，都提出明确、具体的要求，并制订相应的监督奖罚制度，从而减少服务人员“自由活动”的余地。

(2) 重视服务人员的选拔和培训。保险服务人员的工作态度和个性，直接影响顾客的满意程度和惠顾意愿,保险公司必须依据保险服务的性质和顾客的特征,选拔那些具有适宜个性和素质的服务人员，并通过有效、不间断的训练使其掌握并不断提高服务的技能，了解保险服务的程序和规范。

(3) 建立保险公司与顾客的沟通渠道。保险服务质量的高低很大程度上取决于顾客主观感觉。顺畅的沟通渠道，一方面可以使保险公司获得提高保险服务质量所必需的信息，另一方面也可以使顾客有“受到了重视”和“保险公司很负责任”等的感觉，有助于提高顾客的满意程度。

(4) 尽可能借助联机网络、电脑通信和数字交互式媒体来实现营销目标。这是一种新型保险营销方式，因其提供的服务质量相对稳定，可以把因个人差异带来的保险服务质量差异降到最低，从而使保险服务更加标准化和规范化。

(5) 努力减少顾客的风险顾虑。保险公司应设立处理顾客意见、抱怨的专门机构以及有效的保证制度，以减少顾客因保险服务的无形性而产生的风险意识或怀疑心理。

总之，保险公司不论选择哪种营销渠道或营销渠道的组合，都必须不间断地提高其服务质量和服务水平，重视内部营销和交互作用营销的作用，只有这样，才能在竞争日趋激烈的保险市场上争得一席之地。

三、国外保险营销渠道

(一) 美国保险营销渠道模式

美国保险市场保险公司众多，达到 5 000 多家，保险中介人制度健全，保险市场发育相当成熟，消费者的保险意识也比较强。美国保险营销体系比较完备，保险公司可以利用多种渠道，包括保险代理人、保险经纪人、保险公司职员以及直接反应营销渠道等，顾客投保十分方便。其中，保险代理人是美国保险市场的中心角色。美国保险公司在不同险种领域会利用不同类型的代理人。保险代理制度是美国保险营销渠道的一大特色，同时，与其他各种营销渠道相配合，形成了比较完备的保险营销渠道系统。

在人寿保险方面，美国主要以专用代理人为中心，即代理人只能为一家保险公司或某一保险集团代理业务。但是近几年来，个人独立代理人会与两家或两家以上保险公司签订代理契约、销售保险商品的协议，业绩也很有进展。独立代理人多和专用代理人竞争，佣金通常比专用代理人低。

在财产保险方面，美国以保险代理人和保险经纪人为中心。保险代理人同样存在独立代理人和专用代理人两种。在纽约州，没有代理人必须专属某一保险公司的规定，而且一旦取得该州法律的许可，即可由同一代理人同时代理人寿保险商品与财产保险商品。该州同时规定，保险经纪人不得办理人寿保险与年金保险业务。

另外，美国还通过直接反应营销渠道和定点营销渠道来销售保险商品。直接反应营销渠道即保险公司通过邮寄、报纸杂志、广播电视、电话和网络等渠道来销售内容比较单纯的保险商品，直接和顾客沟通，引起顾客的购买行为，虽然所占比例不大，但有一定的效益。而定点营销渠道，是指保险公司在超级商场、连锁店、银行、宾馆等机构、市场内设立固定的销售点，可以是公司职员直接销售，也可以是代理销售，主要是为顾客提供方便，顾客可以随时咨询，购买保险。

（二）英国保险营销渠道模式

英国保险市场历史最悠久，影响力颇大，按其组织与经营形式的不同可分为两大市场，即劳合社保险市场和公司保险市场，英国的保险经纪人控制了大部分市场，现有3 000多家独立的保险经纪公司，近8万名保险经纪人。

在英国，人寿保险营销必须服从于《金融服务法》。凡从事人寿保险销售的人员，必须在能管理所有保险公司商品的经纪人与专属单一公司的代理人中任选其一，而不能兼任，这也是英国保险市场两极化的原因。近期英国的许多保险经纪人由于必须履行提供最佳咨询义务而增加了成本以及其佣金必须公开等原因，其数目尤其是经营规模较小的经纪人数目已有所减少。英国的人寿保险业务营销渠道除此之外，还有利用邮寄广告、报纸杂志、电话等直接销售的方式。

英国财产保险的营销途径以保险经纪人为中心。英国保险市场2/3以上的财产保险是通过经纪人介绍的，尤其是劳合社承保的每一笔业务都是以保险经纪人为媒介实现的。而在寿险领域，保险经纪人的情况则大不一样。按照英国《保险经纪人法》的规定，凡使用保险经纪人名称的，必须向保险经纪人注册登记评议会（IBRC）办理注册，并服从该评议会的各项规定。财产保险的代理人则没有必须办理注册登记和申请许可的规定，其管理主要是依据英国保险协会的各项规则。而且，财产保险的代理人不必专属单一公司，最多甚至可跨六家保险公司。此外，英国财产保险营销的其他途径也有通过新闻、电视及电话等直接销售办法来促销，这些业务主要是针对个人或家庭的汽车保险、住宅保险等方面，颇具成效，而且在英国也相当普遍。

英国保险法对于人寿保险公司的代理人从事销售财产保险商品业务活动并无特别限制，而财产保险代理人若要从事销售人寿保险业务，则必须以公司代理人身份依照《金融服务法》办理注册登记。

（三）日本保险营销渠道模式

日本保险营销制度有自己鲜明的特色。与英美等国家主要依靠保险代理人和经纪人的力量获得业务的渠道不同，日本保险市场主要依靠公司外勤职员和代理制度，经纪人的力量不大。其原因之一是日本市场上的保险公司数量不多，寿险和非寿险公司加起来不过 40 余家，所以保险公司主要借助公司外勤人员和代理人员的力量开展业务。另一个原因是，日本保险市场传统力量很大，许多保险人沿袭历史做法，擅长自我推销。在日本，许多保险公司都有为数众多的外勤职员。

在人寿保险营销方面，日本主要利用保险公司的业务人员直接销售。由于日本以前发生过因保险外务销售人员不当招揽而导致的纠纷事件，所以，现在其寿险界实施外务员考试制度，以考核外务人员的业务能力和素质。随着保险商品的多样化，日本寿险公司除了开始与财产保险公司或银行进行合作销售外，还在百货公司设置专柜销售寿险保单。另外，一些寿险公司也通过邮寄广告等途径进行销售。

在财产保险营销途径方面，日本主要采用代理店制度，在业务量上约占寿险业务量的 90%。代理店在日本相当普遍，平均每 92 户家庭接受一家代理店服务。代理店等级制度是日本代理制度的主要内容之一，包括初级、普通级、上级、特级四个等级。

日本《保险法》对财产保险代理人的注册登记、禁止自设代理店等都作了明文规定。财产保险代理人包括专用代理人和接受多家保险公司委托招揽业务的独立代理人。独立代理人在数量上大约占代理人数的 1/4，而保险费收入则占一半以上。另外，财产保险公司也实施与寿险公司或银行合作销售保险商品以及采用通讯销售等渠道。

（四）法国保险营销渠道模式

法国保险法对于从事保险销售的人员资格条件及行业规范等都有明文规定。法国人寿保险的营销渠道，主要是通过保险代理人和保险经纪人，同时也招聘业务员从事柜台销售。目前法国以储蓄保险商品为中心，通过银行等柜台直接销售的比例日渐增加，并成为法国保险业的一大特色。

法国财产保险的营销渠道，主要是依靠总代理人、经纪人以及招聘的业务员等来维持。总代理人通常都是由其所属的保险公司赋予一定地区的推销独立权，通常负责内容比较单纯的保险商品。至于保险经纪人，则以企业财产险为中心，负责较复杂的保险商品。在法国的保险营销渠道中，只有总代理人依照《保险法》的规定，应专属单一保险公司，其他销售渠道没有特别规定专属问题。

四、外国保险营销渠道对我国的启示

（一）保险代理人制度

纵观国际保险营销渠道可以看出，代理人制度是各国普遍采用的一种主要的保险营销渠道。我国的保险代理制度在保险创业初期就已建立，随着保险业逐步发展、壮大和规范，国家对专兼职的机构管理已经积累了一定的经验，个人保险代理市场近年来的发展速度也很快，保险代理人已经成为我国保险业充满活力、不可或缺的生力军。根据我国一些专家的研究，对于保险代理模式的选择，从近期来看，我国主要应采用隶属于保险公司的专用代理人制度，这是因为：① 我国现有的保险代理人的素质还不太高；② 保险代理制度（如佣金制度）还不健全；③ 缺乏对保险代理人员严格的管理和培训。

采用专用代理人形式，一方面，保险公司可以根据行业特点，协助保险代理人建立相应的规章制度，并对其进行指导和管理；另一方面，保险公司可以凭借技术和人才优势，加强对代理人员的培训，提高其业务素质。

而从长远来看，代理公司形式的独立代理人是我国保险代理人的发展方向。这是因为：

(1) 独立代理人具有独立的法律地位，与保险人之间仅仅存在委托代理关系，它可以接受几家保险公司的委托，从这个角度而言，更能考虑被保险人的利益，兼有一些保险经纪人的特点，与国际通行的保险代理人制度相吻合。随着我国保险市场的完善，这种代理形式更有利于保险业的良性发展。

(2) 代理公司形式的独立保险代理人，业务素质高，技术力量强，机构和制度健全，易于保险主管部门监督管理，便于代理公司实行，也利于其加强内部管理。在此基础上，我国还应完善以下制度：

① 保险代理人登记注册制度和教育培训制度。在目前尚不成熟的经济环境下，不对保险代理人进行相对严格的管理，是不可想象的。实施对保险代理人登记注册管理制度也在很大程度上保护了守法经营且服务周到的保险代理人。同时，获得这种登记注册的本身也就相应的取得了一种法律承认、保护的经济地位。教育培训制度则是在动态的意义上确保了保险代理人符合法律、业务、其他经营规则的诸多必要条件，从总体上保证了保险代理人的服务水平和质量。

② 佣金酬劳制度。保险市场的规范性和稳定性依赖于保险人佣金酬劳制度的健全、合理和规范稳定。定价体系的混乱必将造成整个市场的混乱。

③ 等级保险人制度。根据不同的执业水平、服务态度、服务质量等诸因素划定保险人的不同等级，应该是一个鼓励保险人积极向上的动态激进的社会评价体系，同时也给投保人提供了一个由国家认可的相对确切的识别标准。这两个方面的意义将在正向上干预和确保保险市场的积极有效的运行。

（二）保险经纪人制度

在西方不同的国家，保险经纪人发挥的作用是不同的。相对而言，他们在财产保险方面的特点是在大企业或者大项目保险领域的作用更大一些。

在我国，大力发展保险经纪人的条件还不太成熟，主要表现是：保险意识仍然比较淡薄，保险市场主体仍然有限，缺乏从事保险经纪的人才，缺乏有关的配套法规等。因此，在近期内发展保险经纪人有一定的困难。但随着保险经营者保险意识的提高和现代企业制度的建立，保险市场发育的完善和法规的健全，保险市场主体多元化的形成，特别是民族保险企业实力的增强，以及三资企业的增多和开放程度的增强，我国的保险经纪人也会占有一席之地。

第四节　保险营销渠道管理

保险公司在确定了营销渠道方案之后，必须对保险中介等渠道成员进行选择、培训、激励和评价，并且要化解渠道冲突，以实现渠道目标。

一、选择渠道成员

选择渠道伙伴首先要广泛搜集声誉、市场经验、产品知识、合作意愿、市场范围和服务水平等方面的信息，确定审核和比较的标准。一般情况下，选择保险中介必须考虑以下几方面。

1. 市场覆盖范围

市场覆盖范围是选择保险中介最关键的因素。首先，考虑保险中介目前的经营区域与保险公司的预期销售地区是否一致。其次，考虑保险中介的销售对象是否是公司所希望的潜在客户，这是最基本的条件，因为保险公司的目的是打入自己选定的目标市场，并最终说服消费者购买自己的保险产品。保险中介并非越大越好，因为在大的保险中介那里，公司的产品不能引起足够的重视，应该选择那些适合自己的、具有发展潜力的中介合作伙伴。

2. 声　誉

保险中介的声誉非常重要，因为它将间接地影响与其合作的保险公司的形象，而且一旦中介组织中途有变，保险公司前期支付的成本就会付诸东流，影响保险公司的整体销售计划的实现。

3. 历史经验

如果中介的经营水平较高，具有成功的历史经验，尤其是销售保险产品的成功经验，那么保险公司与其合作的风险就较小。首先，保险中介长期经营某种商品，通常会积累比较丰富的专业知识和经验，尤其是销售经验，从而能够掌握经营主动权，保持稳定的销售量。其次，经营历史悠久的中介早已为周围的消费者所熟悉，拥有一定的市场影响和一大批忠诚的客户，如果由其代理销售保险产品，则该产品大多会成为其忠诚客户的首选。

4. 合作意愿

倘若中介组织不愿销售公司的产品，那么即便该组织再有实力，对保险公司而言都没有任何意义。只有当中介有强烈的合作意愿时，销售公司的产品，对双方都有利。

5. 产品组合情况

保险公司产品种类越多，销售的机会也就越大，但如果与中介自己的产品有竞争，则应避免选用。合作伙伴的产品应该是互补关系，或者是自己的产品优势特别明显，使中介不愿意放弃代理的机会。另外还要考虑其代理其他公司的产品种类和销量。

6. 财务状况

资金雄厚、财务状况良好的保险中介能够保证及时向保险公司划转保费，反之则有可能挪用保费。

二、培训渠道成员

（一）培训的目的和意义

培训的主要目的是使合作伙伴认识双方合作的前景，了解保险市场和公司，促进双方文化融合，掌握保险知识、业务处理流程、保险产品销售技能等。对渠道成员进行卓有成效的培训是确保双方合作顺利、保险业务持续健康发展的前提。因此，保险公司要在合作过程中，时刻掌握渠道成员的动态状况，及时把握对方的需求，仔细制订系统的计划，给予强有力的培训支援。

（二）建立培训体系

培训要掌握渠道成员不同层级需求，制订不同的培训内容和形式，安排不同的师资力量。

1. 对渠道高层管理人员的培训

高层人员主要是渠道的负责人，他们关心的是渠道自身全年总体经营指标的完成以及员工的稳定性。因此他们最需要了解双方合作的前景及保险公司的实力和品牌等宏观方面的知识。通过培训要确保双方能够沟通理念，对未来的发展达成共识，从高层政策上保持一致，为业务发展提供保障。培训形式可以采用座谈会、研讨会、双方会晤等形式。

2. 对渠道中层管理人员的培训

中层人员主要指主管部门负责人。他们主要负责保险代理业务的计划制订、日常管理和激励下级员工。通过培训要使他们了解保险业务发展状况，了解自身职责，下一步的具体任务和业务流程，配合保险公司渠道经理的工作。培训可以采用会议形式。

3. 对渠道基层业务人员的培训

基层业务人员的素质高低直接影响保险业务的销售，间接影响高中层管理人员对未来的决策，因此是培训的重点。培训内容要注重基本技能和实效，使他们掌握保险的基础知识、销售的基本技能、实务操作规则和激励办法。培训形式可灵活多样，或集中学习，或由保险公司的网点管理员进行单独交流。

开展培训有多种途径和方法，随着科技的发展，其选择范围也不断扩大，如可以采用网络和卫星的途径进行培训。

三、激励渠道成员

激励渠道成员是指保险公司激发渠道成员的动机，使其产生内在动力，朝着所期望的目标前进的活动过程。其目的是调动渠道成员销售本公司产品的积极性。美国哈佛大学心理学家威廉·詹姆士认为合同关系仅仅能使人的潜力发挥20%～30%，而如果受到充分激励，其潜力可发挥 80%～90%，这是因为激励活动可以调动人的积极性。所以，激励渠道成员是渠道管理中不可缺少的一环。

（一）了解渠道成员

知己知彼才能百战百胜。保险公司要想成功地管理渠道成员，首先必须了解渠道成员，了解他们的欲望和需求，只有这样才能有的放矢。理论研究表明，渠道成员和保险公司虽然同属一条供应链，却存在显著的不同。

（1）渠道成员具有相对独立性。他们会安于某种经营方式，努力去实现自己的目标。

（2）对渠道成员而言，最重要的是客户，而非保险公司。他们对客户要从他们那里购买任何代理产品都感兴趣，而不仅仅是某一公司的产品。

（3）如果没有一定的激励，渠道成员就不会积极提供对保险公司有用的有关产品销售的信息，有时甚至会隐瞒实际情况。

总之，保险公司与渠道成员的关系是合作关系，而不是上下级之间的关系，双方有各自的利益，因此，要想管理好渠道成员必须采用多种方法。

（二）运用权力去影响渠道成员

权力就是一个渠道成员A使另一个渠道成员B去做其原本不会做的事情的一种能力。简单地说，权力就是一种影响力，影响意味着改变事件本来的进程。

1. 强制力量

当渠道成员采取不合作态度时，保险公司就可威胁停止某些资源或终止合同。在渠道成员紧密依赖保险公司的情况下，这种方法是相当有效的。但有压力就有反抗，因此不到万不得已切不可随意使用强制力量。

2. 奖赏力量

是指某一渠道成员改变其行为而得到的补偿利益。奖赏主要是财务报酬，还有心理上的奖赏。奖赏力量比强制力量好，但如果过于频繁使用，会使渠道成员越来越多地索要报酬，没有额外报酬反而不行了。

3. 法律力量

根据双方签署的代理合同的有关规定,要求渠道成员按合同规定约束其行动。

4. 专家力量

是指运用渠道成员不具备的某种特殊知识或有用的专长来影响对方。例如，保险公司可以帮助渠道成员训练他们的员工或帮助他们进行销售管理，而一旦对方得不到保险公司的帮助就会经营得非常糟糕。保险公司必须不断地发展自己的专长，以使渠道成员不断地要求与保险公司合作。

5. 感召力量

这种力量是指渠道成员感到与公司合作非常自豪,并且希望也成为这种类型。具体的激励措施，正面的有对渠道成员提高代理手续费，组织销售竞赛，开展广告支援，培训销售技能等；反面的有威胁停止某些资源或终止合同，降低代理手续费等。

四、评价渠道成员

保险公司必须定期对渠道成员进行评价，以便决定是否对渠道管理进行改进以及如何改进。渠道评估指标主要有以下几个：

1. 销售业绩

它包括渠道成员为保险公司创造的保费收入情况、在同类渠道中总的市场份额、完成计划情况、渠道成员的收入情况等。

2. 成本支出

保险公司对渠道成员的成本支出情况，包括直接的代理手续费支出和间接的培训、奖励、广告支出等。

3. 忠诚度

渠道成员是否能够顺利配合保险公司的计划、是否经常违反代理合同中的条款、是否与公司竞争对手保持密切联系等。

4. 努力状况

渠道成员是否积极应对市场竞争、是否积极增强销售技能、是否积极创新销售方式等。

5. **客户满意度**

保险公司是否经常接到客户对渠道成员的投诉、渠道成员是否积极改进服务等。

五、改进渠道安排

对渠道成员评价完毕后，保险公司应该根据评价结果采取措施。对于合作良好的渠道成员应给予一定奖励，对于业绩不佳的渠道成员给予建议和帮助，对于非常糟糕的渠道成员可以考虑中止合作关系。总之要赏罚分明，充分调动渠道成员的积极性。

（一）渠道改进策略

由于实际情况不同，保险公司必须因地制宜，采用不同的渠道改进策略。

1. **提高渠道成员素质**

通过提高渠道成员的素质和能力来提高渠道的效率。可以通过建立系统培训的方法来持续提高渠道成员的素质，也可以通过现场经验交流会来迅速改善渠道成员的销售管理状况。

2. **调整渠道成员数量**

通过增减某些渠道成员来提高渠道效率，对于销售量低于一定水平的渠道成员，若保险公司已加强了对渠道成员的培训和支援，仍不能改善其业绩，可以考虑中止合作关系。因为如果渠道成员缺乏市场竞争能力，就有可能采用误导客户、诋毁其他渠道成员等不正当手段来获得客户，这样会引发其他渠道成员也采取同样手段，整个保险市场的生存环境就会恶化。

3. **增减某些特定类型市场渠道**

对于不适应已经变化的市场环境的特定类型渠道，保险公司必须终止合同，同时要尝试开发一种全新的渠道销售产品。

（二）渠道改进的步骤

根据斯特恩和斯达迪文的观点，改进渠道有以下六个步骤：

（1）研究目标市场顾客对相关取代的服务产出的价值认知、需要和欲望；

（2）检查顾客期望的公司和竞争者的现行销售系统的业绩；

（3）发现需要进行改进的差距；

(4) 识别限制改进行动的主要条件；

(5) 设计"理想的"渠道解决方案；

(6) 实施重新构造的销售系统。

六、化解渠道冲突

由于营销渠道存在不同的利益主体，具有不同的特征，适用于不同的目标市场，所以，无论公司的营销渠道管理多完善，各个营销渠道之间也难免会发生冲突。通常情况下，渠道之间发生冲突可能因为各自的目标不一致，可能由于公司的管理不力，没有协调好各营销渠道的活动，也可能由于公司对每种销售渠道的目标和行为规则阐述不清。销售渠道的冲突可能来自于同一类型营销渠道的成员之间，如两个代理人在同一地区招揽业务导致的竞争，也可能产生于不同类型的营销渠道成员之间的摩擦，例如，保险公司扩展销售渠道，大规模地引入网络销售，保险中介面临着激烈的竞争，从而导致保险公司与保险中介之间的利益冲突。

在保险公司的经营过程中，销售渠道之间的冲突是始终存在的，只是程度不同而已，有些冲突已经公开化和表面化，而有些冲突是潜在的。然而，无论程度如何，销售渠道之间的矛盾都会削弱各个销售渠道的销售效果。因此，保险公司必须进行调节，解决矛盾和冲突，以促进各销售渠道之间的合作。

保险公司调节销售渠道冲突的主要方法有以下几种：

(1) 确立共同目标，这是解决冲突的首选方法。

(2) 鼓励合作。

(3) 鼓励各销售渠道成员之间的相互沟通，这种沟通有利于他们相互了解各自的特点和作用。

(4) 加大管理力度，加大对主要销售活动的管理力度，促进相互间的协调和配合。

【小资料】

新的保险营销渠道——保险网络营销

保险网络营销是指借助联机网络、电脑通讯和数字交互媒体来实现营销目标。1995 年 10 月，全世界最大的六家保险公司宣布建立世界网络有限公司。该公司将采用第一个全球电子网络系统等现代技术来促进整个保险业的发展、完善。保险网络营销形式一出现，就对具有世界保险营销市场中心地位的伦敦保险市场构成强大威胁，影响了伦敦市场的业务和收益。

保险网络营销之所以有对世界保险市场的巨大冲击力，是因为这种新的营销形式有传统营销形式不可比拟的优势，主要体现在：

（1）信息量大，且具有互动功能。网络如同一个无所不通的保险专家，随时可以为投保人不厌其烦地提供所需资料，简洁、迅速、准确，大大弥补了传统营销方式的一些不足。

（2）节省开支，便于控制营销预算。电子网络系统的介入，大大地节省了传统营销中用于印刷、保管、中介开支以及密集劳动的成本，由此也降低了保险费率的报价，而且，网络交易的账目更易于控制。

（3）省时并减少营销渠道。在竞争日渐激烈的保险营销市场，对及时性的要求十分强烈。在网络营销渠道中，潜在的投保人再也不用因等待回复电话等而浪费时间，顾客自行查询信息，由此使保险公司与潜在投保人之间能够快速地交换信息，大大地提高了营销效率。

（4）为客户提供新型的购买方式，帮助他们控制投保流程。与不断推出的新的险种相配套，网络能够为投保人提供更多的资源和信息，让他们对新的保险商品的设计有更多的发言权。营销人员可以借助联机通信所固有的互助功能，鼓励投保人参与新险种的开发、费率厘定、保单设计，投保人的积极加入将会有利于售出更多的保险商品。

（5）全天候服务。联机信息服务器可以全天候提供保险服务，相当于扩大了保险公司的规模，大大增强了保险公司获取保单的机会，取得竞争优势。

（6）突破了地域限制。联机网络交易不受地域的限制，消除了同其他国家投保人签单的地域限制。

资料来源：李源源. 保险营销艺术. 北京：电子工业出版社，2003.

◆ 本章小结

保险营销渠道是指保险商品从保险公司流到顾客手中所经过的途径。它是联系保险公司和顾客之间的桥梁，更是保险商品顺利流通、交换的关键。保险公司营销目标的最终实现离不开保险营销渠道。

保险营销渠道所执行的功能是将保险商品由保险公司转移到顾客手中。具体而言，其功能主要有：沟通保险信息、促销、接触、配合、双向选择、实际购销、资金融通、风险承担。

保险间接营销渠道是指保险公司利用保险代理人和保险经纪人等中介机构，把保险商品推销到顾客手中的保险营销渠道。

保险营销渠道的选择关系保险公司如何才能以最小的代价、最有效地把保险商品送到顾客手里。影响保险营销渠道选择的因素主要有：保险产品本身的因素、保险市场状况、保险企业的自身状况、保险企业中介商的合作情况、环境因素、营销成本和效益的评价。

在选择保险营销渠道时要注意使用一些特定的保险营销渠道选择策略，这些策略主要有：内部营销与交互作用营销策略、差别化管理策略和服务质量管理策略。

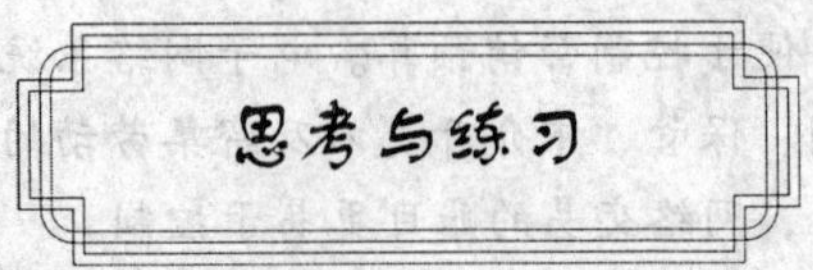

思考与练习

（1）保险营销渠道的定义是什么？

（2）保险营销渠道所承担的主要功能有哪些？

（3）比较各种营销渠道的优势和劣势。

（4）如何使保险营销渠道选择策略达到最优化？

（5）谈谈保险营销渠道的创新。

（6）假如你是一家保险公司的经理，你会在什么样的情况下选择直接保险营销渠道？在什么情况下选择间接保险营销渠道？说明理由。

（7）写一篇专题调研报告，调查和研究我国目前银行销售的保险产品种类、功能和销售现状并提出对策建议。

实务篇

第九章　投保业务流程

◆ **本章要点**

本章主要涉及投保作业流程、投保过程中应尽的注意事项、良质合同选择、编制保险计划书的要领等内容。

第一节　投保流程简介

保险业务分为财产保险业务和人身保险业务，财产保险是以物质财富以及与物质财富相关的责任、信用、利益为保险标的，保险期限一般较短，多为一年期，投保操作相对简单易行；而人身保险是以人的身体或生命为保险标的，以人的生死、意外、疾病、伤残等为保险事故，保险期限较长，有些合同要持续几十年甚至终身，所以投保操作包括合同品质界定较复杂，本节下述内容均以人身保险合同为例来说明。

一、投保申请的一般程序

投保流程如图 9.1 所示：

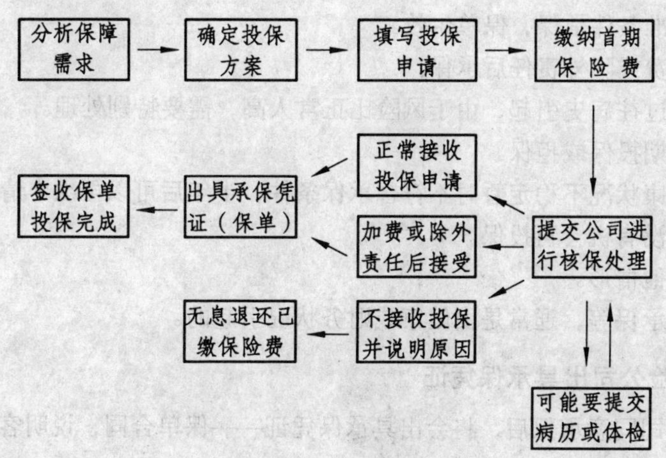

图 9.1　投保流程

1. 分析保障需求

每个人的经济及家庭情况都不一样，所以保障需求也不一样，主要分析的因素有收入、年龄、家庭、负债情况（如供房）、现有保障等，以发现目前的保险需求点。

2. 确定投保方案

知道客户需要什么保障以后，营销员就会根据公司的险种组合成投保方案。当然每个客户侧重点都有所不同。

3. 填写投保申请

填写投保申请时，必须如实填写个人资料和告知健康状况，并亲笔签名确认。如有隐瞒或不如实告知而影响核保结果的，保单会无效。

4. 缴纳首期保费

客户可以选择：① 授权银行自动转账；② 交付现金给营销员并索要公司收据；③ 支票。

建议采用授权银行自动转账，既方便又安全。

5. 核保处理

保险公司的核保部门会根据被保险人的健康和财务状况进行分析，看是否符合承保的条件。如被保险人过往有不良的健康记录，则需要提供相关病历、检查报告等资料，也可能需要进行体检。如投保金额超过非体检限额，则需要进行体检。若为大额投保申请，还需提供财务或收入证明，如工资单、房产证等。

核保的结果主要有:

(1) 标准条件承保，保单生效。

(2) 加费或除外责任后承保。

通常是过往病史引起，由于风险比正常人高，需要特别处理。

(3) 延期投保或拒保。

由于健康状况不稳定暂时不符合承保条件，半年后可以再次申请，若为拒保则以后几乎没有机会再投保。

(4) 其他情形。

如减额承保等，通常是由健康或财务状况引起的。

6. 保险公司出具承保凭证

保险公司同意承保后，将会出具承保凭证——保单合同，说明客户与保险公司的法律关系已经成立。

【小资料】

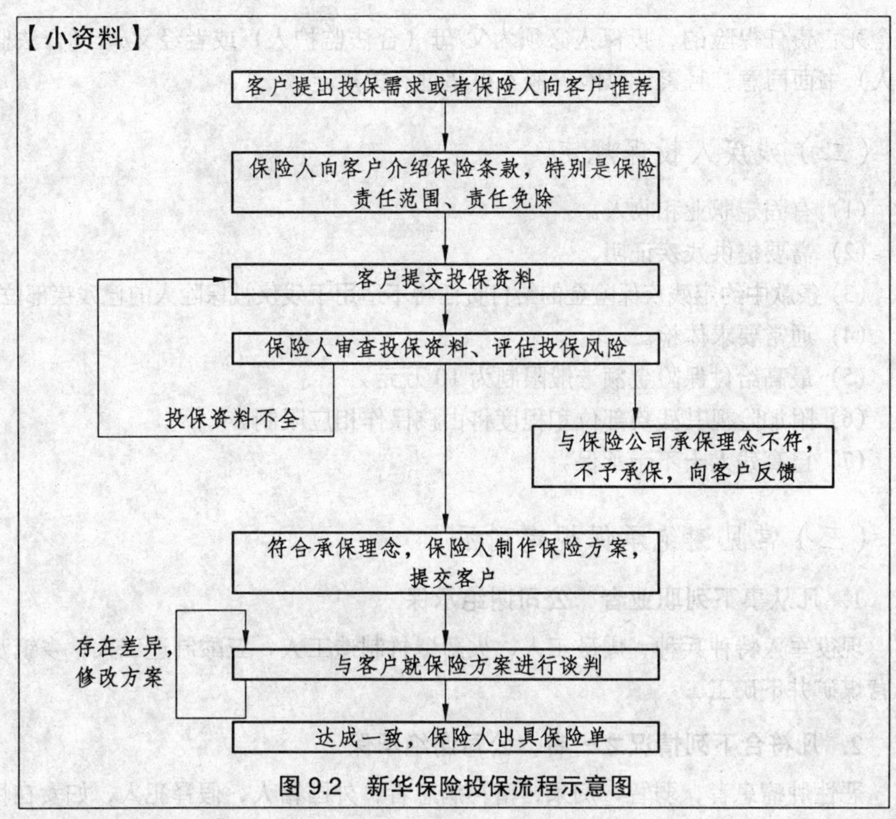
客户提出投保需求或者保险人向客户推荐
保险人向客户介绍保险条款，特别是保险责任范围、责任免除
客户提交投保资料
保险人审查投保资料、评估投保风险
投保资料不全
与保险公司承保理念不符，不予承保，向客户反馈
符合承保理念，保险人制作保险方案，提交客户
存在差异，修改方案
与客户就保险方案进行谈判
达成一致，保险人出具保险单

图 9.2　新华保险投保流程示意图

二、投保过程中的注意事项

（一）投保人与被保险人资格

1. 投保人资格

同时具备以下条件的，可作为投保人：① 具备完全民事行为能力的自然人或法人。② 对被保险人具有保险利益（必要时能够提供有关保险利益关系证明）。③ 具备缴费能力，愿意承担支付保费义务。

2. 被保险人资格

具备以下条件之一的可以作为被保险人：① 具有保险公司所在地户口或永久居留权。

非当地户口，但在当地工作，有稳定收入和固定居所，必要时能提供证明者。有关证明指身份证、户籍证明、当地暂住证、劳动用工合同、工商营业执照等。港、澳、台同胞必须在当地有投资，并经常往返或居住在当地。② 为未成年人投保含死亡责任保险的，投保人必须为父/母（合法监护人）或者经父/母（合法监护人）书面同意，且累计风险保额不得超过有关规定。

（二）残疾人投保规定

（1）有固定职业和收入。

（2）需要提供残疾证明。

（3）条款中约定残疾保险金的给付责任将不适用于残疾被保险人的已残疾部位。

（4）通常要求体检。

（5）最高给付保险金额一般限制为10万元。

（6）附加险视其残疾部位和程度将由核保作相应限制。

（7）已高残人士不予承保。

（三）常见谢绝承保规定列示

1. 凡从事下列职业者，公司谢绝承保

现役军人特种兵种，爆破工人、火药爆竹制造工人、三酸制造工人，乡镇及私营煤矿井下矿工。

2. 凡符合下列情况之一者，公司谢绝承保

恶性肿瘤患者，弱智、痴呆、精神病患者，外国籍人，假释犯人，妇女在怀孕6个月后至产后60天期间。

（四）延期体投保规则

凡经核保查定为延期体的投保申请件，被保险人必须在延期期满方可重新申请，且必须按照公司的要求进行体检，并提供有关住院或门诊病历复印件。

（五）体检件的确认

1. 由接单人员确认

当此次投保使该被保险人的累计风险保额超过了该被保险人所处年龄的免体检保额限额，由接单人员确认被保险人体检，并签发正式体检通知书和体检表。体检项目按体检表要求执行。

2. 核保确认

当此次投保没有超过免体检保额，且没有既往投保记录告知，但经电脑累计，其累计风险保额超过了该被保险人所处年龄的免体检保额限额，由核保发出体检通知。

当此次投保虽未超过免体检保额，但健康告知有体检指症，经核保确认必须作为体检件者，由核保签发正式体检通知。

3. 二次体检确认

经首次体检，仍存在判断上的困难，核保有权要求被保险人作二次体检，二次体检的确认，体检医院及项目由核保指定。

说明：体检结果应由公司专人到定点医院取回，不宜由业务员或客户送交公司。

（六）体检费的处理

公司认为需要体检的，体检费先由客户垫付。承保后根据公司规定可以报销的，由客户或委托业务员于签收保险合同之日起十日后持体检通知书、体检费收据和保险合同到公司，经核保人员核准体检费金额后（核保人员将保险合同号、核准金额录入电脑），打印《付款通知书》，由财务进行付费处理。但非公司规定所做的额外体检项目或申请复效时的体检费用不予报销。

（七）客户在承保前变更要约的处理

投保人在公司同意承保前要求变更投保要约的（不得变更投保人、被保险人。如变更投保人、被保险人的作撤单处理，退单退费，重新进单），根据情况分别作如下处理：

1. 变更投保险种、保险金额

须重填投保单，同时在新填投保单上注明原投保单号。需加收保费的，业务员收差额，开新暂收费收据。暂收据上投保单号一栏，填新投保单号，暂收费金额一栏填客户以前累计缴费金额与本次缴费金额之和。业务员到财务办理时，同时交新开暂收据财务联、业务员联以及补收差额，并在新暂收费收据上注明原投保单号，说明情况。财务作充正处理，出具付费收据，并加盖转讫章，付费收据金额为以前客户累计缴费金额。业务员将付费收据客户联送交客户。办理完后到业务交新填投保单。

需退费的，业务员开新暂收费收据，暂收费金额一栏填客户实际已缴费金额。多余暂收费暂不退还，待出单后由客户选择退费或是转预缴保费。业务员到财务办理时交新开暂收据财务联、业务员联，并在新暂收费金额上注明原投保单号，说明情况。财务作充正处理，出具付费收据，并加盖转讫章，付费收据金额为以前客户累计缴费金额。业务员将付费收据客户联送交客户。办理完后到业务交新填的投保单。

2. 其他情况

投保人填写《保险要约内容补充更正申请书》，并签名确认，涉及被保险人权益的（受益人的指定）需要被保险人签名确认。

需加收保费的，业务员收差额，开新暂收费收据，暂收据投保单号一栏填原投保单号，暂收费金额一栏填客户本次实际缴费金额。

需退费的，暂不退费，待出单后由客户选择退费或转预缴保费。

涉及收费的，业务员到财务缴费后到业务交《保险要约内容补充更正申请书》。

（八）撤单、退单处理办法

凡业务员交来的投保单不合要求者，将作退单处理。已交保费的，如投保人要求退还保费，接单人员打印《退费通知书》，由财务进行付费处理。

在公司同意承保前客户要求撤销投保要约的，投保人填写《保险要约内容补充更正申请书》，选择“撤单”项，接单员受理后，如有暂收费，出具《付款通知书》，由财务进行付费处理。

（九）差错退单后再次进单的处理

业务员对于退回的投保单应进行完整的审核。

若涉及重新填写投保单，业务员应在新投保单上注明原投保单号。

接到退单后应即刻办理，否则一个月后作撤单处理。

（十）暂收费的收取和退还

一般投保件业务员在指导投保人填写完投保单后，应根据其年龄、性别、投保险种等条件计算出标准保费，并收取首期暂收费，同时开具等额暂收据。

对于大额（大额标准各省根据情况指定）、有疾病告知、被保险人年龄超过核保有关规定（参见各险核保规定）的，先交单，待核保通过后再缴费，业务员不得收费。

投保人所缴暂收费大于首期应收保费的，投保人可要求退回多余暂收费也可将其转为预收保费。投保人要求退还多余暂收费的，接单员打印《付款通知书》，由财务进行付费处理。

三、良质人身保险合同选择时要考虑的因素

由于人身风险都具有危及生命的特点，与疾病和死亡紧密相关，因此在人身

风险评估时，对所有与健康及生命有关的危险因素都要考虑在内。良质合同的选择尤其要注意以下因素：

1. 年　龄

年龄是影响死亡率的首要因素，也是最重要的因素，因此，年龄是决定保险公司是否承保及适用何种费率的重要参考。一般情况下，5 岁之前和 50 岁以后的死亡率相对较高。在这年龄段之间的死亡率则相对要低些。但即便是处于这一年龄段之间，年龄的不同，其死亡率仍有很大的差异。在医学上，年龄对于判断疾病的发生率、病种及预后都有一定的价值。这是因为不同的年龄段，一些常见病的发生率是不同的。一般来说，年幼者急性病的患病率较高，治疗效果好。而人到中年以后则是慢性病的患病率较高，而且治疗效果不太理想。所以，不同年龄段，险种、保额等相应地都有所不同。

2. 性　别

性别是仅次于年龄需要考虑的因素。一般情况下，女性的平均预期寿命除在妊娠期间外总是高于男性，而且，男性社会交往频繁，从事的危险性行业较女性多，更具冒险性，不良嗜好也多，因此，男性的意外发生率较女性要高得多。所以，在相同条件下，很多国家都采取女性低于同龄男性一定费率来计算保费。此外，不同的性别，对于寿险的需求也是不一样的。一般而言，女性在寿险方面的需求相对要小些。这主要是因为男性通常是家庭收入的主要来源，一旦男性出现不测，将会给整个家庭带来很大的影响，因此男性通常更需要保险的保障。

3. 健康状况

寿险的费率是根据人群死亡率制定的，而一个人的健康状况对死亡率的影响是至关重要的。在这一因素中，首先注意既往病史。过去曾患过某种疾病或由外伤都成为既往病史。疾病的出现使死亡率可能增加。但一般而言，急性类的疾病在治愈以后对人的寿命基本上没什么影响。而某些慢性类疾病，由于不容易治愈，所以对死亡率的影响相对大些。所以，在选择保险风险时，这一点是不能不考虑的。其次是现有病症。现有病症指被保险人在参加保险时仍有的未被治愈的病症。在这一环节上，也是依不同性质的病症作出不同的承保决定。第三则是体格是否适度、血压值、心跳频率等是否正常。因为这些的正常与否预示着种种疾病的有无或将来疾病发生的可能性等。此外，现在所说的健康已不仅仅局限于身体无病的物理状态，同时还包括健康的行为、良好的心理状态，健全的性格等，因为不健康的行为、不好的心理状态、扭曲的性格，同样会导致疾病，乃至死亡。所以，后者在寿险的发展过程中也越来越受到重视。

4. 家族史

这里的家族史除了包括家族病史所涉及的家族遗传和某些疾病遗传倾向外，还包括家族平均寿命、家族背景、家族习俗的因素。由于人的生理病理的生命现象通常受到基因的影响，尤其是家族遗传基因的影响。尽管基因对寿命长短的控制并未完全被解释清楚，但基因在其中的作用是显而易见的，所以上一辈的平均寿命也会影响下一代的寿命预期。但这并不表明就可以完全忽视其他诸如社会、自然等因素对疾病的影响。另外，家族的一些传统习俗总是会导致一些特定的疾病患病率增加或减少。在核保时必须区别对待，对于其中的增加或减少的疾病患病率必须综合考虑，才能作出适当的承保。

5. 职　业

职业的不同，导致所具有的危险程度不同，对死亡率的影响也不同。职业按其危险度可分为事故危险职业、健康危险职业、工作环境危险职业。在选择可保风险时，这也是一个非常重要的因素。在了解被保险人职业时，必须清楚其所从事职业的具体工作岗位、工种及工作性质，以确定其所属哪一类职业，然后再确定是否承保或费率。一般的寿险公司都订有危险职业的最高保险金额及附加危险保险费明细表，以作为核保的依据。当职业变更时，应予以重新划分职业类别，并审定新的保险费率。特别注意的是，某些曾长期从事危险职业的人变更职业后仍需慎重考虑。

6. 嗜　好

在这里，嗜好主要是指一些不良的生活习惯，如吸烟、酗酒，尤其是滥用毒品等。这些都严重危害人的身心健康，甚至增加突发死亡的可能。现代生活条件，嗜好的存在与否对死亡率的影响越来越大，这已成为选择保险合同时不能不关注的因素。

7. 经济状况

这一方面要从投保人来看，看他是否有足够的收入来承担保费；另一方面从受益人来看，其现有收入是否与将来可能的收益相差过于悬殊。这一因素的考虑，也是基于避免出现道德风险。

8. 投保动机

顾名思义就是投保者参加保险的目的。投保动机可以从投保人、被保险人、受益人之间的保险利益关系中有所发现。它主要考虑是否存在道德风险问题，可以结合被保险人的年龄、职业、健康状况、经济状况、嗜好、以往纪录、有否隐瞒重要信息以及投保险种、交费方式等方面考察。

第二节 保险计划书的编制

一、保险计划书制作的必要性

保险计划书是指保险从业人员根据客户自身财务状况和理财要求，为客户推荐合适的保险产品，设计最佳的投保方案，为客户谋求最大保险利益，同时又有助于客户理解和接受保险产品的一种文字材料。

我们知道，保险是对不确定的未来提供保障，是一种无形的商品。而一般消费者难以体验到对无形商品的需要。因为他无法用视觉或触觉来体验商品，也就难以衡量购买后会带来多大的满足感。大多数人在消费的过程中都会把满足感与购买的代价进行比较，以确定自己的购买行为。因此，保险营销员必须能把这种看不见的需要和看不见的满足具体化，也就是说必须用有形的方式来销售。所以一份精美、专业、图文并茂的保险产品计划书，再配以业务员准确生动的讲解说明，能给准保户带来比较直观的感觉，为其勾勒出一个情景，使其更清晰地了解产品的特色和保单的利益。让准保户在保险产品建议书上仿佛看到、摸到保险的价值，认定保险是解决这类问题的最佳途径，从而产生购买欲望。

二、保险计划书的制作步骤

（一）分析投保人的保险需求，确定可以满足需求的保险方案

制订任何计划都离不了特定的实施目标，这一要素在保险计划书中体现为对客户保险需求的评估。对客户的保险计划能否是最佳的量体裁衣，关键在于是否度好其身，把好其脉。所以这一部分必须在业务员对客户进行了充分的调查分析的基础上才进行的。

1. 个人和家庭的保险需求

在非寿险方面，个人和家庭的保险保障需求主要表现在规避所拥有的房屋、家具、衣物、家用电器以及车辆等可能会因为火灾、水灾等自然灾害以及盗窃、抢劫、第三者责任等造成的经济损失。在寿险方面，个人和家庭的保险保障需求表现在因意外伤害、年老和疾病，医疗费用、护理费用开支、教育费用开支等引发的经济损失。保险需求还有一个重要方面是客户的投资理财需求。业务员要根

据保险产品的投资功能，激发客户的投资欲望。

2. 企业的保险需求

在非寿险方面，企业的保险保障需求主要表现为财产及其有关利益在发生保险责任范围内的灾害事故时，获得经济补偿的需求。对于企业来说，不仅包括企业的建筑物、机器设备、原材料、成品、运输工具等有形财产的潜在损失，而且包括企业拥有的权益、信用、运费、租金等无形财产的潜在损失。针对保险标的而言，主要包括企业财产安全保险需求、运输工具保险需求、货物运输保险需求、工程保险需求、农业保险需求等。在寿险方面，企业的保险保障需求表现在员工退休保障需求、员工福利需求、合理避税需求、弥补社会保障不足的需求（如补充重大疾病保险需求）、留住人才的需求、创造财富的需求等。

【小资料】

表 9.1 人生不同阶段保险保障需求重点分析

<table>
<tr><th>人生阶段</th><th>单身期</th><th>家庭形成期
（结婚）</th><th>家庭成长期
（孩子 0～12 岁）</th><th>家庭成熟期
（人到中年）</th></tr>
<tr><td>阶段状况</td><td>年轻气盛，四处奔波，意外事故发生率高，保费非常便宜</td><td>人生的一大转折，双薪家庭，两人工作忙于奔波，可能贷款买房</td><td>划时代的变化，家庭责任最重的时候，子女教育费用高，成人病危险群体，着手退休金规划</td><td>家庭责任减轻，人的寿命日益延长，医疗费用增加，生活费用逐渐增加，退休后收入大幅减少</td></tr>
<tr><td rowspan="2">购买理由</td><td rowspan="2">父母真的很辛苦，培养我们大学毕业容易吗？一旦由于意外，致使我们还来不及孝顺父母，怎么办？
透过保险，可以帮助我们完成实现孝敬父母的心愿。</td><td rowspan="2">家庭的主要经济支柱，责任较重，一旦发生意外或疾病可能会陷入困境
透过保险，可以对心爱的人说：只要你活着，我一定要照顾好你！</td><td>父母发生意外或疾病引起收入中断对孩子的健康成长影响很大</td><td>养儿防老风险大，有失尊严，基本养老保险只提供基本保障</td></tr>
<tr><td colspan="2">您的钱包里只有两种钱：一种是属于现在的您，一种是属于未来的一位老翁所有。如果您今天将老先生的钱花掉，那就是年轻岁月透支晚年岁月，今天透支明天，年轻力壮透支年老力衰，生命的现在时透支了生命的未来时；尤有甚者，我们千不该万不该地竟透支了人活着最重要的“尊严”二字</td></tr>
<tr><td>理财方式</td><td>努力工作，增加收入，创造财富</td><td>以买房为主要目标，增加积极性投资</td><td colspan="2">为子女存储教育基金，兼顾收益与成长平衡，为退休金做准备，维持积极性投资</td></tr>
</table>

续表 9.1

人生阶段	单身期	家庭形成期（结婚）	家庭成长期（孩子 0~12 岁）	家庭成熟期（人到中年）
适合险种	意外伤害保险 住院医疗保险 定期寿险	意外伤害保险 住院医疗保险 定期寿险 重大疾病保险 女性生育保险	子女教育保险 意外伤害保险 住院医疗保险 定期寿险 重大疾病保险 补充养老保险	意外伤害保险 住院医疗保险 重大疾病保险 补充养老保险

（二）分析投保人的购买心理

从投保人购买保险的心理因素出发，分析投保人选择某一项保险可能考虑的各项因素。如保险公司的实力、信誉、知名度、服务质量等。有时候，可能投保人的风险保障需求已经得到了满足，然而，从购买心理的角度出发，保险公司所提供的服务还不能满足他的需求。这时就要从险种本身脱离出来而宣传保险服务等软性问题。

（三）保险方案设计

保险建议书最核心的部分就是设计符合投保人需求的具体方案。方案的合理性是该项业务能否顺利承保的关键。因此，在保险方案是业务员在保险策略指导下为客户量身定做的保险产品，也是保险建议书的灵魂及核心所在。

一份优秀的保险方案既要符合保险策略，又要有所创新，这就要求我们在计划书中保险方案的内容和形式各有侧重，形成自己的专业特色。一份成功的保险计划书中保险方案既要体现专业性又要具有通俗性的特点。所谓专业性，是指保险是一项专业性极强、且又属于融会多门学科的行业，目前随着保险市场的不断扩大，保险需求的不断增加，保险条款的设计体现出越来越细化的趋势，并且新型险种层出不穷，这就要求业务人员要充分分析条款的内在含义，理解其设计开发的背景和意义，挖掘其满足不同层面需求者的特点。所谓通俗性，是指个人保险计划书针对的客户毕竟是个人，保险计划书要深入浅出，用含有通俗易懂的投保案例来帮助准客户了解他将会从这份保险中获得怎样的收益。这应该极为直观地展现在投保人面前。

通常来说，一份综合的保险方案中会涉及多个保险险种，比如，在厂房建设工程项目中涉及关系方众多，面临风险错综复杂，可投保的险种有货物运输险、建筑工程一切险、安装工程一切险、第三者责任险、施工机具设备险、建筑工人意外伤害险、雇主责任险、工程设计责任险、工程监理责任险、工程质量保证保险、货物运输险项下利润损失险、建筑/安装工程一切险项下利润损失险等。因此，我们需要尽量了解项目合同（如融资、设计、施工、监理等）中关于保险方面的要求、客户在项目中的控制力度、保险成本的预算等信息，初步判断项目和客户实际需求，侧重介绍目标险种内容，确定具体的保险方案；简单介绍其他险种，只提出相关保险建议。比如，客户为项目业主，建筑工人意外伤害险已交由施工方安排，因此我们可以将此险种的方案省略，但要提醒业主做好相关的监督管理工作，以防施工方少保或不保。

在险种选择一定的情况下，保险方案设计最大忌讳就是：在基本条款的基础上尽可能多地增加附加条款。这种方式不仅难以体现业务员的创新和专业技术优势，而且无法真正满足“量体裁衣”。因为无论是基本条款还是附加条款，都仅是在类似风险经验基础上的产物，对于不同时期、不同类型风险的适用性必然会受到限制。保险业务员提供的保险方案，应该建立在充分分析客户风险、考虑客户实际需求、理解保险基本原理的基础上。

另外，作为保险需求，最首要的当然是客户转嫁风险的保障需求。因此，在表达上，财险方案可直接指出标的的潜在风险（包括潜在的风险频率与损失程度），科学分析，切中要害，从而激发客户的投保欲望，因为有时面临的客户需求可能专业性、技术性很强。寿险方案则要顾及中国人普遍的避讳心态，在分析客户的潜在风险时，表述上宜委婉、模糊、间接、笼统。

总之，保险方案在市场可以接受的程度下，一定要切实符合真正风险分散要求及客户需求，这样才能真正体现业务员的专业优势，促进保险方案的不断创新和进步。

（四）制作形式精美的保险计划书成品

内容和形式的统一，是一份优秀建议书的客观需要。保险计划书的内容通常要求简练但不简单、丰富但不冗杂，能够体现出专业特色，又能通俗易懂，具体的意见前文已经阐述。但通常我们对于保险建议书的形式不是很重视，对此，作者提几点意见。

（1）封面、封底的设计要大方、清晰、醒目。封面清楚标明项目名称或客户名称、建议书类型、提交人名称、日期等，另可依据情况增添类似插图等；封底上可标明提交人的详细信息，如公司名称、地址、邮编、电话、传真、网址等。

（2）扉页设计往往是我们忽视的细节。以往的计划书都是直奔主题，不妨尝试在扉页设计上先有一段问候，感谢客户给我们提供了机会，亲切的问候会使客户如见其面，增加亲切感。有时计划书会比较厚，冀望客户通篇阅读几乎是不可能的，最好能在扉页中增加一个计划书概要，简单介绍计划书的框架及内容，突出计划书表达的中心思想，最好能够提出客户最感兴趣的问题，引导客户去阅读计划书。

保险计划书冗长是我们常犯的毛病，计划书中部分内容若需加重笔墨说明，或是增加参考材料等可用附件的方式予以补充，以保证计划书的简约和缜密。

三、保险计划书的制作原则

1. 合理搭配保险责任原则

在设计保险计划书时，要分析客户面临的主要风险、次要风险，然后再确定保险责任。确定保险责任的主要根据是客户所面临的风险。客户在不同的年龄段或从事不同的行业，所面临的风险不同，对保险的需求也不同。例如，汽车司机、经常在外跑业务的销售人员面临的主要风险是意外事故；对于一些模特、演员，面临的是老年生活保障等问题，更需要养老保险来保障。

2. 合理确定保险金额原则

合理确定保险金额原则就是设计计划书的时候应该设计多高的保障，为什么要设计这样的保障以及应该遵循的原则。保险金额的合理确定一般是以准保户的年薪为标准量入为出。从国际上发达国家的理论标准上讲，通常是年收入的 10 倍左右为合理保险金额。但在我国，由于公众保险意识普遍不强，综合考虑现有的收入状况与消费水平，我们认为，以年收入的 2～3 倍为保险金额比较合理。如果保险金额不合理，随之而来的保障当然不全面。所以，我们从一开始设计保单时就要遵循合理保险金额原则。

3. 适当保费原则

保险销售人员在设计保费时，应当考虑客户的收入状况。保费过高，会给客户日常生活造成影响，客户甚至会因为高昂的保费而苦恼；保费过低，又会降低保险应有的效果。一般而言，合理的保费应为客户收入的 10%～20%左右。另外，交费方式一般选为年缴，期限一般为 10 年、20 年，对于有经济能力一次性交纳的，也可以采取一次性交纳的方法。

保费的确定应以不影响准客户的生活为基本出发点，千万不要为了达到自己的行销计划而为准保户盲目设计。如果这样，即使最终能够侥幸签约，也会为未来的工作留下隐患。

4. 先保障后储蓄原则

保障型险种只需客户花费很少的钱就可以得到巨额的赔付，但这一险种存在两个非常关键的问题：① 核保要求较严格，不易通过，因为保险公司需承担很大的风险，这种保险适合年轻人购买；② 这种保险越早购买，其保费越便宜，随着年龄的增长，保费会急剧增加。

储蓄型险种没有以上问题，它主要是为客户养老储备基金，保险销售人员可以向客户说明储蓄型险种的好处。

如果制作的是人身保险计划书，那么业务员除了遵循上述原则外，还应遵循：

5. 夫妻互保原则

一些保险销售人员会有一种错误的做法，即没有让一对夫妻同时投保，仅帮助其中一方做了保险。其实，一个完整的家庭保障计划应该是包括客户主体及其家人的。

6. 先大人后小孩原则

许多客户已为人父母，但由于并不了解保险，所以仅从自己的观念出发，认为孩子才是最需要保障的。实际上，这种想法是错误的。保险销售人员应让客户明白，孩子没有经济能力，而父母一旦发生任何意外，很可能使孩子无所依靠。

四、保险计划书文本内容框架

一般来说，保险计划书文本内容框架如下：

1. 前言（需求分析）

此部分可对“风险评估”结论作一简要概述，并向客户陈述购买所推荐保险的好处和利益，即说服客户“为什么”买保险。需求分析常见关键句有：“弥补企业自保的局限性”“轻装上阵，专心致力于生产和经营”“摆脱企业工伤医疗责任的沉重负担”“增加企业凝聚力”“展示企业实力，提高企业形象”“减轻您及家人的后顾之忧”“体现您对家人的爱和责任感”等。

2. 保障内容

保障内容包括推荐险种、保障范围、保险责任、保险金额。

3. 保费计算

一般情况下，选定套用费率，列出保费计算公式和保费额即可。但对较复杂的企财险、工程险等，鉴于保费谈判具有较大弹性，并且保险公司常常面临竞争同业的价格竞争，为了让本公司的现行费率更有说服性，常可采用费率比照法说服客户。

4. 配套服务项目

鉴于客户服务将是保险公司竞争的未来趋势，此部分尤其要显示公司的差异化服务竞争优势，可陈述项目包括：本公司的服务网络及组织架构，本公司的服务项目及内容，如风险咨询、风险评估、防灾减损、风险管理知识培训等风险管理服务，理赔服务，热线电话服务，“VIP”客户特殊服务以及各项超值服务。

5. 本保险建议的优势、特色分析

可对本保险建议的保障范围、保险价格、保险服务的个性化优势等加以点评，以便增强本保险建议的吸引力和说服力。例如，针对保费项，可把客户防灾减损及损失补偿自筹资金措施所花费成本（含机会成本）与购买商业保险所花保费在经济性、成效性、便利性及实施可能性等方面进行对比，突出买保险的独特优势。

6. 公司介绍

此部分内容可对公司历史、规模、承保能力、曾承保的重要项目及现行销售的保险种类加以介绍。如“承保能力”，涉及本公司资本金、准备金、近年保费收入、赔款额、利润额及再保险支持等。

◆ 本章小结

保险公司投保业务流程主要包括：分析保障需求、确定投保方案、填写投保申请、缴纳首期保费、核保处理、出具承保凭证等环节。

由于人身风险都具有危及生命的特点，与疾病和死亡紧密相关，因此在人身风险评估时，对所有与健康及生命有关的危险因素都要考虑在内。良质合同的选择应考虑年龄、性别、健康状况、生活习惯、个人嗜好等相关因素。

保险计划书是指保险从业人员根据客户自身财务状况和理财要求，为客户推荐合适的保险产品，设计最佳的投保方案，一份精美、专业、图文并茂的保险产品计划书，再配以业务员准确生动的讲解说明，能给准保户带来比较直观的感觉，为其勾勒出一个情景，使其更清晰地了解产品的特色和保单的利益。保险计划书在制作过程中应按照一定步骤并遵循一定原则来编制。

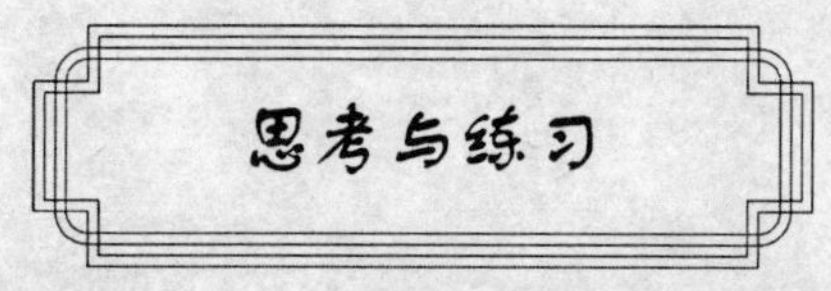

（1）简述投保业务流程。

（2）阐述选择良质人身保险合同需考虑的因素。

(3) 简述制作保险计划书的步骤。

(4) 简述设计保险方案的技巧。

(5) 简述制作保险计划书的原则。

(6) 针对选定保险对象，制作相应计划书。

第十章 保险推销技巧

◆ 本章要点

在保险营销里，如何开拓准客户进而顺利促成签单是对保险营销员能力和营销技巧极大的考验。本章通过学习缘故开拓法、陌生开拓法、连锁开拓法等准客户开拓方法以及具体的技巧，从而使保险推销更加顺畅，提高保险推销的签单率；通过学习保险促成的技巧和禁忌，使营销员在签单时能做到有的放矢；通过学习营销中应对异议的方法，使营销员在保险推销实务中能够具体问题具体分析，灵活运用不同方法化解不同客户的拒绝。

第一节 准客户开拓

一、准客户开拓的方法

（一）缘故开拓法

所谓缘故开拓法，就是善用关系网，向熟人或通过熟人、保户的介绍向其他陌生人推荐保险的技巧。“千万别忘了你的朋友和家人，他们一样受到死神的威胁。他们的家庭也一样需要保障。如果你连最亲爱的家人和朋友都无法保护，还销售什么保险？”然而，这却是保险营销员最常犯的错误：到处寻找准保户，到处拜访，却忘了自己的邻居、家人和朋友。

使用缘故开拓法是保险营销员首先使用的方法。使用这种方法：① 可以利用自己已有的人际关系，尽快产生营销业绩，培养自信心；② 从熟悉的人开始，容易克服心理障碍；③ 能弥补自己在营销起步阶段技巧上的不足。营销保险有许多操作技巧，这些技巧需要通过实地演练，才能慢慢熟悉和掌握。而自己的亲朋好友，正是演练营销技巧的对象。

一个人在工作和生活中，总是不断地在与原来不认识的人打交道，因此每个人在日常生活中会认识大量的新人，通过日积月累，就能积累起一个比较庞大的关系网。其中，除了家庭成员外，还会有老师、同事、同学、亲戚、领导和朋友等，通过他们又可进一步横向发展，如朋友的朋友、同学的同学或同事等，这样，关系网和交际圈会不断扩展，不断成为新客户源。

从本质上来说，每个人都需要保险。随着经济实力的增强和社会经济水平的发展，他们或早或迟都将向保险销售人员购买保险。中国一直以来都是一个特别讲究人际关系的国家，历史文化的底蕴使我们在感情上更倾向于自己所认识和信任的人。与其让一个陌生的保险销售员向自己的亲朋好友销售，还不如利用自己的关系直接向他们陈述保险的优点，力争抢得先入优势，早日向他们销售保险。在亲情关系网中，往往是突破了一个人，就会形成多方面的影响力，连片突破，所以做保险销售，要特别注重利用人际关系来开拓自己的保户群。

1. 寻缘找故分类标准

一般情况下，利用缘故开拓法时，常用的寻缘找故分类的标准有：

(1) 与自己有关的人；

(2) 与配偶有关的人；

(3) 求学时期认识的人；

(4) 职前认识的人；

(5) 与孩子有关的人；

(6) 相同宗教信仰所认识的人；

(7) 所在俱乐部认识的人；

(8) 各行各业接触中认识的人；

(9) 与交通工具有关的人；

(10) 与房屋有关的人；

(11) 邻近的潜在保户；

(12) 社会活动中认识的人；

(13) 因相同嗜好而认识的人。

这样分类好处很多，可以根据对象准备话题，与即将拜访的准保户有共同语言，易于找到切入点。

2. 使用缘故开拓法的注意事项

虽然使用缘故开拓法容易入手，但在使用时也应该注意如下事项：

(1) 视亲友如己，决不打马虎眼。千万不要因为是亲友就可以随随便便，必须诚心诚意地为他设计一份最合适的保单。

(2) 坚持最专业的服务。亲朋好友也是保户的一员，你能给别人提供专业的服务，给自己的亲友更应如此。

(3) 决不强迫营销。虽然是你的亲友，也没有义务一定要买你的保险。

【小资料】

亲朋好友的开拓
——缘故法

巴罗开始行销保险时，接触的第一位准保户是一位很要好的朋友，叫艾迪。他是一家汽车公司的业务经理。艾迪听到巴罗改行非常高兴，想向巴罗买保险。

第二天，艾迪告诉巴罗："巴罗，我认为这个计划很好，但是要等一阵子。目前我有3 000元钱冻结在股票投资上。如果我现在脱手将损失一笔钱。不过我相信股票会回升的，到时我就卖掉股票来买保险。记着每天和我联络，股价每天都可能回升。"

机会终于来了。

"巴罗，股票回升了，星期一来找我签约。"艾迪满脸笑容地告诉巴罗。巴罗离开艾迪的办公室时快乐得像一个小孩子得到了玩具，他赶回办公室告诉经理："我终于把保险卖给艾迪了。"

星期一巴罗又去，他见到了艾迪——但是，他却躺在了棺材里……

上星期五艾迪上班时好像患了重感冒，同事们都劝他回家休息，艾迪还带病工作了一天。晚上他太太打电话请医生，而医生不能来，就这样拖到星期六早上，医生到达时，艾迪已经不成人样了，他的肺部受到了感染。虽然马上送到医院急救，但是，一切都太迟了。

见到艾迪躺在棺材里，巴罗才深刻感受到保险的意义。握着艾迪寡妻的手，望着棺材里的艾迪，巴罗和艾迪妻子两个人都哭了。巴罗一次又一次地对自己说："我错了，我错了……""不，这不是你的错，你已经尽了力。"艾迪太太说。但是，在内心深处，巴罗还是一再地责怪自己，本来他可以为艾迪家庭尽一点责任，但是他没有做到。

资料来源：周伟. 保险产品行销技巧. 北京：清华大学出版社，2006.

（二）陌生开拓法（随时随地发现准保户）

所谓陌生开拓法，就是营销员直接向不认识的人介绍和营销保险，又称生活化营销或陌生拜访，这是一个营销员走向成功的基本功和必由之路。对于新的营销员来说，陌生拜访是应该做也是必须做的。陌生拜访能磨炼人的意志和信心，同时，它也使营销员能在较短的时间内迅速学到很多营销、与人交往接触的知识和技巧，还能使新营销员积累起准保户源。所以，很多保险公司都强调，新营销员要从陌生拜访做起。陌生拜访是最基本、最直接、最可靠的寻找和发现保户的方法。世界上没有哪一个营销员能不通过陌生拜访而获得事业成功。即使把目标市场定位于企业团体的营销员，到后来也还得依靠陌生拜访的方法开拓准保户。

一个人的关系毕竟有限，如果仅仅只是局限于周围的人，那么，这个销售员肯定不可能成为一个优秀的销售员，关系再多，认识的人再多，也有用完的一天。因此，更注意的应是如何利用日常机会来发现和挖掘准保户，即从陌生人中寻找未来的机会所在，这才是真正的准保户开拓。

每一个有他人的场所，都是保险销售员开拓准保户的地方，如学校、医院和其他公共场所、机关企事业单位等，各类文化娱乐场所、社交活动场所更是良机所在。例如，广州平安保险公司的一位业务员就是该类高手。广州天河体育中心有个城市高尔夫球场，在那里活动的多是一些高级白领及一些中小企业的经理，这些人的消费能力比较强，文化素质比较高，保险意识也比较强，所以对保险的需求和购买能力也高。这位业务员把眼光放在此处，一有时间就经常光顾，虽然开销不小，但收获更丰，不到半年时间，就在那里签下了几十万元的保单。

1. 陌生拜访须注意的问题

(1) 随时处于工作状态是十分重要的。要做到眼勤、耳勤、嘴勤、手勤，而且随时备有纸和笔，记录所得到的资料。要及时回访，最好不超过 48 小时。因为准保户是随机出现的，时间一长便会淡忘，难以唤起记忆。

(2) 拜访必须有一个特定的目的。但主题应随对方的反应而定。陌生拜访不是天女散花似的毫无目的，而是事先经过选择的。有些人喜欢将学校、机关或企业团体列为陌生拜访的对象，但不管拜访对象如何，最好能对拜访对象的基本资料或需求有所了解，并持之以恒地开发下去，以不达最终目标绝不终止的心态来自我要求与勉励。

(3) 避免给准保户过多的压力，遭遇挫折不要灰心，要有“三顾茅庐”的精神。不少营销员常以自己的业绩压力来请求准保户投保。但是，不论是让准保户有压力，或是以欺骗准保户的方式迫使对方投保，都不是建立个人销售形象应有的策略。

(4) 正确面对拒绝。陌生拜访原本就比拜访亲朋好友要困难，因此，若遇到准保户冷漠的反应，也是很正常的现象，不要因此灰心丧气，只要稍做心理调整再次拜访即可。还有一种是做家庭式的陌生拜访时，遇到的准保户是先生或是太太其中一个不在家的情况，不管是哪一方在家，通常他（或她）都会表示，必须征求另一半的意见才能决定。此时，除了留下资料供其参考外，营销员应切记与准保户约定下次见面的时间，不要勉强准保户立即回答是否投保。

每个人都有认识新朋友的经验，在结交新朋友之前，彼此因不了解，而采取观望、尝试接近对方的态度。我们将陌生拜访视为另一个结交新朋友的机会，即使营销保险的目的未能达到，扩大社交圈的目标总不致落空。

2. 陌生拜访须遵守的原则

(1) 消除先入为主的想法。营销员应充分意识到要拜访的准保户都有可能成为保户，也可能都不是，做好吃闭门羹的准备。

(2) 专业形象。第一印象很重要，营销员应该以一个积极、正派、令人赏心悦目的第一形象出现在准保户的面前。当他打开门的时候，看到的应该是一个大方、专业的保险营销员的形象，永远不要等保户打开门了才手忙脚乱地找名片及资料。

(3) 要有信心。要深信自己营销的保险商品必定能博得对方的喜欢，记住自己是把福音带给所拜访的人，所以，要理直气壮，神态大方自然。如果畏首畏尾、犹犹豫豫，肯定会以失败告终。

(4) 要有一个吸引人的开场白。一般来说，在必要的开场白之后，要给准保户留一个思考的时间，然后迅速切入主题，不要转弯抹角。但要切记，在没有看见准保户露出许可的神情之前，最好不要展开正式的商谈，应以轻松的心态等待。这时，不妨就自己对周围环境的发现开展闲聊。如果准保户不反感，则可以继续进行下去；如果准保户很不耐烦，应及时“刹车”。

(5) 要注意避免随意评论准保户的现状。特别是千万不要批评准保户现有的保险计划。一般人都不喜欢别人批评自己的不是，所以即便准保户的现状有不尽理想、尚待改进之处，也不要妄下断言、随意评判，除非准保户自行提出对现状的不满。假如准保户对现状的确颇有微词，不妨趁机捕捉其不满的原因，增加彼此的话题，并以其不满之处为重点，强调投保的好处，借以拉近双方的距离。

(6) 注意察言观色，见机行事。第一次陌生拜访由于其突然性，所以时间不宜太长。除非已进入室内就座，否则不要谈论保险。仔细观察对方，若准保户有兴趣，则继续商谈；否则，应先告辞，但别忘了征询准保户的意见，了解其原因，下次再谈。绝不可勉强准保户，与准保户纠缠，这样只会引起反感。毕竟是第一次拜访，能让准保户认识你、接受名片，目的基本达到了。

（三）连锁介绍法

一个保险营销员的人际关系网是有限的。要迅速有效地开拓保险营销业务，必须借助别人的力量。这种借助别人的帮助将保险营销员带入自己并不相识的人群中的方法就是连锁介绍法，又称转介绍法。

为了永远保持足够的准保户，连锁介绍法是最有效的，被视为营销的王牌。

请求保户或熟人介绍其他人，最大的优点是使被介绍人有信任感。保险营销中的信任感，正是促使保户购买保险的第一要素。如果能说动周围的亲戚、朋友、同学、同事等人帮助介绍新客户，宣传你的诚信与服务质量，通过一个介绍几个的链式开拓方法，就能为你带来源源不断的客源，提供取之不尽的保源。这也是一个优秀保险销售员成功的必由之路。前提是你确实是一个爱岗敬业、诚实守信、服务优秀的保险销售员。所以提高服务质量，维系好客户关系是该法的首要关键，只有以老客户为突破中心，在优质服务的向心力之下，才可能出现保户滚雪球式的效应，从而形成准保户的链式增长。

连锁介绍法的优点是：从一开始营销员就得到信任，成功的可能性较大。通过介绍人，可以了解到被介绍人的情况，为收集资料节省许多时间，“物以类聚，人以群分”，往往介绍人与被介绍对象之间有着相似的背景，如经济条件差不多，有相同嗜好等。此法的缺点是：不容易获得有力的介绍人；如果营销失败，不但会让介绍人难堪，甚至可能一下失去许多准保户。

1. 运用连锁介绍法的注意事项

(1) 取得对方的信任。若要介绍人介绍准保户，保险营销员必须取得对方的信任。当保险营销员被介绍人拒绝时，可以说，“没关系，先生（小姐），我想我了解你的感受，把你朋友的名字告诉我，我保证绝不提你的名字。”

(2) 遵守保密要求。如果在访问被介绍人时，他问：“你是从哪里知道我的名字的？”而之前介绍人不愿透露自己的名字，营销员就要严格按照协定，绝不提起介绍人的名字。也不应在被介绍人面前支吾不清，而应肯定地回答：“先生，我的工作就是与人打交道，我要处理很多保密材料，必须遵守别人的保密要求，只要我的确知道您就行了。”

(3) 把握谈话内容。初次见面，一定要关注对方对谈话的反应。谈话的时间不在乎长短，注意不要让对方反感。

(4) 及时告知介绍人访问结果并表示谢意。当营销员拜访了准保户以后，一定要告诉介绍人拜访的结果，并对他表示感谢。这不仅是应有的礼貌，同时也是与介绍人（准保户、保户）加强联系的理由。找到了访问对象或名单，就不再与介绍人保持联系，是一些营销员常犯的过错。对介绍人而言，既然他决定帮助你，他也一定希望一同分享营销员的成功，或进一步帮助营销员获得成功。因此，营销员应尽可能多地告知事情的进展，如果遇到困难，也可请求介绍人的指点、建议，尽量让介绍人参与进来，使他更深刻地感受到营销员对他的信任和尊重。

(5) 要报恩。在事情做成之后，别忘了感谢介绍人。购买一些小小的礼品以表谢意是最适宜的，介绍人也会更乐意为营销员出点子。

（四）资料开拓法（注意从各种名册、名录等公开资料上寻找机遇）

广州中保的一个业务员认为，做团体保单最具有挑战性也最容易获得最大的业绩，所以他把目标定位在这上面。开始时，他比较盲目，像扫荡似的一家家拜访，但效果很不好，很多时候甚至连门卫都不能通过。后来，他在一家图书室看到一本广州市政府编的《广州市政报》，里面除了刊登广州市的各种政策法律法规之外，广州市的各政府部门、大公司、大企业的领导变动情况也尽刊其中。在这本书的提示下，现在，已没有门卫能拦住他了，因为他一进门就报出某某局长、经理之名，说是应约而来。而且，由于他注意利用团体、组织，往往一次拜访，即使不能商谈团体保险，也可以与许多准保户见面，签成了不少的个险保单。

类似的例子还有很多，如工商企业名录、各地区和各部门的电话号码簿、大型博览会或展览会的名单等，销售员在有选择性地甄别后，进行拜访和联系。营销员的"金矿"是什么？香港著名的营销教育工作者冯两努认为："在自己家中，既笨重又不起眼的东西，就是电话簿和一台电话。"根据他的统计，每打 250 个电话，便可找到"一两黄金"。

另外，各类聚会、宴会、交流会、展评会等场所都是认识和寻找销售机遇的好方式。通过它们可以使保险销售员拓宽眼界，建立更广泛的社会关系网。街头咨询也是展示会的一种，是一种简单易行、比较有效的营销方法。很多新营销员一般首先采用这种方法来开始自己的保险营销生涯。

（五）咨询调查法（通过咨询和市场调查寻找准保户）

保险销售员除通过从咨询公司获取更多资料外，还可以到工商局、计委、税务、科研设计单位去咨询，从而收集更多的准保户资料。

参与公司和自己模拟的市场调查，也是倾听保户意见、寻找准保户的重要手段。另外，市场调查亦可帮助保险销售员了解市场动态，清楚市场需求，理解保户感受，为制订寻找保户计划和销售计划打下坚实的基础。

总之，准保户无时无处不在，只要保险销售员下定决心去开拓，方法得当，机会时刻在等着你。

二、准客户开拓的技巧

（一）留下良好的第一印象

第一印象是客观存在的，也是人们交往中一种正常的、有趣的心理效应。所谓第一印象，也叫首次印象，是指人与人之间在第一次交往中留下的印象。首次交往中的第一印象好，继续交往的积极性就高，就有可能“一回生，二回熟，三回四回成朋友”在朋友的基础上还有可能发展成为至交。在保险营销中，良好的第一印象有利于消除准保户的怀疑心态、不安心态和排斥心态。不可否认，现实中，在一部分消费者的心里营销员就是骗子。特别是近年来一些传销者专门骗自己的亲戚朋友，使他们蒙上了被人欺骗的阴影，严重败坏了营销员的形象。当营销员出现在准保户面前时，无论是陌生人，抑或是熟人，他们都会用怀疑的眼光看待。因此，如何在准保户心中形成良好的第一印象，对营销员至关重要。形成良好第一印象的基本要求有：

(1) 衣着整洁大方，言谈举止得体。既要同自己的身份相符，又要顾及约见的准保户的个人习惯。心理学家研究认为，整洁大方的衣着，是各种角色或职业的人们所共同认可的一种标准。

(2) 见面之前先拟订营销的重点。如果营销自己的重点选择错了，就会给准保户留下一个不好的第一印象。因此，应先拟订一套营销自己的计划，然后按部就班地实施，才能有好的效果。

(3) 为人真诚。与准保户谈话，无论是介绍自己，还是回答别人的问题，要实事求是，讲心里话，既不要言不由衷，也不要信口开河、口是心非。得体，就是要审时度势，掌握分寸。

(4) 待人要不卑不亢。不论同哪一个准保户面谈，也不论对方地位高低、资历深浅、条件优劣，都要不卑不亢，既要热情又要谦虚，不要使准保户产生反感情绪。

(5) 不要不懂装懂。一个人不可能什么都懂。知之为知之，不知为不知，不要不知以为知。有的营销员与准保户聊起天来，不知天有多高、地有多厚，不懂装懂，这样会严重影响行销工作。

(6) 不要问自己不必知道的事。初次见面便多嘴多舌，常会引起准保户的不满和反感，从而不愿和保险营销员继续谈下去。

(7) 对准保户使用姓加职务的称呼。初次登门，除非事先了解准保户姓名、衔级职务，一般来说，是双方坐下并互致问候和互通情况后，才知道彼此姓名及职务的。如果营销员在初次见面就以姓加职务称呼对方，对方就会感到愉快。无疑，准保户对营销员就有了好感。

(8) 善于借用第三者的立场提出反驳或驳论。初次见面中，营销员一般不好意思否定准保户的观点。有的时候，对方明明对人寿保险的认识或观点很不正确，保险营销员想提出反驳又怕得罪或惹恼了对方，使生意做不成；不反驳吧，又觉得憋着难受。对此，营销员在反驳前可说明：“有一些人认为……”然后提出反论，就不会刺激对方了。

(9) 对准保户的一些小错误应该视而不见。在营销会谈中，如果指出对方无关紧要的小错误，会因此损伤对方的自尊或面子而引起他的紧张与不安，进而破坏会谈的气氛。

(10) 倾听准保户说话，以各种形式给予反应。准保户说话时，如果营销员不停地点头，或不时发出“嗯”的声音等积极的反应，对方会觉得营销员确实在用心聆听。为了表示感知的程度，除了点头和普通的“嗯”之外，还应进行积极的回应。例如，“原来如此!”或者“真有点意外了!”等，都能取得很好的效果。要注意的是，回应要适可而止，不要太多话，“言多必失”，会产生相反的效果。

(11) 不露痕迹地夸赞几句能收到意想不到的效果。一个能干的营销员除了善于营销之外，还要长于阅人，即只要一接触，就能看出对方的情绪和愿望。心理学家研究认为，人们都比较喜欢受到表扬，但也发现，表扬要基本符合事实，无端的吹捧也会惹人生厌。

(12) 既要注重自己的仪容，更要注重自己的表情。整理表情比整理仪容更重要。衣冠不整容易给人以懒散及不修边幅的印象，而表情不对路则会使对方感到你是个很难对付的人，甚至还会感到你在讨厌他。人的心理特别是人的情绪是藏不住的，七情六欲都很容易显现在脸上。所以，保险营销员要想给初次见面的准保户一个良好的印象，应该细心调理自己的心境。一般说来，大部分营销员约见准保户时，只注意自己的领带是否歪了，头发是否乱了，衣服纽扣是否对齐，而很少注意自己的表情。照镜子时，不妨做个深呼吸，看看自己的表情和平时有什么不同，如果发现自己的心境和表情有一些紧张不安，可以对着镜子笑一笑，以此舒缓一下自己的情绪。

(13) 准保户若在看表，就应该准备结束谈话。如果营销员与准保户初次见面的时候，发现对方偷瞄了一下表，就应该立即结束话题，否则自顾自地说下去，对方可能会由不耐烦变为厌恶，那就没有回旋的余地了。准保户看表后，如果营销员没看见，或者有些话非要说完不可，对方可能会频频看表，甚至还问你“现在几点了”，这时，即使再重要的话也不必说了，立即起身告辞才是最聪明的做法。

(14) 不可忽视分手时的表现。如果营销员在与某一准保户初次会面时，曾有某些言行不得体或是表现平平的话，可以在分手前有一些良好的表现，以改变准保户对营销员原来的印象。如果原来的表现很好，给准保户的印象也很佳，分手的时候更要特别注意，否则，就算最后的一分钟也可能功亏一篑。

(15) 初次见面后致电或致信使对方加深第一印象。信一定要写得好。一方面，要确实根据准保户的实际情况来写，不能毫无端由地赞扬或道谢；另一方面，不要千篇一律，更不能打印数张只填个名字就邮寄，这样的信还不如不写。信写得好，可以使对方重新想起见面时的情形，这是一种非常有用的“记忆增强法”。

（二）有针对性地取悦不同类型的准保户

营销员必须事先对每一位准保户进行分析研究，根据不同的性格，采取有针对性的方法。

(1) 沉着型的准保户。这一类型的人非常冷静，凡事都爱三思而后行。任何一件事，若不向他好好地解释，使他完全了解，他绝对不会接受别人的建议。营销员要耐心讲解，用“道理”说服他。

(2) 犹豫型的准保户。这一类型的人做事总是犹豫不决，他害怕“决定”一件事物。这种人，必须有一大批“顾问”或“秘书”，在身边协助他。面对这类准保户，营销员要做的就是成为他的最佳顾问，替他做决定。

(3) 直性型的准保户。这一类型的人没有固定的性情，说他性情暴躁，有时候却又像一只绵羊；说他为人温和，有时又暴跳如雷。他们经常是喜怒哀乐，变化无常。与这种客户交谈时，尽量避免让他感情暴躁，绝对不能与他打硬仗。他硬的时候，营销员要软下来；等到他软下来的时候，营销员就要寻机行事。因为这种人不会轻易听信他人的话，在打交道时要特别小心。

(4) 社交型的准保户。这一类型的人很会而且很爱说话。这种人一见面似乎很容易被说服，其实他们不易被说服。面对这类准保户，通常采取的办法是：自始至终保持清醒，千万不要被假象所迷惑；否则，往往会前功尽弃。

(5) 排他型的准保户。这一类型的准保户不善于交际，不轻易开口，但对于别人的话却很敏感。别人不当一回事的玩笑，有时会得罪他。通常采取的办法是：尽量少和他说话，尽量附和他，让他喜欢你。一旦他喜欢上你，就会完全信任你。

(6) 独尊型的准保户。这一类型的人是“普天之下，唯我独尊”。他以为天底下，他的意见是最可取的，他的观点是最正确的。他很顽固，听到不同的意见很不耐烦，决定事物的时间和方式都让人惊奇。营销员面对这样的准保户时，假如用正面攻击的方法，一定会吃败仗。因此，最好尽量采取和准保户妥协的态度取悦于他，一点一点地使他的主张接近营销员的想法。这就是所谓的迂回作战或者侧翼进攻的战术。

“世事通达皆买卖，人情世故即生意。”作为营销员，不但要知道这句话，而且要牢牢记住这句话。对营销员来说，如果能坚持保户第一，事事能够取悦保户，那么离成功就不远了。

（三）倾听准保户说话

保险营销员听准保户说出他的意愿是决定采取何种营销手段的先决条件，听准保户的抱怨更是解决问题、重新让保户对保险产品产生信心的关键。保险营销员在听准保户说话时，应做到：态度诚恳，专心致志地听，并利用准保户说话的时间进行思考，找出准保户的困难点，这样才能增加营销成功的可能性。倾听是了解准保户需求的第一步。

1. 倾听准保户说话的重要性

(1) 听准保户说话代表尊重。聚精会神地倾听，准保户一定会有被尊重的感觉，因而可以拉近彼此之间的距离。有一位保险营销员，经朋友介绍去拜访一位曾经买过他们公司保险的保户，一见面，照例先递上名片："我是××保险公司的营销员，我姓……"才说几个字，就被保户以十分严厉的口吻打断了，并开始抱怨当初他买保险时种种不悦的过程。这位新营销员一句话也没有说，只是静静地在一旁倾听。终于，等到保户把之前所有的怨气一股脑儿地吐完，稍微喘息时，才发觉这个营销员好像以前没见过。于是便有一点不好意思地回过头来问他："年轻人，你贵姓呀，现在过来有什么事情吗？"半个小时后，这个营销员欢天喜地地离开了，因为他手上握着两本新险种的保单。

在这个成功的案例中，营销员从头到尾恐怕讲了不到十句话，但是他却成功地完成了交易。原因就在于保户的一句话："我是看你老实又很尊重我，才向你买新险种的！"由此可见，营销的重点之一就是专心地听保户说。

(2) 听准保户说的时候营销员才有空思考。如果营销只是单方面由营销员推，准保户就会不断地退，营销员越是不断地说商品很好，准保户越觉得烦，营销成绩自然不佳。如果能让准保户说出想法，营销员可以利用在一旁倾听的时间想其他对策，使成交的可能性增加。

(3) 可以反映出准保户的困难点。面对面营销时最令人泄气的莫过于准保户冷淡的反应与不屑的眼光，这对营销员的信心是沉重的打击。许多准保户在回答时只会应付式地说几句客套话，这是因为准保户担心说出他的需求后，会被营销员纠缠而无法脱逃。所以，准保户会在与营销员应对时尽可能地采用能拖就拖、能推就推的策略拖延。要去除这个困扰，必须想办法让准保户多开口，并且在询问的过程中，务必让他说出核心的问题，这样才能找到营销的切入点。

2. 倾听准保户说话时的注意事项

(1) 端正认识。不要把认真倾听别人谈话看做一种技巧，而要把它看成是个人的修养、品德的表现。在别人说话时，要真正做到态度诚恳，诚心实意地去听，而不是敷衍。在听的过程中，与对方共享他成功的快乐，共同分担失败、挫折带来的痛苦和烦恼。

(2) 态度诚恳。倾听时，态度要诚恳，全神贯注，直视对方。如果有可能，可以做些记录。若营销员在与准保户谈话时不耐烦，不注视对方的眼睛，老是东张西望，或者盯着其他的地方、事物或人，是对别人的不尊敬。

(3) 不要打断对方的谈话。随意打断对方的谈话，是一种缺乏修养、没礼貌、不尊敬对方的表现，极容易招致别人的反感。如在某种情况下，营销员一定要打断对方的讲话，要用“请原谅”开始。

(4) 用语言和形体语言鼓励准保户说下去。为了表示自己在认真听，营销员应当用短语表达感受，鼓励对方说下去。对准保户的一些精彩的论点、精辟的见解、幽默的语句要加以重复，并适当地赞扬。为了向准保户表明对他说的话感兴趣，营销员可以通过一些形体语言，如上身正坐略向前倾、点头、恰当的目光对视（不要死死盯着对方）等来表示。这些做法虽然简单，却能证明营销员对准保户的谈话很感兴趣，从而鼓舞他继续讲下去。

(5) 充分利用沉默。人们在交谈过程中，会出现短暂的停顿。其实，这种短暂的沉默，对营销员来讲，并不是一件坏事，而要充分利用它为营销成功服务。当营销员希望准保户讲话时，应停止讲话，注视对方，静静地等待。当对方中止谈话时，营销员最好不要首先去打破沉默，而要让准保户去打破。这时急于打破沉默的准保户所说出来的信息，往往是最有用、最重要、最直接的。营销员要充分利用沉默，使准保户把他想要讲的话都讲出来。

(6) 与准保户产生共鸣。做一名好的倾听者非常重要，但也很困难。因为无论对方谈话的内容营销员是否感兴趣，都必须认真、耐心地倾听，绝不能表现出勉强和敷衍；而且必须发自内心、真诚地与他谈话的内容产生共鸣，为他的成功而高兴，为他的失败而难过。也就是说，营销员的情绪和面部表情必须随着准保户叙述内容的变化而变化。

(7) 抓住中心，理解话中的含义。认真倾听的主要目的是通过听准保户的话，进行分析、综合、概括，了解准保户说话的中心，理解话意，听出对方的弦外之音、言外之意。准保户在说话时，由于各种各样的目的，或者水平有限，而不能明确地把意思表达出来，这时只有认真听，注意他的身体语言，才有可能完全理解对方的谈话内容。在人寿保险营销中，准保户往往以各种各样的理由拒绝购买保险。若保险营销员不认真听，怎能分辨出哪个拒购理由是真的，哪个拒购理由是假的？拒购理由是真是假都不能分辨出来，下一阶段的排除异议就更无从谈起了。

(四) 揣测准保户的态度

保险营销员，尤其是人寿保险营销员的工作方式主要是走家串户，不请自去。那么，当敲开准保户的家门，让其知道自己的来意后，对方是持欢迎还是拒绝的态度，可以通过他们的一系列表现而得知。

1. 不请保险营销员进门

这表示准保户对营销员还持有戒备、畏惧和猜测；同时，也表现出对保险缺乏了解，更缺乏兴趣和需要。此时，保险营销员应主动呈上具有组织认定的工作证或名片，并诚恳要求进屋谈一谈。譬如，“能让我进屋向您介绍一下人寿保险情况吗”“如果您实在不方便的话，只给我几分钟行吗”等。这既可使对方打消戒备心理，也可争取到进屋谈话的机会。

2. 握手的力度

(1) 一般说来，对方握手的力度大小同人的性格及当时的心态有关。① 从性格上说，握手有力者，多是富有主动性并充满自信的人；握手无力者则缺乏魄力，性格怯懦。② 从心态上讲，如感到对方手上有汗，说明对方正处于不安中。

(2) 根据准保户握手力度的不同应区别对待。① 对握手有力者，应立即主动介绍自己的身份和来意，特别是在精神状态上要与他们持平，不要让他们的主动占了上风，这对后来的谈话不利。② 对握手无力者，不要太主动，应主要在打消他们的顾虑上下工夫。③ 对处于不安状态中的准保户，一定要使他们首先对你信任，否则，很难获得坐下的机会。

3. 对方的态度很蛮横

心理学研究认为，当一个人不愿意别人知道自己心中有所不安时，便会在无意识中采取高压的态度。通常，初次见面都应有初见的礼貌。有些人之所以表现出蛮横无理的态度，正是由于其内心隐藏着对保险的偏见及心中的不安。所以，如果保险营销员遇到了这种情形，也不必太在意，应该冷静地应对，或用极简洁有力的保险介绍，使对方缓和一下因偏见而产生的对立情绪，或坦诚地告诉准保户：登门拜访是尊重他们，也是工作的需要等。这种情况主要表现为三种心态：

(1) 对保险存在很大的偏见，或是过去已买某种保险因服务不好而耿耿于怀，或是根本缺乏人寿保险知识等。

(2) 对营销员本身存有戒心，或者存在凡是“主动上门营销的即是卖不出的东西”的想法。

(3) 为了掩饰内心的紧张不安，比如，可能是担心家中有什么秘密被人看穿，也可能是保险与自己的信仰相悖，也可能是家中刚发生了什么烦心事等。

4. 判断准保户的诚意

(1) 通过“落座”的位置及坐姿来判断。准保户与营销员坐的位置越靠近，表明对营销员的态度越友好。而落座的位置越远，其心理上对营销员的抵触情绪就越大。准保户逐渐向营销员靠拢，表示正逐渐接受营销员。准保户坐在对面是想让营销员了解他，而坐在旁边突然扭转身体面朝着营销员，可能是表示对营销员有不解之处，也可能是对营销员有新的兴趣。喜欢对着门坐的准保户，权力意识强，同时也很小心；喜欢背着门坐的准保户，在心理上可能处于劣势。深深坐在椅子或沙发里的准保户，可能在心理上想处于优势压倒营销员；轻轻坐在椅子或沙发上的准保户，是对营销员表示尊敬之意或对谈话具有较强烈的兴趣。一坐在椅子或沙发上就盘起腿的女性，是想引起异性营销员对她容貌的注意。

(2) 通过表情来判断。将保险险种宣传单递给拜见的准保户，当他一动不动地默默看着传单的时候，正是营销员营销活动的关键时刻。坐在准保户的斜对面比坐在正对面要好，因为从脸的侧面能更清楚地看到他脸部肌肉的变化。有的准保户在看材料或听营销员述说时，表现出毫无表情的样子，实际上是在压抑自己的情绪，拼命控制内心的不满情绪。女性准保户如表现出毫不关心的表情，常常是委婉地表示对营销员的好感。如果准保户在营销员介绍产品时总是微笑，这时可能潜藏着强烈的厌烦。

(3) 通过视线来透视。准保户的视线，是表明其是否想与营销员交流的重要标志。如果对方的视线没有对准营销员，说明对营销员毫无兴趣或毫不在意；如果准保户先移开视线再与营销员说话，可能对营销员有厌恶的情绪；如果准保户因被营销员一个劲地注视而移开视线，一般说来是心中有事或担心自己有什么秘密被营销员看穿。

如果营销员是女性，男性准保户只看上一眼就故意移开视线，多是被营销员的容貌或气质所吸引，同时也表现出对营销员有强烈的兴趣。如果双方正在谈话中，准保户有时会突然垂下眼睛，这是想消除眼睛的刺激，沉浸在自己的思索中，整理自己的思路；又抬起眼睛并再度有规则地眨眼，这个信号表示已经达到意识的转换点，马上就要正式表态。

（五）寻找共同话题，营造和谐的交谈气氛

营销通常以商谈的方式进行，但营销员和准保户对话时，如果一直以保险产品为话题，对话之中没有趣味性、共通性，就显得太过严肃了。倘若准保户对营销员的话题没有一点儿兴趣，彼此的对话就会变得索然无味。因此保险营销员在与准保户交谈中，如何找到共同话题，营造和谐的交谈气氛是非常重要的。

交谈要投机，就要努力发掘对方感兴趣的话题。营销员在交谈中贯彻兴趣原则时要做到：

(1) 自己感兴趣而准保户不感兴趣的话题，应该少说。

(2) 准保户感兴趣而自己不感兴趣的话题，应该适时适度地暗示对方言归正传。比如，对设置什么新的险种，哪些人可能会购买人寿保险等，一般不至于使

对方产生反感情绪，还可能引发对方对这些话题的兴趣。

(3) 双方都感兴趣的话题，要防止对方随便偏离。比如，营销员与准保户都对目前工薪阶层的经济压力大及后顾之忧多的话题感兴趣，营销员就应该顺势谈下去，逐步向他介绍购买保险以后一旦有了难事可获得保障等问题。美国纽约人寿保险公司的营销员安德鲁斯说:“从事我们这一行工作，每一个人都想和别人取得更进一步的认识和了解。有些人面对面，却不知道如何找话题。其实，只要用心与别人接触，话题实在多得唾手可得”。但是营销员必须牢牢记住，去拜访准保户的目的是为了营销保险，聊天是为营销保险服务。因此，必须抓住适当的时机，从聊天切入正题，以便向准保户介绍保险。高明的营销员，切换得很自然，会不知不觉地把准保户引入正题。这种切换是一种艺术，它没有固定的模式。常见的方法主要有:

① 投资。保险产品一般可分为转嫁风险型、储蓄型、投资型三种基本形态，若营销的险种具有储蓄或投资性质，聊天时可选择投资理财、炒股、银行利息升降等话题，把聊天切人正题。

② 悬疑。悬疑给人制造一种神秘的气氛，引起对方的好奇。然后在解答疑难时，很巧妙地把保险介绍给准保户。当营销员和准保户在谈论一场精彩的足球比赛或其他的体育赛事时，可以提出:“刘总，您知道××的一只脚值多少钱吗？”准保户一定会感到迷惑，不知如何回答，这时营销员就可告诉他:“他的一只脚值××万美元。”准保户一听，一定会感到万分惊奇。“他的脚向保险公司投保了意外伤害保险，保险金额是××万美元，一旦他的脚因受伤致残，他就可以从保险公司获得××万美元的赔款。”

③ 提问。通过向准保户提问题导入正题，其优点在于不仅可以就此引导准保户谈论人寿保险，还可获得营销员所需要的信息，从而根据对方所提供的信息，调整行销谈判策略。

④ 利益诱导法。引起人们行动的因素是得到的欲望和失去的恐惧。若能指出准保户获得的利益所在，必定会引起他们的兴趣。例如，“刘经理，您有如此多的家产，您的小孩真有福气。可是根据《遗产法》，到时他要拿一大笔现金去交遗产税，不但白白损失了一大笔财产，而且一下拿那么多现金也不是一件容易的事，现在有一个合情合理的避税方法，您知道吗？”

⑤ 要与老保户保持良好的关系。这种导入方式的关键在于新鲜事物能激发起人们的兴趣。对于那些与营销员很熟悉，并且已经建立了良好关系的老保户，可以通过新险种切入正题，例如，“刘经理，最近我公司推出一个新险种，它的优点是……”

⑥ 颂扬褒奖。真心诚意地颂扬准保户或他心爱的人，也可以顺利地导入正题。

颂扬褒奖必须是实事求是、真心实意。否则，不但让对方怀疑营销员的动机，还会降低对营销员的信任，甚至产生反感。例如，"您的孩子真聪明，这么小就能背这么多唐诗，真不简单。他将来的学习成绩一定会很好，会成为学士、博士。"这样肯定会得到准保户的欢迎，就可以进一步讨论教育经费的安排计划。准保户就不会认为营销员在单纯地营销保险，而是在关心他的小孩。

（六）掌握摆脱尴尬局面的技巧

1. 形成尴尬局面的原因

(1) 交往时间和地点不合适。

例如，准保户刚躺下午休，营销员敲门而入，这会令双方都感到尴尬。大热天到准保户家里，男性、女性一般都衣着随便，营销员若突然赶到无疑会使人家感到难堪，自己也会内疚选择的地点、时间不合适。

(2) 双方话不投机。

准保户根本没有人寿保险意识，任营销员怎样说，对方就是不予理睬，而一时又无法离开，这时是最尴尬的。如果准保户压根儿就不欢迎营销员的到来，说话带刺，甚至嘲笑、讽刺，更会使营销员觉得难堪。

(3) 情况有变化、有意外。

例如，爱抽烟的营销员常常无意中将别人的打火机装入自己口袋，当别人过后要时，才发现自己的过错。

(4) 交往行为有缺陷。

这是指营销员在与准保户交谈中，因有些行为不得体而造成的尴尬局面。交往行为的缺陷主要有两类：一类是不自觉的。例如，讲话时爱打手势并无意中碰到了别人的身体。另一类是自觉的，也就是有意识的。例如，喜欢讲大话的营销员，一旦别人要求他帮忙时，便会以种种借口推辞，自然会让自己难堪至极。

2. 摆脱尴尬局面的技巧

(1) 不动声色。自己的尴尬引起了别人的注意，从而进一步加剧了自己的尴尬。对付这种尴尬的方法，就是坦然处之，不动声色。例如，当保险营销员到准保户家里看到满屋都坐着人，不要被这个阵势吓住了，可以大大方方地说一声"你们好，打扰你们了，请你们原谅"；或者将他们都看做准保户，自我介绍后，立即展开保险宣传。如果保险营销员表现自然，别人也就可能主动打招呼，陌生感就小了。

(2) 如实说明。在营销过程中，不少营销员对某些事情不明说，怕准保户误解，同时，也怕影响别的险种选择。而一旦准保户具有这方面的知识，营销员如果不说，他可能会认为是有意隐瞒。面对这种情况，营销员应该将投保的条件如实告知准保户，不必遮遮掩掩。

（3）请求原谅。无意识地顺手拿错了准保户的小物件，应如实向人家道歉。

（4）借助幽默。幽默生笑，诙谐有趣，尴尬也会不消自除。

（5）转移目标。当准保户提出营销员不愿回答的问题时，营销员不妨把话题引开，对方一般会知趣的。在交谈中，若营销员发现自己讲漏了嘴，也可赶快把话题转移到别的问题上，这可为双方提供摆脱尴尬局面的台阶。

3. 尽量用委婉的问话

营销员要想与陌生的准保户心灵相通，最好的办法就是利用双方共同的经历或类似的经历。不过，因为刚见面还不清楚对方过去的经历，很难找出彼此间共同的经历，在这种情况下，最重要的是交谈时尽量避免用质问对方的方式，而要用委婉的提问，以达到彼此顺利沟通的目的。另外，发笑对融洽交谈气氛和交际关系的发展能起很大作用。营销员听到对方的笑话后应及时地发笑，彼此的紧张与隔阂将会在笑声中融解。

4. “我喜欢这个准保户”的意识

营销专家约尼坦说：“营销员如果能在心中抱着我喜欢这个人的意识，即会在无意识的作用下变得真的喜欢这个人。”保险营销员在初会准保户时，哪怕会见的是一位很让人讨厌的人，只要营销员抱着“他是一个好人”的想法，对方往往能与营销员进行推心置腹的谈话。

5. 从最熟悉的话题开始

经常做调查工作的人员都会有这样的感受：在提问时，如果选择调查对象比较熟悉的问题开始，他们就会说出自己的情况。营销员碰到一个本来就话少的准保户，一开始就问“对保险有什么看法”之类的问题，他是不会马上回答的。假如问的是他熟悉又愿意与人交流的问题，他就可能开始说话。一旦他开始说话，营销员便可以引导他向购买保险的话题靠拢。

6. 与长辈谈话的技巧

如果营销员与一位年长者交谈，尽量提及他年轻时的情景可把对方带入甜美的回忆之中，他可能会兴致勃勃地把最喜好的事情或者最痛苦的事情讲出来，把营销员当成倾诉的对象。因为年龄越大，对于过去越想倾诉。如果以对方年轻时代的事为话题，不仅可使对方加强过去的印象，并且使气氛也随之活跃起来。这样，双方便能融洽地交谈。一旦形成这种气氛，再与他讨论购买人寿保险的话题，就容易谈得来。

7. 熟练运用“您可能也知道”

一般人在谈话中遇到不懂的专用术语时，都会产生一种排斥心理，而先说了这句话，即使对方碰到不懂的专用术语，也由于自尊的满足而使排斥感得到缓解。

8. 准保户动气时，营销员要保持沉默

在保险营销中，经常有准保户提出过高的要求。这个时候，营销员如果保持适当的沉默不语，是使对方冲动情绪冷却的最好方法。

（七）掌握说服准保户的技巧

现代社会，要使别人接纳自己的意见、建议，不能威逼利诱，要使之心悦诚服。因此掌握说服艺术就显得尤为重要了。

首先，营销员要说服对方先要了解对方，要耐心细致地说服对方，使他对营销员产生信赖感，并逐渐了解、赞同营销员的看法。然而这只是基本途径。说服准保户主要有以下技巧。

1. 让声音更完美

在保险营销过程中，营销员说出的话应具有吸引对方的魅力。这需要具备两个最基本的条件：一是要在乎自己说话的声音；二是每天要不断地练习说话的声音。营销大师原一平建议营销员应向那些风度翩翩、谈吐不俗的人学习。注意他们的谈话，记下他们的优点，多加揣摩，这样久而久之便会提高自己的谈话技巧。

（1）注重自己说话的语调。语调能反映一个人说话时的内心世界、情感和态度。当他生气、惊愕、怀疑、激动时，表现出的语调也一定不自然。从语调中，人们可以感到他是一个令人信服、幽默、可亲可近的人，还是一个呆板、保守、具有挑衅性、阿谀奉承、阴险狡猾的人；他的语调同样也能反映出他是一个优柔寡断、自卑、充满敌意的人，还是一个诚实、自信、坦率以及尊重他人的人。

（2）咬字清楚、层次分明。我们所说出的每一个词、每一句话都是由一个个最基本的语音单位组成的，然后加上适当的重音和调整。只有清晰地发出每一个音节，才能清楚明白地表达出自己的思想。

（3）不要让发出的声音尖得刺耳。我们每个人的音域范围可塑性很大，有的高亢，有的低沉，有的单纯，有的浑厚。说话时，营销员必须善于控制自己的音调。有时，当我们想使话题引起他人兴趣时，便会提高自己的音调；有时，为了获得一种特殊的表达效果，又会故意降低音调。但大多数情况下，应该在自己音调的上下限之间找到一种恰当的平衡。

（4）巧妙地运用停顿。停顿可以整理自己的思维、引起对方好奇、观察对方的反应、促使对方回答、强迫对方迅速下决心等，不能不妥善运用。虽然停顿在交谈中非常重要，但要运用得恰到好处，既不能太长，也不能太短，这就需要靠自己去揣摩。

(5) 控制说话的音量。当内心紧张时发出的声音往往又尖又高。语言只是交流的工具，声音的大小与语言的威慑是两回事，不要以为大喊大叫就一定能说服和压制他人。与音调一样，我们每个人说话的声音大小也有其范围，试着发出各种声音，并仔细听听，找到一种最合适的声音。

(6) 言词必须与表情相配合。单用言词表达意思是不够的，谈话者必须加上对每一词句的感受，以及神情和姿态，谈话才会生动感人。

(7) 不要用鼻音说话。当用鼻腔说话时，发出的声音让听者十分难受。在日常生活中，我们经常听到“哼……”“嗯……”的发音，这就是鼻音。如果营销员使用鼻腔说话，第一次见面时绝对不可能引人倾慕，让人听起来似在抱怨、毫无生气、十分消极。有些人将“哼……”“嗯……”这种鼻音视为一种时髦的说话方式。如果营销员想让自己所说的话更具吸引力和说服力，如果期望自己的语言更富有魅力，就应该尽量少用或不用鼻音说话。

(8) 充满热情与活力。响亮的声音给人以充满活力与生命力之感。当向别人传递信息、劝说他人时，这一点有重大的影响力。说话时，情绪、表情同说话的内容一样，会带动和感染听众。

(9) 注意说话的节奏。节奏，即说话时由于不断发音与停顿而形成的强、弱有序和周期性的变化。在日常生活中，大多数人根本不考虑说话的节奏。而说话时不断改变节奏以避免单调乏味是相当重要的。

(10) 注意说话的速度。在语言交流中，讲话的快慢将不同程度地影响向他人传递信息的速度和质量。速度太快如同音调过高一样，给人以紧张和焦虑之感。说话太快，以至于某些词语模糊不清，他人就无法听懂营销员所说的内容。在人际交往中，说话是很讲究的。如果速度太快，会给人一种浮躁的感觉；如果太慢，又会给人一种迟钝或过于谨慎的感觉。因此，保持恰当的说话速度，不要太快也不要太慢，并在说话时不断地调整。

(11) 措辞要高雅，发音要准确。一个人的措辞，犹如他的仪表和服饰，能影响谈话的效果。对于较艰涩的字眼，发音要力求正确。只有这样，才能自然地表现出说话者的学识和教养。

2. 提高谈话技巧的能力

(1) 清楚地听出准保户谈话的重点。当营销员与准保户谈话时，如果谈话内容能被对方所接受，营销员肯定会很快活，认为对方容易沟通，从而对听者产生好感。所以营销员一定要认真聆听对方谈话中的主要内容。

(2) 不要独占任何一次谈话。精于话术的人，谈话的能力并不一定都很强，因为这类人只懂自己去说而不会听。而那些业绩出众的营销员，大多沉默寡言，他们都是倾听的高手，只有在关键的时候才说一两句话。

(3) 必须准备丰富的话题。两个人面对面地进行谈话，最让人感到可怕的是出现冷场。要避免冷场，就必须准备丰富的话题。但是要切记丰富的话题绝不是拿来向对方炫耀的，而是以丰富的知识为前提。否则，向别人炫耀式的话题拿出来后，只会引起对方的反感，那就得不偿失了。

(4) 肯定对方谈话的价值。在我们讲话时，如果有人对我们的观点表示肯定，我们会很高兴；反之，如果我们能够发现对方谈话的价值，并表示肯定，必定也会得到他的青睐。

(5) 适时地表达意见。谈话必须是相互的，所以在不打断对方说话的原则下，适时地表达自己的意见，这才是正确的交谈方式。

(6) 动用全身器官说出内心话。光用嘴说话是难以造成气势的，必须配以手、眼、心灵去说话。也就是说，必须动用全身所有的器官去说话。这样才能造成锐不可当的气势，融化对手并说服他。谈话是为了沟通，沟通来自对谈话内容的理解，还有一点更重要的是通过谈话人的表情掌握、阅读对方的内心世界。

营销大师原一平从他多年的实践中总结出一套行之有效的阅读别人心理活动的方法，就是留意对方的眼神。原一平发现眼睛能透露对方许多秘密，把握对方眼神的变化，会很快掌握谈话的主动权。他认为不同眼神的变化，所表达的意义也不同：

① 当谈话很投机时，眼神会闪闪发光。

② 当觉得索然无味时，眼神会呆滞并黯然无光。

③ 当三心二意时，眼神会显得飘忽不定。

④ 当听得不耐烦时，眼神会显出心不在焉。

⑤ 当沉思时，眼神会凝住不动。

⑥ 当作出某一决定时，眼神会显出坚定不移。

在准保户眼神变化的同时，还会伴随着如声调的高低、快慢、语气等的变化，这些也是谈话中应注意掌握的。

3. 引用小故事说服保户

优秀的营销员其实也是讲故事的高手，因为在营销中运用故事的地方实在太多了。在营销的过程中引用故事更容易打动准保户，促使营销成功。

营销员讲的故事应该短小精悍，并适用于各种不同情况。引用小故事、成语或寓言也有几个简单的要领，内容精彩固然重要，但要保户听得入神可就要看营销员的本领了。

(1) 改写“剧本”，增添趣味性。引用实例是对事实加以转述、以其真实性达到打动准保户的效果。引用小故事可就不同了，只要摘取原故事的大纲，其他的枝节删掉或增加都可以，有时“夸大其词”也未尝不可。营销员讲小故事的主要目的是利用其趣味性博得准保户会心一笑，让准保户敞开心扉。所以，绝对不要将其他营销员曾引用的故事原封不动地搬过来，一定要用自己的话改变内容，让老掉牙的故事生出新的意思。

(2) 略带恐怖或幽默。营销员引用的小故事内容一要让准保户略感恐怖，二要让准保户觉得幽默。前者可以让准保户产生“不买的话会有何后果”的恐惧，后者则让准保户产生梦想“买了的话将可享受某种乐趣”。在营销员与准保户接触阶段引用小故事时应以具有幽默效果比较适宜，在拒绝处理阶段则视准保户拒绝的态度来决定，至于促成阶段则较适合使用略带恐怖效果的小故事。

(3) 随时插入。引用小故事不见得非在准保户提出拒绝后，其引用的主要目的是为了提高准保户的购买意愿，所以在任何一个阶段随时都可以讲故事。准保户拒绝时一定要有相应的故事做缓冲。因此，平时应多准备一些小故事。

在保险营销的过程中，讲保险故事是重要的一环。有些准保户没有保险意识，听了保险故事后才会被点醒。

(4) 突然引用。这是营销员引用小故事的诀窍，就是说，不需要做预告地讲就可以了。因为当准保户听到“有个故事是这样的……”，会认为那只是个故事，和自己没有关系。原一平讲起保险故事来相当传神，往往能够打动准保户，讲到令人心酸的情节时，原一平还会掉下眼泪。

有人问他：“你是怎么训练自己讲保险故事的？”

原一平说：“有些人以为我具有演员的天赋，其实不是。我每要讲一个保险故事前，都像演员一般从背诵剧本到融入当事人角色认真地练习一二十次，直到抓住故事的精髓为止。”“保险故事在保险营销里，具有强烈的催化作用，讲得越好，催化力越强。”原一平道出了其中的秘诀。

4. 引起准保户的好奇心

有位从事人寿保险业务的营销员拜访了一位完全有能力投保的准保户，虽然这位准保户明确地表示自己很关心家人的幸福，但当营销员试图促成时，他却提出了不少异议，并且进行了一些琐碎的毫无意义的反驳。很显然，如果不出奇招，这次访谈成功的指望就小。这位保险营销员沉思了片刻。然后，他凝视着准保户，高声说：“先生，我真不明白你还犹豫什么呢？你已经对我说了你的要求，而且你也有足够的能力支付保险费，你也爱你的家人！不过，我好像向你提出了一个不合适的保险方式，也许我不应该让你签订这种方式的保险合同，而应该签订‘29天保险合同’。”营销员稍作停顿，又说道：“关于‘29天保险合同’问题，我想简单地说明一下：第一，这个合同的金额同你所提出的金额是相同的；第二，保险合同期满时退保险金也是完全相同的；第三，这种'29 天保险'的保险费，只不过是正常规模保险合同保险费的 5%，单从这方面来说，它似乎更符合您的要求。”

准保户吃惊地瞪大了眼睛，脸上放出异彩。

准保户说：“这'29 天保险'是什么意思呀？”

“先生，'29 天保险'就是你每月受到保障的日子是 29 天。比如这个月，有 30 天，你可以得到 29 天的保险，只有一天除外。这一天可以任由你选择，你大概会选择星期六或星期天吧？”

营销员停了片刻，然后接着说：“这可不太好吧？恐怕你这两天要待在家里。按照统计来说，家庭这个地方最容易发生危险。”

营销员看着那位准保户，像是在等待什么。过了一会儿，他又开口说：“从公平的角度来看，先生，即使你让我马上从你家出去，那也是情理之中的事情。因为我说了不应该说的事情。我显然忽略了你的家属将来的幸福，而你是家庭责任感很强的人。我在说明这种'29 天保险'时说，你每月有一天或两天没有保障。保险行业虽然有各种各样的保险方式，但目前我们公司并未认可这种'29 天保险'。我只不过冒昧地说说而已。那么，为什么还要说呢？我想，如果是你的话，也一定会想，无论如何也不能让家庭处于无依无靠的不安状态。你大概会有这样的感受吧？”

“我确信，像你这样的人从一开始就知道那种合同的价值，它规定，保户在一周 7 天内一天也不缺，在一天 24 小时里连一个小时也不落下，不管在什么地方，也不管你在干什么，都能对你进行保障。为了你的家属受到这样的保障，难道不正是你所希望的吗？”这位准保户完完全全被说服了，心服口服地投了保险费最高的那种保险。

营销保险不能太拘泥于某种规矩，而应当随机应变。好奇之心人皆有之，利用得当，也可以生出巧妙来。这位保险营销员之所以能获得订单，关键之处在于他杜撰了所谓的“29 天保险”。这种保险闻所未闻，而且费用低廉，因而一下子引起了准保户的好奇心。正是保户急于想了解谜底，才使营销员有往下说的机会，没有这个“29 天保险”作铺垫，营销便难以成功了。

5. 比喻的效果

拉里·威尔逊是人寿保险营销员。每次访问准保户时，他总是带上儿童玩的小玻璃球、棒球和海水浴场用的大橡皮球。

在商谈临近终局时，如果准保户不愿意投保，或者在缴费方面有分歧时，他就取出小玻璃球，让准保户放在衣袋里，然后说：“先生，这种玻璃球是如此之小，如此之轻，你感觉不到它已经装入你的衣袋里了。只要在衣袋里放上两三天，就会完全把它忘掉。”接着，拉里又取出棒球，说道：“这个球虽然也能放在衣袋里，尽管你也能到处走，可是你一举手投足间，都会感觉出棒球的存在”

然后，拉里取出海水浴场用的大橡皮球，把它吹胀起来，说：“一旦变成这样大的球，你无论费多大的劲也不可能把它放进衣袋里。关于人寿保险也可以说是同样的。按照你的年龄来说，如果你今天加入保险，你要付出的保险费恰好与你把小玻璃球装入衣袋里一样，对你来说是微不足道的，你很快就会把加入保险这件事忘掉。”

停顿了一下，他又说：“如果你推迟加入保险的话，那就好像把棒球装入衣袋里一样，即使你勉强地加入，也总是感觉有负担。但是，如果你推迟过久的话，到那时就好像想把海水浴场用的大橡皮球装入衣袋中似的，你想加入也是不可能的了。先生，你今天可以对加入与否不作决定，可是你自己对于拿玻璃球、拿棒球，还是拿大橡皮球的问题可能还在犹豫。我要积极向你建议，请拿玻璃球吧！因为这样做，对你一直是轻松愉快的，对于你的家属也会带来很好的结果。”

“这个，我可没有想过呀。”

拉里说：“今天的玻璃球价钱仅是××美元，对你来说，按年、季或按月交都行。哪种交款方式最适合你呢？”

保户终于签单了。比喻是极好的说服方式，通过比喻，可以将抽象的道理说得显而易见、形象生动。拉里使用通俗而又生动的比喻，顺利地签订了保险合同。

第二节 保险促成

在学习本节内容之前，让我们先来看看一位保险营销员的促成情况：

“林先生，我认为保险实在是一件很重要的事。而且我相信你一定会同意这是种非常好的保险。那么，现在咱们就填写投保单好吗？”

“不，我对这件事还没有……”林先生出现了惊讶的表情。

“尊夫人一定需要这种保险的。”保险营销员补充了一句，“那么，还是我替您填投保单吧！”保险营销员有所期待地从椅子上抬起了身子，然而却没有拿出投保单。林先生看着窗外的风景，慢条斯理地取出了香烟，保险营销员立刻递上了火。

保险营销员拿出铅笔，指着保险设计的例表，又问了一次：“林先生，怎么样？我替您填写投保单吧！”

林先生显出一副不自在的样子。当他倾听说明时，明显地表示很感兴趣。但现在又似乎非常困惑，连话也不说了。

他终于回答说：“我实在不知道怎么说才好。如果真要决定，那还得考虑很多事情。我知道这是很好的计划，可是我从没有考虑过呀！”

“您不认为这是很好的计划吗？只要投保这个保险，立刻可获得完善而高额的保障，现在您只要答应一声就可以办到。我看现在就替您填写投保单吧！”保险营销员又抱着期待的心情，移动了身体。

停了一会儿，林先生才回答说：“今天实在对不起，我只能回答一声“不”。这实在是一个很好的计划，但我现在还不能确定是否需要。”

保险营销员很有信心地回答说：“万一您发生了意外，您的货款照样可以还清，对尊夫人来说实在太重要了。怎么样，只要让我填好投保单，不是万事都解决了吗？”

林先生开始摆出不快的脸色，然后缓缓地站起来说：“不，保险营销员先生，就目前来说，我的将来还是未知数，一切都言之过早，所以和刚才说的一样，我的回答仍是一个‘不’字。”

为什么这个保险营销员无法促成呢？因为他没有掌握更专业的促成方法和技巧。我们应如何改进呢？

一、促成的原则和要领

促成是指保险产品营销员在营销过程的最后阶段，为了促使准保户下定决心购买保险产品而采取的一切有利于保险合同签订的方式方法。

从广义来说，促成包括为准保户决定购买所作的产品说明、各种方式的启发引导，以及排除外在因素的不利影响等。认真领会及巧妙运用促成技巧可以说是影响保险合同签订的直接因素。相反，促成的失败在某种程度上也就直接影响保险合同的签订，从而使营销工作陷入困境，甚至完全失败。因此，掌握促成的知识及技巧，对营销员和营销工作来说都是非常有必要的。

（一）促成的原则

任何事情都是按照一定的形式或者规律发展的，保险产品营销工作也不例外。促成工作必定是在一定原则下进行的，这是取得良好的促成效果的前提。零乱而毫无章法的促成是不能取得成效的，甚至可能危及整个促成工作的进行。我们所说的促成原则主要包括以下几个方面：

(1) 不断加强准保户对自己的信心，使他感到自己的未来需要有保险来保障，自己也有能力购买保险。

(2) 巧妙引导，务必使准保户感觉到完全是他自己在作出决定。

(3) 把自豪感引入保险购买计划中，使准保户感到他的购买行为必将受到大家的赞赏。

(4) 适时的激励。激励永远贯穿于整个保险营销过程中，首先以激励引起准保户的共鸣，从而接受营销员的投保建议。到最后阶段，他的购买欲已被激起，更要激励他采取最后的签字付款行动。

(5) 强调保障利益。向准保户说明，他现在所交的保费是为了他将来的利益，绝不强行营销。

(6) 用激动人心的故事坚定准保户的购买决心。

(7) 排除各种干扰，专心于最后促成，不聒噪不休，不多话饶舌。

(8) 绝不可表现贪婪或急躁的神情。

(9) 不可以轻易许诺。

(10) 签约完成后，切忌喜形于色，要控制表情，直至离开保户。

这 10 点是侧重准保户一方所作的表述。也就是说，促成的整个工作实际上就是围绕准保户的心理所作的委婉的“说服”。准保户永远是促成工作的中心，也是营销员工作的中心。

(二) 促成的要领

1. 树立经营保险的正派形象

树立正派的经营形象，其目的在于取得准保户的信赖。可以说促成阶段的关键在于赢得准保户信赖。当准保户决定是否购买商品时，影响他们决定的主要因素在于营销员给他们的感觉。所以，从与准保户第一次见面留下好印象开始，到平时约见的守时、得体的仪表、适当的身体语言、信守承诺等都是保险营销员赢得保户信赖不可忽视的细节。

2. 完善的营销计划

保险营销本身是一个非常繁琐的过程，因此，事前的计划就显得非常重要。周密的计划能够使促成过程的主动权掌握在营销员的手里，从而使促成工作按照预定步骤进行，一步一步地朝签约的方向发展；计划不完善，就会十分紧张，在促成时难以开口，表现出扭捏作态、不知所措。这样的促成注定是要失败的。

(1) 消除准保户的疑虑与不安。准保户决定购买前，心中常有似是而非的疑虑，也有害怕下决心的恐惧，对此营销员应该理解，并以诚意来消除准保户“现在买会不会太早”“向你买是不是最好”的疑虑。营销保险产品成败的关键在于消除准保户的疑虑和不安。试想，如果营销员能够让准保户认识到“现在是最好的购买时机”“向我买是最好的”，结果当然是准保户很快就与营销员签约。

(2) 欲速则不达。相信每一个保险营销员都十分在意自己的业绩，也就是签单数量的多少。签单数量多就需要签单速度。因此，有的营销员常常有一种急迫的完成交易的心理。然而，经常有一些心急的营销员在促成时总是想尽办法让准保户采取购买行动。殊不知在不恰当的时候激励，往往会让准保户觉得有压迫感而心生抗拒。快速促成是要有技巧的，必须准确把握促成时机，适时促成才会有效。

二、促成的方式与技巧

（一）促成的方式

1. 提供选择

给予准保户一定的选择，以满足其成功欲望。如给予准保户交纳保费的方式、受益人所获保额的分配方式等的选择。

2. 损失引导

告诉准保户如果延迟购买可能会发生费率上调等情况而导致其发生损失，以及早购买的好处等。

3. 责任提醒

提醒客户其肩负的职责所在，既晓之以理，也动之以情，作为一家之主，为家人提供一份保障是其责任。

4. 以事服人

以周围的真实事例来说服投保者，使其看到保险的好处。

5. 最后争取

当多次努力仍无法成交时，不如告诉准保户你准备放弃了，并请他说出真实原因，这时准保户因为防范心理除去，很有可能告诉你真正的原因。了解真正原因后，保险销售员可以进行最后尝试，看能否成交。

（二）促成的技巧

1. 假设成交法

假设成交法是根据准保户的反应判断其购买意向。销售员在此基础上向上推进一步，即从准保户决定购买的角度讨论问题，带动准保户的思维朝交易的方向思考。使用该法时不必探询准保户的决定，只需等待成交。此时准保户心理已经认为保险可以购买，只等着你开口要他签合同了。例如，可使用下列语气：

(1)“吴先生，这份保单的保障能为你提供必需而全面的保障。如果没有问题，请您在这里签下字。”

(2)“王小姐，请您签名，让我来安排一下体检的时间。”

(3)“您准备用转账、支票还是用现金支付保费？”

(4)“您看是用趸缴方式还是分期方式支付保费？”

(5)“您看是购买一份主险、两份附加险，还是购买一份主险、三份附加险？”

一般来说，假设成交法通常采用一些反问语句，其技巧性需要保险销售员仔细推敲和学习。

2. 激将法

请将不如激将。当销售员采取种种方法解决了准保户的异议，可保户仍然无法作出决策，迟疑不定时，可以试试激将法。例如，可采用以下语气：

(1)“您的亲戚朋友都买了保险，就您没买，我相信以你的能力，应该可以买上一份保险。”

(2)“像你这么顾家的人，我相信您一定会为您的家庭购买一份保险，以尽自己的责任。”

(3)“对面的张先生购买了保额100万元的这种保险，您呢？是50万元、100万元还是150万元？”

3. 二择一法

人们往往会对拿不定主意的事情一口回绝。二择一法就是针对这一点巧妙地运用人类微妙心理进行促成的方法。当别人问你要选择A还是B，表面上你有选择自由和尊重了你的选择，实际上却缩小了你的选择范围，促使你作出二中择一的回答。因为人们往往在回答中不自觉地认为除了二者之外没有其他选择。例如：

(1)“张太太,刚才我们谈到的几种方案,您看是投保50万元还是80万元的？”

(2)“受益人您看是您的妻子还是您的女儿？”

(3)“您是买一份附加险还是两份？”

4. 利益诱导法

利益诱导法是抓住了准保户的趋利心理，以一些小利益引诱来促成准保户签约。有时为了促销，通过举办一些有奖活动，在活动上进行促成，还可以在与准保户洽谈与异议处理时采取这种方式。每个人都怕吃亏，每个人都希望得到优惠，因此不妨使用如下语气：

(1)“电视上说银行又要降息了，您得赶紧购买，能得到高息优惠，不然过几天一降息保费就会上涨，您要得到同样的保障要花更多的钱。”

(2)“过几天你要过生日了，保费会根据年龄的增长而增长，您趁这几天把保险买了吧，免得生日后要花更多的钱。”

5. 行为促成法

利用一些可以达成共识的动作来达到促成效果的方法，它表现为有利于促成结果的尽快推进。这些动作包括：

(1) 选择合适的座位。位置的选择相当重要，原则是：一般客随主便，由主人安排，但要选择便于书写和解释的地方，而且空间距离不要太大太远，要缩小距离，减少距离感。

(2) 展示建议书。展示时要适时及时，同时注意动作顺序，给人一种专业人士的印象。

(3) 适时拿出投保单。估计对方已基本认同，比较信任你，而且不会有太大的异议了，这时便应当拿出投保单。

(4) 探询对方的年龄。探询时要方法巧妙，尽量做到不露声色，尤其是对于女性客户。

(5) 请求准保户出示身份证。表明销售员期盼和欢迎客户的加入，并愿意提供服务。

(6) 确定受益人。进一步可以用暗示法完成，或者用反客为主法完成。当询问谁是受益人时，应视准保户情况含蓄地征求意见。

(7) 向保户传递手中的笔。目的在于引导保户在“投保人”一栏中签字。

(8) 征询对方以何种方法缴纳保费。通常是直截了当的发问。

(9) 准确填写暂收保费收据。进一步表明你的专业形象，同时说明你做事严谨，严格遵章办事。

6. 举例法

举例法又称例证法或旁证法，它是指用准保户熟悉的人或事物作比较，刺激一下准保户的自尊心，以促使其作出决定。例如：

(1)“你的同事张××昨日在我这购买了两份这样的保险，您呢？”

(2)“××公司的林总经理也投了这种保险，听他说您和他是老同学啊。”

7. 一次促成技巧

一次促成即一次接触便成就交易，其技巧表现为各类技巧的浓缩运用，但要求很高，操作应当更加合理和规范。保险销售员在领会一次促成的技巧前，必须做好准备，内容包括：突破自己的思维局限性，要敢于大胆地设想，并有强烈的自信；发掘一种属于自己的说服术；良好的产品说明。

(1) 突出产品的特征。任何一家保险公司都不会开发与另一家保险公司完全一样的保险产品，因此每一家保险公司的产品都有自己的特征，应当在促成时突出它的特征所在，强调其与众不同的魅力。

（2）迅速把握保户的最大弱点。就单一保户而言，其中必有一个弱点是其突破口，因此保险销售员要准确找到这个弱点。一次促成的关键在于将准保户的弱点同保险计划结合起来，然后下足火力猛攻。

（3）找出准保户绝对应当拥有保单的理由。有时，准保户没有意识到自己的需要，原因在于他们在这之前并没有在保险方面有过认真的考虑。一次促成就需要找到这种理由，让准保户意识到自身的需要。这种理由越充分越好，它应当是准保户必须要正视而无法回避的某个问题。例如，应当领取多少养老金才够，以准备为下一代创业基金的额度为保额，万一发生意外时应给家人留有多少生活费作为保额，万一遇灾重新创业需要多少启动资金等。

（4）降低保额与分割保单。可以通过将高额保单分割出售，每次销售一部分。当准保户在你用尽千方百计也无法让其购买时，那么可以通过使出最后一招：降低保额。例如，这样说："张先生，您可能还在考虑我的服务精神究竟怎么样，没有关系，您的考虑是完全应该的，完全合理的，请您先购买一张最小保额的保单，来考验一下我的服务精神吧！"使用降低保额这一招的理由是：

① 至少保证你是劳而有获的，而不是徒费口舌，浪费时间；

② 让这个准保户成交，以后便有更大的潜力可挖；

③ 集腋成裘，聚沙成塔，几张小保单累积起来便成了大保单。

一次性促成是比较难以达到的效果，并不经常成功。这些技巧只能说在某种程度上有助于一次性促成的成功，而且在一次性促成时，销售员还必须对它们进行综合把握，这是与其他技巧的不同之处，也是其重点。

8. 多次促成的技巧

保险销售不同于其他商品的销售在于其受主观因素影响很大。有时，即使准保户的情况完全符合购买时机，也有可能因为一时心情不好而拒绝，因此一次促成并不多，往往是多次才能促成。在进行多次促成时，应当注意下列问题：

（1）灵活多变。在多次促成的过程中，要针对准保户不同情境下的不同心理状态，使用不同的成交技巧，提出不同的问题来说服准保户签单。

（2）要善于表演。销售员要善于发挥自身特长，将保险的功用绘声绘色地表演出来，使准保户身临其境，提升感性与理性认识，使其对购买保险坚定信心。

（3）谨慎而行。多次促成要求保险销售员保持一贯作风，不能自己给自己添麻烦，因此要注意以下问题：不要盲目行事，自乱阵脚；不要急躁冒进，急于求成；不要与对方争执，指责对方；不要冷嘲热讽，耻笑准保户；不要面露不悦，而要始终和颜悦色；不要匆忙上阵，毫无准备而动；不要给准保户施加压力；不要没事找事，故意制造问题；不要轻率承诺，言而无信；不要想当然而行动，置时间、地点、环境于不顾。

9. 其他促成方法

(1) 反客为主法。针对那些犹豫的准保户，可以这样说："投保人填你的名字吧""你妻子为受益人吧"，这样做是假定对方已经认可了这份保险，站在对方的立场上来替他作出决定。

(2) 理由比较法。操作如下：在一张干净的白纸上画一道线，一边写上购买的理由，另一边写上不购买的理由，然后由准保户逐一填写。当其填写完毕后，再拿两边的文字作对比，使准保户一下子无法再拒绝。

(3) 权利保障法。针对那些内心对公司不信任的保户，可以告诉他拿到保单后如有不满意的地方，十天内可以退保并领回所交的所有保费，给其以不满意包退的感觉。

以上几种促成方法，不要单纯地去针对某个情境来使用，而应该"运用之妙，存乎一心"。只要有可能，就要综合使用，以尽快促成交易。

三、促成过程中的禁忌

由于促成阶段的关键性、敏感性，如果营销员把握不当，就会产生签约的阻碍，令营销员无从下手，对准保户不签合同束手无策。其原因分析如下：

1. 制造问题

促成是营销流程的最后阶段，所谓最后阶段即双方已经对诸如异议之类进行了深入的讨论，尚待解决的问题只剩一两个，所以营销员应将讨论范围尽量缩小，把问题单纯化。有些营销员常犯准保户未提及的问题自己却主动提出的毛病，造成准保户的不安与犹豫，使促成的时机化为乌有。

促成时，处理准保户的拒绝后，应当主动提及"还有问题吗"这种征询的方式，更能促进面谈内容的清晰化、明朗化。

2. 急 躁

这是营销员失败的最大原因。营销员应该调节好自己的心态，对促成工作有透彻的认识，千万不要认为准保户会在自己急躁或不悦的情形下爽快签约。所以，促成时，若因时机不成熟或尚有疑惑，不要心生急躁、面露不悦，从而破坏了好不容易建立起来的友好关系，使准保户心生惶惑而拒绝投保；应从容有序，以平常心视之，再努力尝试促成，自然水到渠成。

3. 计划不周全

这是营销员自身的疏忽。保险营销员销售的是无形的产品，需将准保户潜在的心理需求开发出来，绝大部分时间应用于建立信任、发现需求之上。然而，一些新营销员不愿意花时间了解、收集准保户的背景资料，在未建立充分信任的情景下，一味追求，积极争取，在精疲力竭之后才明了并非每个人都可以成为销售对象。

4. 降　价

对准保户降价的要求，营销员一定要有坚定的立场，不管对方提出什么理由，一定不能降价。因为保险是长久的服务事业，营销员的坚持就是保户最大的保障，有收获才能更加努力服务，这是相对的。在准保户提及此问题时，营销员要付出更高的服务热忱，婉转解说，毕竟投保后的服务是永久的。

第三节　保险营销中处理异议的方法

保险销售人员如果能把握客户心理，领会客户提出异议的目的，对异议采取适当的处理方法，会达到意想不到的效果。常见的处理顾客异议的方法有五种：

一、反驳法

反驳法是指保险销售人员根据较明显的事实与理由直接否定客户异议的一种排除方法。反驳法只适用于排除因为客户的误解、成见、信息不足而引起的有效异议，不适用于处理无关与无效异议、因情感或个性问题引起的异议和由自我表现欲望与较为敏感的客户所提出来的异议。例如，客户说保险是骗人的，理赔时间太长，保险销售人员可直接反驳指出：“保险是受法律保护的，不存在骗人一说；理赔时间长，往往是由于客户提供的文件不齐全。”

保险销售人员在运用反驳法排除客户异议时需注意三个问题：

1. 反驳必须有理有据

保险销售人员用以反驳客户异议的根据必须是合理、科学的，而且是有据可查、有证可见的。保险销售人员可以通过摆事实、讲道理的方法去澄清客户异议。

2. 维持良好气氛

保险销售人员在反驳客户异议的过程中，应始终保持友好的态度，维持良好的销售气氛。保险销售人员应明确，即使客户是因为误解而提出购买异议，反驳的也应只是客户的看法，绝非贬低客户的人格。所以，在反驳客户异议的过程中，保险销售人员既要关心营销的结果，更要关心客户的情绪与心理承受能力，切勿用过激的语言引起客户的不满。

3. 在反驳客户异议的过程中，应向客户提供更多的信息

根据营销学的原理，反驳处理法是以新的信息去反驳顾客的过时信息，以真实的信息去反驳顾客的虚假信息，以科学的知识去反驳顾客的无知。以下内容是一个反驳客户误解的小例子。

客户："对不起，我不想买你们公司的这种保险。"

保险销售人员："不好意思，我可以问一下，您对我们公司有什么意见吗？"

客户："去年，我表姐在你们公司购买了某种保险，在年底出了事，从申报理赔到领理赔金竟然用了两个月的时间。"

保险销售人员："可能您有所误解，我们公司的理赔一直都很快，我想出现您表姐那种情况可能是她提供的材料不完整，或者事件较复杂，需要时间划分责任，耽误了时间造成的。"

二、询问法

询问法是指保险销售人员通过对客户的异议提出疑问来排除异议的一种方法。保险销售人员应就异议反复询问客户，从中找到解决客户疑问的方法。

保险销售人员在运用询问法时应注意以下问题：

1. 及时询问

保险销售人员只有及时询问客户，了解客户的真实想法，才能引导客户说出产生购买障碍的真正原因。

2. 有针对性地询问

对于那些和销售或成交无关的异议，次要的或者是无效的客户异议，保险销售人员不应该进行询问，只应对那些不处理就不能成交的客户异议进行询问及了解，以便提高销售效率。

3. 适度询问

追问客户有关异议是为了弄清楚客户拒绝购买的原因，因此，追问应适可而止，并注意尊重客户，不要把客户逼到山穷水尽的地步。

4. 避免施加压力

保险销售人员应讲究销售礼仪，讲究追问的姿态、手势和语气，需灵活运用排除异议的技巧，避免使客户产生心理压力。如距离客户不要太近、不要居高临下、不要用严厉的语气追问客户等，要使客户在感到受尊重和被请教的情况下说出异议所在。在客户回答追问后，保险销售人员应立即灵活地运用各种面谈技巧消除客户异议，促使客户购买。例如：

客户："我不会买保险的，你不用浪费口舌。"

保险销售人员："为什么？"

客户："我不相信保险，买保险不值得。"

保险销售人员："为什么？"

客户："我的一些朋友买了保险，出事的时候却得不到理赔。"

保险销售人员："那他们和你说得不到理赔的原因了么？"

客户："那我就不是很清楚了，反正保险公司都是这样，投保时说什么情况都赔，到需要理赔时，又找出各种理由不赔了。"

保险销售人员："您应该向这些没有获得理赔的人了解一下不理赔的原因，我想原因肯定不像您说的那样。"

三、肯定法

无论客户提出的异议有无道理，保险销售人员都应当尽量避免正面迎击，应先肯定客户的想法，使其相关需求得到满足。

在销售过程中，保险销售人员有时会碰到极其独断的客户，他们对问题的看法往往十分自信而且坚决。这时，如果保险销售人员直接否定客户必然会引起争执，对销售不利。正确的方法是采取肯定法先肯定客户的看法，然后再设法委婉地指出客户看法中的不足之处。如下面的例子：

客户："我对保险不感兴趣。"

保险销售人员："我和您一样对保险不感兴趣，我也讨厌保险。"

客户："不可能吧，你可是销售保险的啊？"

保险销售人员："我是销售保险的没错，我感兴趣的是，客户有无足够的资金安度晚年？"

保险销售人员："您对灭火器感兴趣吗？当然没有。但您为什么购买它？还有您的汽车的后备箱为什么总是放着后备胎？这些问题的道理和保险是一样的，人们不是因为对事物本身感兴趣才购买，而是因为需要，需要这些事物能提供给他们保障。"

四、问题引导法

指客户公开提出异议后，保险销售人员直接以向其提出问题的方式，引导客户在不知不觉中回答保险销售人员提出的异议，直至客户用自己的语言否定自己的异议，同意保险销售人员的观点。客户提出异议的原因是多种多样的：有的是真实的，有的是虚假的；有的是直截了当的，有的是深藏于心的；有的是客户了然于胸的，有的是客户随意提出的。所以，保险销售人员想要妥善处理客户的异议，必须先明确客户产生异议的原因，再处理客户异议。在实际销售过程中。采用问题引导法处理客户异议是较常用且有效的方法之一。如下面的例子：

客户："我们定期给儿子存钱，不用买保险。"

保险销售人员："您真是一位有责任心的父亲。请问，您打算给儿子存多少钱？"

客户："大约 30 万元。"

保险销售人员："那您怎么存呢？"

客户："当然定期存银行了。"

保险销售人员："冒昧地问您一下，您一年为您儿子存多少钱？"

客户："大约一万元左右。"

保险销售人员："那就是说，要存 30 万，您需要存 30 年左右，是吗？"

客户："差不多吧。"

保险销售人员："请原谅我说些不中听的话，比方说，万一哪年您出了些状况，需要花费大笔费用，您还能为孩子存钱吗？"

客户："这个……当然不能了。"

保险销售人员："如果您购买保险就可以解决这个后顾之忧了，只要您每年交几千元的保费，您的保单就会生效。一旦您出了状况，保险公司会理赔一笔钱给您的儿子，这样，他仍能享受到您的关爱。您不觉得这种保险比单纯的存款强吗？"

客户："真的吗？有这样好的事情？你快给我讲讲具体情况。"

保险销售人员："……"

上例中，保险销售人员对待客户的异议并没有立即否定，更没有立即讲事实、摆道理说明保险比储蓄更好，而是向客户提出一连串的由浅入深的问题，引导客户自己否定自己，最终排除客户异议。

五、补偿法

补偿法是指保险销售人员对客户异议实行补偿的方法。众所周知，客户能够获得的各方面信息越来越多，也就越来越精明了，保险销售人员所销售的保险也不是十全十美的。因此，当客户理智地提出一些保险真实存在的问题时，如果保险销售人员能客观地回答客户，既可以让客户对保险销售人员产生信任，又可以使客户明白保险和其他类型事物一样，有优点也有缺点，但是优点多于缺点，从而坚定购买的信心。

补偿法也是应用较广泛的一种客户异议排除法。补偿需要首先承认或肯定客户提出的异议，承认或肯定异议后，保险销售人员必须立即对其进行解释，若不能及时向客户解释清楚，可能会产生某种负面效应，导致客户丧失购买信心。所以，在运用补偿法时，保险销售人员应注意四个问题：

(1) 只承认确实存在的问题。在决定运用补偿法处理前，保险销售人员必须对客户异议进行分析，只承认那些客观存在的，无法改变的事实。

(2) 有效地补偿。保险销售人员必须及时提出保险与成交条件的有关优点及利益，有效地补偿客户提出的那些客观存在的有缺憾的问题。

(3) 有针对性地补偿。保险销售人员还可针对客户的主要购买动机进行补偿。

(4) 淡化异议，强调保险利益。淡化客户提出的异议，减轻客户对异议内容的重视程度。

客户提出异议后，保险销售人员应认真思考其异议，并运用上述四种解决异议的方法对其作出解答，切忌怠慢客户，导致客户对保险销售人员失去信任，从而更加坚定客户的反对理由。

◆ 本章小结

保险营销中，开拓准客户的基本方法有：缘故开拓法、陌生开拓法、连锁介绍法、资料开拓法和咨询调查法。开拓准客户的技巧主要有：留下良好的第一印象；有针对性地取悦不同类型的准保户；倾听准保户说话；揣测准保户的态度；寻找共同话题，营造和谐的交谈气氛；掌握摆脱尴尬局面的技巧；掌握说服准保户的技巧。

保险促成的方式有：提供选择、损失引导、责任提醒、以事服人、最后争取；促成的技巧主要有：假设成交法、激将法、二择一法、利益诱导法、行为促成法、举例法、一次促成技巧和多次促成的技巧等。促成过程中忌：制造问题、急躁、计划不周全和降价。

保险营销中应对客户异议的方法主要有：反驳法、询问法、肯定法、问题引导法和补偿法。

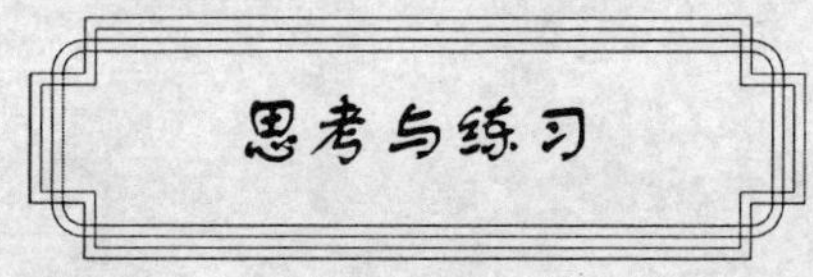

思考与练习

一、名词解释

缘故开拓法　陌生开拓法　连锁介绍法　促成　假设成交法　一次促成

反驳法　问题引导法

二、简答题

（1）准保户的开拓方法有哪些？

（2）什么是缘故开拓法，谈谈你对缘故开拓法的理解？

（3）拜访准保户时如何给客户留下良好的第一印象？

（4）陌生拜访时有哪些注意事项？

（5）保险洽谈时说服客户的技巧有哪些？

（6）保险促成的原则和要领有哪些？

（7）谈谈你对保险促成技巧的理解。

（8）保险营销中，针对客户的异议，有哪些应对方法？

第十一章　保险营销团队管理技巧

◆ 本章要点

本章的主要内容包括：营销主管提高早会经营效果的技巧介绍、早会的具体内容安排、保险团队管理技能要求、营销团队管理中的方法及技巧等内容。

第一节　早会经营

一、早会经营在保险公司寿险管理中的意义

早会，作为一种寿险企业管理方式和手段，已深深融入很多公司的管理体系中，成为不可缺少的组成部分，并形成各具特色的“早会文化”。早会为何能成为保险公司企业管理中的重要环节，得各级管理者为之用心，甚至举办各种早会经营比赛，使之更具有凝聚力和鼓舞性？这一切都可用业界的一句经典名言来解答，即“寿险的经营即是早会的经营”。

保险系统内大力提倡“业务员要做自己的老板，自己来掌握自己的展业时间”，在此种理念驱使下，许多业务员只有在早会或例会时间才能与主管谋面，但就发现与解决问题的时效性而言，早会显然比例会强很多。伴随着业务规模的不断扩大，当主管的追踪与辅导跟不上时，可以断言，对业务员的真正有效管理，只有那短短的几十分钟早会时间。因此，早会经营的好坏直接影响业务单位的团队士气与战斗力。试想一下，一个早会经营得马马虎虎、空具形式的营业部，它的业绩无论如何也不可能会有大的发展。业务员只有通过早会上“主管”“话术演练”“开心金库”等手段来体会主管的管理和帮助。而针对部分遭遇挫折的业务员，主管在早会运作中，也可以使其感悟团队的温暖和大家的帮助，至少可以在早会活泼、热烈的气氛中发现存在的问题，为日后进一步沟通、解决打下良好的基础。早会就是一个营，无论是优秀还是后进的业务员每天来到单位，他们都

想有一个充满歌声、笑声和掌声的宽松环境及积极、活泼的氛围，使疲惫的业务员得以放松，感受和鼓舞，但早会的主旨更在于贯彻主管的管理思想和意图，并争取到业务员的承诺，最后冲向街头进行展业。这一切必须通过早会来实现。我们的主管为了能达到这一效果，也绞尽脑汁想出各种办法，以致某些客户来参观早会往往都表现出诧异的神情："会，也能这样开？"业绩超前的单位，他们的早会也是激烈、活泼的，整个职场的人气表现得非常旺盛；而业务量低落的单位，从早会中也可看出整个气氛的压抑，这也正说明了"寿险的经营即是早会的经营"。

二、提高早会经营效果的技巧

从各公司看，各级主管对早会都很重视，特别是负责操作这项工作的早会经营者都能对早会倾注极大的热情，然而有的早会乍看真情四射，其实早会经营者似乎走进"声高就是有理"的误区，分贝一个比一个高。这类不良的早会一般都有以下共同特点：有的看似很鼓舞人的东西，其实是老调重弹，只是讲者"自娱自乐"，得不到属员的共鸣；有的看起来气氛很浓，其实是内容不够，空洞乏味；有的讲师授课看似头头是道，其实只是停留在表面的讲解，属员雾里看花、一知半解；有的主管在台上口沫横飞、洋洋得意，而在台下的营销员则无精打采、睡意难消，士气低迷；等等，这些都应注意避免和克服。

对于那些习惯于随心所欲的台上演讲者，要切记"讲者无心、听者有意"的教训，如果光顾"声色"的枝叶而忘了"实用"的根本，早会经营就有可能走进"误区"的死胡同。

因此早会经营光"好看""好听"是远远不够的，营销员最关心和希望的应该是"好用"，比如说营销员所需的知识营养、营销技巧和谋略、市场信息、成功的经验、公司的政令和动态等诸如此类的"实战兵器"。这就要求早会经营者有甘为人梯的工作态度，努力去了解营销的"十八般兵器"，只有这样才有可能为早会的经营制订形式多样的"制胜套路"，这不仅是方法问题，更重要的是态度问题。

早会经营者应拥有以下态度：

(1) 保持清醒的头脑，博取广收，做好应有的知识储备，包括资料积累和技巧的掌握等，准备充分一些，运用时才能得心应手。此外还要掌握公司及团队的决策、营销员的实际情况和需求、市场的特点、形势和竞争势态，使早会的策划不至于迷失了方向，以确保早会经营跟上市场跳动的脉搏，符合营销员的"胃口"。

(2) 不断提高授业传道的功力，其中诚信是基石。没有诚信这个基石，成长路上就十分艰辛，因此在这方面还是"照本宣科"为好，帮助他们找到立足之本。在保险业朝着又快又好的发展轨道前进的背景下，要求营销员要"根正苗红"，而培育“根正苗红”的营销员，唯有用理想去播种，用信念去浇灌，用原则去培养，用服务去护理，才能确保保险业务健康发展，也才能确保更多的营销员以诚信赢得市场，取得个人的成功。

（3）注意演讲的仪态、台风、口风。对于早会经营者来说，营销员就是自己的客户，如果要求营销员在展业过程中拥有端庄的仪态、亲切的语言，不妨先检查自己是否做到。台上演讲者大多为人师表，不管是讲师的说辞，还是主管的言行，对营销员都具有表率作用，对他们也会产生潜移默化的影响。

（4）发挥团队文化的凝聚力。企业文化具有凝聚作用、示范作用和激励作用。多年来，各营销团队在发展过程中都形成了具有自身特点的职场文化，如职场标语、口号、制度、团队经营成果上墙，晋升制度的不折不扣执行、行业规范和服务规范的贯彻等，不仅应做到令行禁止，而且作为团队的主管和早会的经营者应带头执行。使团队在一个相对透明、公正、公平的状态下运转，充分发挥团队在透明化运作下产生凝聚力的作用。

三、早会的具体内容安排

保险公司早会的具体内容主要有以下方面：

（1）每日工作的计划。

（2）各种资料的建立。

（3）增员对象与主顾名单的建立与填写。

（4）各种短时间的教育与训练。

（5）室内对营销员的营销辅导。

（6）士气的激励。

（7）公司政令的宣导。

（8）出缺勤的管理。

在上述内容中，关于短时间的教育与训练部分可进一步细化为：① 有关保险教材的课程教育。② 案例研讨。③ 推销实演。④ 新商品、热门商品、促销商品的研讨与话术研究。⑤ 有关保险的热门话题研讨与话术研究。⑥ 开拓客户的经常性训练（每周早会至少一日做增加准保户来源及客户名单的填写工作）。⑦ 增员习惯的养成及增员名单建立的训练。

第二节　营销团队管理

保险营销是保险企业的工作重心，企业中所有的事情都围绕着这一点展开。

保险营销团队则是保险企业在市场上冲杀的先锋，因此，保险营销团队的发展与建设是保险企业发展的重中之重。

所谓保险营销团队就是由每一位保险营销员和管理者个体组成的一个共同体，该共同体能够集中每个个体的知识、智慧和技能优势，促进个体之间的高度互补与工作协调，并形成营销团队优势，解决问题，实现保险营销共同目标。

一、保险团队管理技能要求

保险营销团队管理的成功在很大程度上取决于管理人员对下属人员的了解、影响、沟通、教导和指引的能力——与人们一起工作的能力是管理成功的先决条件。保险团队管理技能就是团队领导者利用恰当的管理手段和方法把知识转化为生产力。

保险团队管理技能包括：

1. 技术技能

主要是从事自己管理范围内工作所需的技术和方法。实际上，管理层次越低的管理人员越需要具有较全面的技术技能。

2. 人际关系技能

一个团队领导者或管理者大部分时间的活动都是在与人打交道，对外要与客户纵横之间进行联谊和接触，取得共识；对内要联系下属、了解下属、协调下属，调动员工的工作积极性。所有这些都要求管理人员具有良好的人际关系技能，这个技能对分支公司总（副）经理、团队主管、主任都具有同等重要的意义。在相同的条件、背景、环境下，一个具有这方面技能的管理者肯定在经营过程中取得成功的概率要大得多。

3. 概念形成技能

指保险公司经营者进行抽象思维换位思考，形成清晰概念的能力。作为团队领导者，需要快速敏捷地从纷繁复杂的环境中辨清各种因素的相互关系，抓住问题的实质和要害，并根据复杂形势和矛盾问题果断地作出正确决策。

4. 诊断技能

一个优秀、成功的经营者、团队领导者必须具有诊断甄别能力。根据组织内部各种现象和表象来分析研究事物的内涵和本质。

5. 分析技能

指管理者在某一形势、某一环境下分析鉴别问题主要矛盾的能力，分析各种问题的相互关系和普遍联系，找出其中最主要的问题和解决问题的主要方法。

总之，一个成功的管理者必须具备上述五个方面的管理技能。但是，针对不同层次的管理者，在这些方面的要求有所区别。例如，针对高级管理人员的技术技能的要求比一线负责展业事宜的主任、主管要求低一些，而概念形成的技能、对诊断和分析的技能，则要求就比较高了。作为经理人，不必了解技术如何动作，但要了解技术可能做到什么。

二、营销团队管理中的方法及技巧

（一）为团队树立共享目标

团队目标是一个有意识地选择并能表达出来的方向，它运用团队成员的才能和能力，促进组织的发展，使团队成员有一种成就感。因此，团队目标表明了团队存在的理由，能够为团队运行过程中的决策提供参照物，同时能成为判断团队进步的可行标准，而且为团队成员提供一个合作和共担责任的焦点。

有时，我们在进行团队建设时，可能觉得为团队确定目标相对比较容易，但要将团队目标灌输于团队成员并取得共识——责任共担的团队目标，可能就不是那么容易了。所谓责任共担的团队目标并不是要团队每个成员都完全同意目标——这是难以做到的；而是尽管团队成员存在不同观点，但为了追求团队的共同目标，各个成员求同存异并对团队目标有深刻的一致性理解。要形成团队共享目标，应从以下几个方面着手：

（1）对团队进行摸底。对团队进行摸底就是向团队成员咨询对团队整体目标的意见，这非常重要，一方面可以让成员参与进来，使他们觉得这是自己的目标，而不是别人的目标；另一方面可以获取成员对目标的认识，即团队目标能为组织作出什么别人不能作出的贡献，团队成员在未来应重点关注什么事情，团队成员能够从团队中得到什么，以及团队成员个人的特长是否在团队目标达成过程中得到有利发挥等，通过这些广泛地获取成员对团队目标的相关信息。

（2）对获取的信息进行深入加工。在对团队进行摸底收集到相关信息以后，不要马上就确定团队目标，应就成员提出的各种观点进行思考，留下一个空间——给团队和自己一个机会，回头考虑这些提出的观点，以缓解匆忙决定带来的不利影响，正如管理名言——做正确的事永远胜于正确地做事。

（3）与团队成员讨论目标表述。树立团队目标与其他目标一样也需要满足SMART 原则：具体的（specific）、可以衡量的（measurable）、可以达到的（attainable）、具有相关性（relevant）、具有明确的截止期限（time-based）。与团队成员讨论目标表述是将其作为一个起点，以成员的参与而形成最终的定稿，以获得团队成员对目标的承诺。虽然很难，但这一步确是不能省略的，因此，团队领导应运用一定的方法和技巧，比如头脑风暴法：确保成员的所有观点都讲出来；找出不同意见的共同之处；辨识出隐藏在争议背后的合理性建议，从而达成团队目标共享的双赢局面。

(4) 确定团队目标。通过对团队摸底和讨论，修改团队目标表述内容以反映团队的目标责任感。虽然，很难让百分之百的成员都同意目标表述的内容，但求同存异地形成一个成员认可、可接受的目标很重要，这样才能获得成员对团队目标的真实承诺。

（二）加强团队文化管理，促进销售团队可持续发展

团队的最高管理是文化管理。团队协作要求企业文化作出相应的改变。具体措施如下：

1. 重视培训

建议成立教育培训管理部，专门负责全辖销售团队的教育培训。制订针对团队主管、销售人员等多层次、多元化的培训，内容涵盖保险业务、销售技能、经营理念、综合素质等内容，每月至少培训两次。通过学习，确保每位员工对业务从推广到销售，都按规范进行。

2. 以“诚”管理

管理之道，最好是让员工意识到你信任他们，相信他们愿意积极参与团队的工作并希望有所建树。当员工觉得自己受重视时，会更加满意、更出色地工作。如果员工相信你关心他们的利益，就会全心全意投入工作。因此，要摒弃一切依赖命令、威胁、限期和惩罚的管理方法。它们能奏效一时，但无法建立长久、有助于提高生产力和质量的方式。

3. 注重内在需求

按照马斯洛的需求理论，人们在物质上满足之后，更加关注内在的精神需求。因此，应通过多种方式让员工看到自己的价值，不断得到更高层次的满足。比如，经常通过组织优秀员工聚餐、旅游、喝茶或者赠送音乐会、体育比赛的门票等有效的激励方法，对业绩突出的销售团队进行奖励。

4. 帮助员工成长

销售团队中的每一位员工都有自己的职业生涯规划，如果不帮助员工发展，就会失去他们。因此，对一些优秀的员工给予职务提升之外，还应为他们拓宽发

展空间，设立一系列的技术职级，减少销售骨干流失。

（三）团队主管批评的技巧

在评价下属工作时，要像做“汉堡包”一样，分三步走：先肯定属员的工作成绩，然后具体指出他工作中的不足，最后提出对他的期望。将批评夹在好评之中，巧妙而不失委婉，让被批评者心中有数又不至于大跌面子。

1. 夸奖贵在真诚

真诚是夸奖的关键。不管是父母对孩子，还是主管对属员，夸奖必须是发自内心的。冠冕堂皇、随意浮夸的称赞会让属员置疑你的诚意，同时产生疑虑：“我在这方面做得并不好，他却大加表扬我，这是在讽刺我吗？”这种表扬实在比批评还糟糕。

2. 评价力求具体

描述问题尽量力求具体，泛泛而谈起不到好的效果。一方面属员不能具体明白自己的工作到底是好是坏，另一方面泛泛的评价根本不能说服属员。所以，与其说“小王你的工作日志填写得不好”，不如说“小王你的工作日志不够详细，尤其是拜访客户的详细情况没有填写……”这样，属员才会心服口服，无话可说。

3. 期望要恳切

“小张，你是个很有上进心的青年，我希望你下次做得更好。”“小黄，我发现你的工作每次都有进步，我真高兴，相信你一定能给本部作出更大的贡献。”不要小看这几句，他能让你的属员倍感温暖，工作更有激情。

4. 恩威并施

威就是严格、有错必纠；恩就是温和、奖励。属员做得有失妥当的地方应当责备，表现优秀之处不可抹杀，要给予适当的奖励，这样属员的内心才会平衡。在评价属员时，必须考虑他们的心理特点，把“恩威并施”掌握得恰到火候。

5. 给予工作满足感

要让所有属员以公司为荣，从工作中得到自我肯定与满足。培养一个人才并不容易，公司和主管必须投入很大的心血，所以最怕的就是人才成长起来后不安于室，蠢蠢欲动。如果能让属员在工作中得到满足，享有成就感，自然可以减少人员的流动。

◆ **本章小结**

早会经营在保险公司寿险管理中有重要意义。早会经营者应拥有以下态度：①保持清醒的头脑，博取广收，做好应有的知识储备；②不断提高授业传道的功力；③注意演讲的仪态、台风、口风；④发挥团队文化的凝聚力。早会的内容主要有：每日工作的计划、各种资料的建立、增员对象与主顾名单的建立与填写、各种短时间的教育与训练、室内对营销员的营销辅导、士气的激励、公司政令的宣导、出缺勤的管理。

所谓保险营销团队就是由每一位保险营销员和管理者个体组成的一个共同体。保险团队管理技能包括：技术技能、人际关系技能、概念形成技能、诊断技能、分析技能。

在团队管理过程中，团队共享目标的树立非常重要。要形成团队共享目标，应从以下几个方面着手：①对团队进行摸底。②对获取的信息进行深入加工。③与团队成员讨论目标表述。④确定团队目标。

团队的最高管理是文化管理。团队协作要求企业文化作出相应的改变。具体措施有：重视培训、以“诚”管理、注重内在需求、帮助员工成长等。

思考与练习

（1）简述早会经营在保险公司寿险管理中的意义。

（2）简述营销主管应具备的早会经营技能与方法。

（3）简述保险团队管理技能要求。

（4）简述保险团队管理中树立共享目标的方法。

（5）简述保险团队管理方法与技巧。

第十二章 保险核保实务

◆ **本章要点**

本章分别从人身保险和财产保险两方面讲述核保的实务流程。通过本章的学习，能够分别掌握人身保险和财产保险的核保流程及核保要点。

第一节 人身保险核保实务

一、人身保险核保的概念

人身保险的核保，也称为风险选择，是指保险公司根据保险标的的不同风险水平进行审核、筛选、分类，以决定是否签发保单以及如何签发保单的过程。

二、核保要素和核保的资料来源

人身保险核保包括个险核保和团险核保，个险由单个的被保险人组成，逆选择风险较高。因此在个险核保中要收集较多的信息，从健康因素、财务因素、个人因素等方面评估个体的风险，从而厘定合理的费率，提供适当的保障。

1. 健康因素

健康因素在个险核保中非常重要，是医学核保的核心内容。这里简略介绍一下医学核保可能的收集信息的渠道。

（1）投保单。投保单可以说是大部分保件核保时最重要的核保资料，是保险合同的组成部分。与健康因素有关的信息包括被保险人年龄、性别、职业状况、健康告知的情况、家族史、生活习惯、以往的保险记录等。需要强调的是，投保单中任何告知为“是”，或有信息模糊、涂改、遗漏的地方，都要详细说明。

（2）业务员报告书。业务员报告书并非保险合同的一部分，保险公司有义务对其内容保密。因此代理人尽可无所顾忌地在其中披露有关被保险人各方面的详细信息。因为只有代理人面见过被保险人，对被保险人的健康状况、家庭情况、身体缺陷等有真实的了解，所以代理人一贯的业务品质可有利于核保员保证核保质量。

(3) 病史资料。核保员可能会在以下情况索要病史资料：告知近期有常规体检史；告知有特定疾病；根据各公司核保规程的要求，符合一定保额的高额保件；同业公会中有不利的信息；某些保险公司还会在核保规程中要求超过一定年龄的被保险人提供病史资料。

(4) 体检报告。每个保险公司都有各自的体检规定，但并非对所有被保险人均要求体检。被保险人健康告知事项为合同的组成部分，对任何告知"是"的部分，被保险人必须提供与之相关的详细情况并签字确认。体检医师的体检结果记录部分及其他相关检查报告非保单合同的一部分，被保险人无须签名，体检医师及保险公司有义务对其内容保密。

(5) 特殊健康问卷。特殊健康问卷是要求被保险人提供有关特定疾病或症状详细情况的书面文件，它也是保险合同的组成部分，需要被保险人或投保人（若被保险人为未成年人）签字确认，保险公司有义务对其内容保密。许多保险公司对某些有较大潜在风险的疾病或症状设计了特殊问卷，如癫痫、呼吸系统疾病、精神神经系统疾病、消化系统疾病、胸痛、颈部或腰背部疼痛、高血压、骨关节疼痛、免疫缺陷、肿瘤等。

(6) 生存调查报告。部分家族史的信息、残疾情况、智力情况等可通过面见被保险人确认；部分病史资料可通过调阅医院档案获得第一手资料。

(7) 同业公会记录。同业公会为行业内的非营利组织，会员单位有义务向其报告有关被保险人的异常健康信息及核保决定，有权利在其黑名单数据库中检索被保险人在其他保险公司的相关信息，可作为进一步收集资料的基础，但不可作为核保决定的唯一依据。

2. 财务因素

财务核保是一个综合性相当强的承保风险评估和控制的过程，其基础是确定保险的金额、保险期和产品种类与所要保障的风险是相适应的。财务核保资料来源：

(1) 投保单。大部分投保单填写的内容都比较简单，不会出现财务问题，看上去明显可以被接受。但是，核保员对于投保单上的财务问题必须仔细审核，并且需要有详细、准确、合理和完整的信息，以便确认客户所申请的保额是否恰当。很难对财务核保制订非常精确的规则，如果有疑点，核保员一定要自问"这是否成立？"

(2) 业务员报告书。业务员对被保险人有更详尽、真实的了解，业务员报告书可反映被保险人的资产、收入状况、投保动机、家庭情况、企业经营状况。核保员对代理人业务品质的熟识程度有助于保证核保质量。

(3) 财务问卷。无论是个人保险财务问卷还是商业保险财务问卷，都是评估大保额保单所不可缺少的资料。

(4) 生存调查报告。核保员会根据公司的财务核保的规定对一些高额件做生存调查，或在核保人员审阅一份投保单时发现投保人的财务状况与其保险需求不相适应，即保额高于实际保险需求或者保费金额超出其支付能力（保费支出在其年收入中所占比例过大），则需要保险公司派出调查人员或要求专门的调查机构对投保人的财务状况作出尽可能详细的调查。核保人员也可以要求业务人员出面安排一次与投保人及被保险人的晤面，直接了解其投保的原因、保险需求，制订适合的保险方案。生存调查在财务核保中的价值很大，可反映被保险人的个人信息、职业状况、收入情况及其他资产、负债情况。调查对象可以是被保险人本人、家人、同事、合伙人、员工、银行、会计师等。随着我国征信体系的不断完善，消费者征信体系也将是一个新的渠道。

(5) 财务证明。财务证明包括各种资产所有权证（房屋、企业、车、其他重要资产）、税务工商注册证明、企业财务状况分析、财务报表（资产负债表、损益表、现金流量表、收益分配表等）、奖励证明及其他可以证明资信的文件、租赁合同、收入证明、身份证件。

目前可以得到的财务证明有：银行存款凭证、股票凭证、各种债券凭证、收入证明、纳税证明、各种资产的证明（如房产证、购车证、企业注册登记等）、企业财务报表、租赁合同、工作身份证件、户口本等。

(6) 财务报表。对于经营企业的业主或某些要人，保险公司会要求客户提供财务报表，在反映企业经营状况的报表中，最主要的是年度的资产负债表和损益表。

(7) 第三方信息。为了证实大保额保单，还需要通过第三方信息对客户提供的资料进行确认。这样的证据包括：① 审计师或会计师对财务状况的评估；② 通过税务员确认被保险人过去三年的收入情况；③ 确认过去三年的税单。

(8) 其他信息。尽管所列举的证据多为正式的财务资料，但也有其他类型的证据，如报纸或互联网上有关投保方的信息。但是，对于此类依据一定要谨慎。

3. 其他核保因素

(1) 职业风险因素。职业及工作性质不同，发生意外事故及患某些疾病的几率也有所不同，所以对于被保险人职业风险的评估也是核保的重要内容。职业上的风险主要分为意外和健康两个方面的内容。

(2) 个人和生活方式因素。个人和生活方式因素是指那些由于自身行为所产生的不利于健康的危险因素。这些行为危险因素并非无法避免，而是由于社会心理因素的影响或无知愚昧的习惯势力才使人们产生的。常见的行为危险因素有：由于消费不当所致的危险性，如吸烟、酗酒等；不利于健康的业余活动，如文体活动过少、赌博等；求医行为方面的危险因素，如不遵医嘱、滥用药物等。调查资料表明，在美国，行为危险因素占全部致病因素的48.9%，在我国占37%以上。

（3）保险计划。虽然保险计划本身并不是影响死亡率的评估因素，但是保险计划对于核保人员仍是要考虑的因素。一方面，核保最基本的目的是防止逆选择的可能，核保人员结合保险计划来判断是否隐含逆选择风险。比如，一个年轻人仅仅投保高额、短期的重大疾病保险，一个50岁的人首次单独投保高额意外险或定期险，这就增加了不利于保险公司危险选择的难度。相反，如果保险计划是一个综合的保障需求，包括养老险及终身寿险，或者说个人的投保是企业给员工福利保障的一部分，则逆选择的可能性就相对小得多。另一方面，对于一个次标准体，保障时间的长短也是影响公司风险选择的因素。

投保人所选择的缴费方式可能也会成为影响核保最终决定的一个因素。月缴保费的保单是失效率最高的，支票缴费的保单通常有较好的保单持久性。续期业务有利于保险公司的资金稳定运作和客户资源的积累，但从核保的角度看，缴费的年限越短，保险公司的风险越小。缴费年限越短，期缴的保费越多，保险公司也越早地完成责任准备金的建立。对于趸缴的保单，由于其责任准备金已经建立起来，核保审核和承保决定会相应宽松。如一个40岁的人投保普通寿险，经过体检发现有轻度的脂肪肝，尽管核保手册提示需要一个小的次标准费率，但缴费期限如果由原来的20年限缴改为5年限缴，则可能会给予临界标准承保。

三、人寿保险核保流程及注意事项

核保的过程就是一个风险选择的过程，整个程序一般可分为：销售人员的风险选择（即第一次风险选择）、体检医师的风险选择（即第二次风险选择）、生存调查的风险选择（即第三次风险选择）、核保人员的风险选择（即第四次风险选择）。

1. 销售人员核保

销售人员作为整个风险评估过程中的第一核保人员，其核保过程并非是在短期内完成的，而是和整个展业、促成过程密切相关、逐步深入，一般通过晤面、观察、询问，了解客户的投保动机、职业及工作情况、健康状况、生活习惯和投保人的经济能力等，据实作出报告，提供给核保人员。在核保过程中应注意以下几点：

（1）作为后续阶段风险选择的基础，第一次风险选择首先应尽力排除道德风险，对非善意投保者、无保险利益者应予婉拒，并根据职业状况及收入状况提供适当的保额。

（2）详细观察被保险人的体型、颜貌、精神状态和步态等情形，对被保险人的健康状况有初步的掌握，并初步判断客户是否需要体检。

(3) 应详细解说由寿险契约产生及衍生的法律行为。如条款责任、告知义务、责任免除、失效复效规定、宽限期及契约撤销请求权、退保规定等，以免日后客户误解或不了解而引起纠纷。投保单上的内容特别是健康和财务告知务必请投保人、被保险人详细、清晰填写，并让各自亲笔签名（未成年人由其法定监护人代签），不得相互代签甚至由销售人员代签。

(4) 应认真填写销售人员报告书，如实说明此次风险选择的结果，对被保险人的健康状况、财务状况和工作状况中存在的特殊情况予以详细说明，为专职核保员进行书面审核提供准确依据。

2. 体检医师核保

体检医师在核保中依据寿险医学和技术对被保险人的健康所作的风险选择即为体检医师核保。体检的注意事项有：

(1) 被保险人体检时，应持有效身份证明及本公司的体检通知书由业务员（或公司核保内勤）陪同前往。体检报告书应贴有被保险人本人一年内的免冠照片，加盖体检单位公章，并注明业务员所属的业务部（或内勤所在部门）名称。体检医师应对体检表中被保险人身体状况的相关问题进行询问，且由被保险人签字确认，被保险人在体检报告上的签名应与投保单一致（另外，体检完毕后，陪检人员应在体检报告书上签名）。体检结果由公司领取，不得交由被保险人或业务员。公司对体检结果严格保密，以保护被保险人的隐私权。

(2) 在被保险人填写健康声明书时应再次向其说明此乃保险合同的一部分，须如实告知，若有隐瞒或不实声明会对将来不利。有既往病史的被保险人，应根据需要进行针对性体检或作出补充说明，如有病历资料或近期的体检报告，应请其一并提供，以便核保部门参考。

(3) 体检发现有可疑之处时要详细询问检查并记录于体检报告上，不可受他人左右，更不能草率行事，使某些居心不良者得逞，损害公司及广大客户的利益。

(4) 最终的核保结论，是由公司核保人员经综合分析后作出的，因此体检医师最好不将体检结果可能引致的承保结论告知投保人或营销人员，以免引起争议，影响核保人员的核保。

(5) 体检中发现的被保险人的异常情况，医师有替受检者保密的义务，不得随意告知他人。

(6) 被保险人应避免在感冒、劳累、熬夜或应酬后体检。女性被保险人应于月经结束三天后体检，以避免化验时出现误差。体检时勿穿连衣衫裙，在体检前两天内不要服用药物，需要抽血化验的体检当天早晨应空腹前往。

(7) 由体检中心（特约医院）出具的体检报告，普通体检、B 超、胸透、X

光片及心电图有效期限为6个月，其余的化验报告有效期限为3个月。被保险人提供的其所在单位集体体检资料，必须是原件，体检时间距投保日不超过6个月，且必须经核保员确认方可采用。

3. 生存调查

生存调查（简称“生调”）是指在保险合同成立前或复效时，由寿险公司行政调查人员收集被保险人的各项资料，为决定保险合同的成立或复效提供依据的活动。在核保的过程中，生存调查应注意以下几方面：

(1) 投保事项：投保内容是否经被保险人同意，投保单是否经被保险人亲笔签名；投保人、被保险人、受益人的关系，是否同意指定；住址、户口所在地是否确定；投保的险种、保额与其身份是否相称；投保动机如何；业务员的服务情况如何，与投保人、被保险人有无关系，有无面见被保险人。

(2) 健康状况：通过与客户的晤面、交谈，判断客户的身高、体重是否相符，精神状态如何，有无语言智力障碍；观察其脸色面貌如何，有无明显的伤疤（特别是手术疤痕）或肢体残废，视觉、听觉有无异常；肢体运动是否协调，有无突然不自主的震颤、举动；了解客户现有无病症及状况；过去有无住院或手术，近期有无体检，体检结果有无异常，在何医院，体检项目；对于有过住院治疗状况的需通过各种途径去医院调阅病史资料，记录发病情况、诊断结果、治疗手段、手术状况、用药情况、异常的化验结果、出院情形及预后，了解客户有无因健康状况被其他公司延期、拒保或拒赔过。

(3) 财务状况：年收入状况及来源、保险历史、投资情况、家庭资产状况。

(4) 职业与环境：现职工作内容、工作性质为何，有无高空作业情况、有无使用危险工具等，有无兼职，居所与周围环境如何，有无危险因素，工作环境如何。

(5) 习惯与嗜好：是否有赌博、吸毒等不良恶习，有无犯罪、违法记录；有无抽烟、嗜酒，其量如何，有无药物依赖；是否有危险运动的嗜好。

4. 核保员核保

指核保人员根据业务人员的报告和投保单再次进行审核，判别是否可以承保或者以何种方式进行承保的过程。核保员核保的一般程序：

(1) 收集投保客户资料。投保资料是核保人员进行准确核保的重要依据，一般核保员需要了解的基本投保资料有：投保单、代理人报告书、体检报告书、补充告知、健康及疾病问卷、职业及驾驶问卷、既往病史及住院病历、生存调查报告、高额件财务状况报告书、同业资料等。

(2) 初步审核。核保人员在收到投保人、业务员所提供的基本资料后，即可按照有关要求，并根据公司的投保规则及经营政策对所提供的资料检查核对，以确定资料是否齐全，是否需进一步补充资料，客户的投保需求是否超出了公司的有关规定和承受能力。

(3) 投保资料的进一步收集。在投保金额较高，告知声明有异常、不全面或核保员在初步审核过程中发现有疑点时，有必要进一步收集有关资料。一般对健康状况有疑点时可要求进一步提供病历资料、填写健康问卷或要求被保险人体检，以获得进一步的健康资料。对财务状况有疑问的，有针对性地要求补充客观有效的财务证明文件或专人调查，以确定保险需求是否合理。

(4) 综合分析，查定核保手册。核保人员根据投保资料，对影响被保险人死亡率的有利及不利因素进行综合分析，依据核保手册，运用数理查定方法，以标准体的死亡率为基准，查定被保险人的额外死亡率，决定被保险人的危险等级，从而决定承保的条件。

(5) 确定承保条件。核保人员根据被保险人的危险程度，把被保险人划分为标准体、次标准体、拒保体。对于次标准体，核保人员依据其危险程度，做出加费、附加承保条件、限额、缩短保险期限、改变缴费方式等决定，以达到风险选择的目的。

第二节　财产保险核保实务

一、财产保险核保的概念

所谓财产保险核保是指保险人对招揽的财产保险业务，依据保险条款和经营原则进行风险评估和业务选择，从而确定是否承保、承保份额、承保条件和保险费率的全过程。具体来说，核保的内涵如下：

1. 风险评估

这是核保的基础工作，即对要求投保的风险进行分析，明确风险的性质、风险程度、可保不可保、可能造成的最大损失等。

2. 业务选择

业务选择实质上是风险选择，包括对“人”和“物”的选择，是保险人在风险评估的基础上，按照一定的标准和原则，对被保险人和保险标的面临的风险进行选择，以排除不合乎保险规章要求的被保险人和保险标的，并防止不可保风险的介入。对被保险人的选择主要包括其资信、品格、作风、管理水平、风险事故记录等，如参加汽车保险的驾驶员有无酗酒习惯和肇事记录；对保险标的的选择主要是根据其可能面临的风险状况，确定可保标的和特约承保标的，排除不可保标的。

【小资料】

某财产保险公司核保手册中对业务来源的划分

1. 鼓励承保的业务

（1）大中型国有企业。

（2）大中型外资企业。

（3）四、五星级酒店。

（4）事业单位。

（5）高层楼宇、房屋。

（6）大型商业及购物中心。

（7）火灾风险等级1～6类行业。

上述业务可在准确评估风险的基础上适当灵活制订承保条件。

2. 谨慎承保的业务

（1）以下标的的财产险责任应谨慎承保，必须经过现场查勘，且不得附加利润损失险：制鞋厂、制袜厂、制衣厂、纺织厂、玩具厂、私营企业、中小型商场、易燃易爆行业。

承保个体工商户或私营企业的固定资产和存货时，最高按七成核定保额。

（2）严格控制承保地下开采业，堤堰及矿井、矿坑内的设备和物资等需经特别约定方可承保。

（3）承保农村电网及相关业务，应逐单上报总公司审批。

（4）承保境外项目，应逐单上报总公司审批。

（5）以下标的原则上不予承保，特殊情况下需要承保时，必须进行现场查勘，完成查勘报告后，逐单上报总公司审批：煤气或液化气工厂及设施、石化工业、家具厂、高精密度仪器或设备生产厂（如芯片厂、液晶产品厂家等）、高科技生物制品厂家、油漆厂、纸品厂、塑胶制造及以塑胶为主要原料的企业、无星级酒店和宾馆、娱乐场所以及其他火灾风险9、10级的行业和不明结构建筑物等。

（6）附加承保地震风险必须谨慎，扩展地震责任必须要在保险单上单独列明地震险的费率和保额；超合同条件扩展地震责任的，必须逐笔上报总公司审批。

（7）利润损失险必须附加于财产保险，不得单独承保，应与财产保险的保额相加，适用一个承保权限。

（8）利润损失险中附加关联企业营业中断条款的，必须逐单上报总公司审批，且责任限额不得超过保单保险金额的5%。

3. 承保控制

承保控制是对可以承保的业务确定其承保条件，其中主要措施包括控制保险金额、安排分保、保险双方按比例分担责任、规定一定的免赔、业务质量搭配以及规定其他附加条件等。承保控制的实质是防止依赖保险和产生道德风险及逆选择。

4. 核定费率

费率即保险的价格，也是承保的主要条件之一。在风险评估、业务选择和承保控制的基础上，保险人根据承保业务的具体风险状况，核定适当的保险费率。核定费率一般是在已订费率的基础上，根据市场供求关系和竞争状况，被保险人的有关风险因素和保险标的的近期损失记录，适当增减调整保险费率，使保险双方达成交易，保险人的收支保持平衡。

二、核保要素与核保资料来源

1. 核保要素

一般而言，财产保险核保要素主要包括：

(1) 投保人与被保险人。投保人应当具有权利能力和行为能力；投保人对保险标的必须具有保险利益，具备投保资格。被保险人信誉良好，拥有完善的防灾设施和良好的管理水平。

(2) 保险标的。保险标的属于可保财产或特约承保财产，包括保险标的最近的损失记录，保险标的的占用性质、坐落地点、周围环境及风险状况。

(3) 保险金额。不同种类的财产，确定保险金额的标准不同。审核保险金额，主要是将保险金额与保险价值对比，看其属于不足额保险或足额保险或超额保险，从而判断保险金额是否适度。

(4) 最大可能损失（PML）。最大可能损失（Probable Maximum Loss）简称最高损失额，指每个危险单位一次出险的最高损失额。经验证明，每个危险单位每次出险发生全部损失的情况比较少见，而较多的情况下是发生部分损失。由于险种、险别和保险标的具体情况不同，每次出险的最高损失率也不相同。每个危险单位最大可能损失与该危险单位的自留额和保险人的赔付能力密切相关。自留额要与赔付能力相适应，最大可能损失的估计又影响自留额的多少。例如，某商厦保额为 5 000 万元，自留额定为 10%即 500 万元，若对 PML 有 100%、50%和 20%三种损失率估计，则 PML 的估计对自留额的影响如表 12.1 所示。

表 12.1 PML 对自留额的影响

PML	100%	50%	20%
自留额	500 万元	1 000 万元	2 500 万元

由于对 PML 的估计不同，在同量赔付能力的情况下，会有不同量的自留额，进而涉及对承保标的是否分保和分保多少的问题。同时，由于总承保能力是自留额的倍数，自留额增大，必然带来总承保能力的增大。仍以上例三种 PML 估计，则承保能力分别为 5 000 万元、10 000 万元和 25 000 万元。

（5）再保险。根据保险标的保额大小、业务种类、风险状况以及对最大可能损失的估计，确定是否需要安排分保以及分保方式；是否属于合约分保业务范围，合约内容及分保条件；是否另需安排临时分保。

（6）保险费率。不同险种以及同一险种的不同类别财产适用不同的费率，核保人员应该谨慎审核和确定投保财产类别和适用费率。

（7）保险期限。保险期限的确定必须具体、明确。财产保险的保险期限分为两类：一类是以整年整月的固定时间作为保险期限，即定期保险，这类保险期限的起讫时间必须标明年、月、日、时；另一类是以一项事件的始终作为保险期限，如海上运输货物保险以航程为保险期限，应明确从某港装货或起锚解缆时开始，至某港卸货完毕或抛锚系缆后终止。

（8）扩展责任。在原保单基本责任基础上，应投保人要求，保险人可以以附加险形式扩展承保责任。核保人员应审核扩展责任是否适当，是否需要附加特约条件，并且应将扩展责任保费一并计入应缴保费之中。

（9）保险费。保险费一般应按保额、费率和期限三个因素之积计算，保险期限不足一年的，按短期费率计收保费。审核保险费主要是审核其计算方法和数额的正确性。

（10）有关法律法规限制。对于有关法律法规有限制的业务，核保时应注意承保业务的合法性。例如，对出口货物运输保险每一标的的保险金额，按有关国际规则不得超过货物发票价值的 130%；有些国家或地区对某类保险业务有特别限定，如政策性业务只允许指定保险公司承保；外资公司在一定阶段只能承保外币业务等。

2. 核保资料来源

核保人员通常对保险标的并没有直接的接触和了解，虽然对一些较大的标的有必要实地调查了解，但不可能也没必要对所有保险标的都去实地调查了解。为了有效地进行核保工作，必须尽量获得有关被保险人和保险标的的各种资料，据以从事核保工作。核保资料主要来源于下列方面：

（1）投保单。投保单是核保工作的主要资料来源。投保单的填写应遵循诚信原则，客户必须正确、详细地填写投保单，以作为核保的主要依据。

(2) 保险代理人或经纪人的意见。代理人、经纪人日常要与投保人打交道，对保险标的风险状况比较了解，所以他们的意见很重要。核保人员在核保时应注意听取代理人或经纪人的初步审核意见，以作为核保的参考。

(3) 调查报告。对保额较大或风险因素较复杂的某些保险标的进行实地调查是非常必要的，核保人员可从中获得第一手资料。在西方财产保险市场上，这项工作一般由公司的风险管理部或工程部的高级工程师完成。这些工程师对本行十分精通，他们所提供的实地调查报告可以作为核保的重要资料。

(4) 其他资料来源。除上述核保资料来源外，核保人员还可将保险标的周围环境、最近的损失记录、被保险人的道德因素和管理水平等因素作为核保的重要资料。

三、核保的流程

1. 审核单证及投保条件

接到客户的投保申请后，核保人员应首先审核投保单及其他单证（如车辆驾驶执照、船舶通航证明、财产所有权证明等）的真实性和正确性；审核投保人的权利能力和行为能力以及是否具有保险利益等资格；审核投保标的是否属于可保财产，是否符合公司承保规定。对于不符合公司承保规定的投保人和财产，在初审后即可拒保。

以投保单为例，审核的内容主要包括:

(1) 投保人、被保险人的资料。确认投保人、被保险人的身份是否正确，信息是否充分。一是审核投保人、被保险人是否对标的具有保险利益；二是对标的权属进行分析，清楚标的损坏赔偿的权益归属；三是审核投保单中投保人名称与其在法定机构的注册名称及投保单中的签章是否相符；四是姓名、名称、地址、邮编、联系方式等基本信息是否清晰无误。

(2) 投保险种、应用条款。分析客户关心的风险所在，正确识别客户的意图与需求，根据现有险种、产品与条款，确认拟用险种正确无误。一是未开办险种或其相应的责任范围超出保险企业、保险惯例或保险监管规定的不能承保；二是投保险种不能出现张冠李戴与违规操作，例如，客户投保财产险就不能用机损险的投保单。

(3) 保险标的。准确界定承保标的的性质、范围、内容。一是明确区分承保标的是责任险、保证险还是财产保险，例如，客户的需求是承保公众责任，就不能以财产综合险保单来承保。二是保险责任范围清晰，例如，承保公众责任保险，特别约定中仅提示“扩展火险责任”，就很不明确。三是审核对有关保险责任的措辞，避免模糊字眼的出现，确保责任范围清晰、无争端。四是对申请保险金额的批改，要清楚客户申请的是对流动资产还是固定资产的保险金额的批改。五是保险标的的行业性质或者标的的类型须清晰。六是标的位置和范围要准确、清晰地加以描述。

(4) 地域范围。审核标的涉及的区域范围。首先，要清楚承保标的的坐落位置、地点、周围环境状况，对财产处于多个地点的状况，要清楚财产的分布状况；其次，要清楚产品责任与质量险等产品的销售区域，对涉外客户尤其要给予重视。同时要认真审核拟援引的法律争议归属等问题。

(5) 保险金额、赔偿限额。确保保险金额数据来源准确、可靠。不管保险金额的确定方式如何，要确认保险金额与相关利益相符。数据要有源可循，例如，以报表数据为准，则要求审核有关的报表数据，以数据的相对准确、合理为原则。要避免因超额投保或不足额投保而产生的道德风险。若涉及累计赔偿限额、每次事故赔偿限额等，须审核两者的关系及合理性。

(6) 保险期限。清晰的保险期限约定对保费的最终结算是很有利的，例如，预收保险费的产品质量险、货运险、产品责任保险、煤气责任保险等，保险期限通常不应超过一年。工程险项目或货运航次险的保险期限应根据项目或航次的实际完成时间确定。实务中，一是要确保保险期限的确定性，例如，货运险预约保单中，对标的的预约运转时间段的界定要清晰，还有“钩对钩”或“仓至仓”等条款的选用；二是在未实地验标或得到某些书面确认之前，切忌倒签保单；三是要确保保险期限的合理性，谨慎使用保险期限展期。

(7) 约定交付保费方式、日期。重点审核分期付款方式是否符合保险公司相关规定，是否合理，同时要审核付款方式是否会产生应收风险（如商业承兑等）。

(8) 风险申报表（评估表）。风险申报表是进行初步风险评估的重要依据与信息来源，不同险种须用不同的风险信息表。重点审核风险信息的完整性与真实性，确保申报项目不漏项；数据格式符合要求，如量化数据不能以定性方式来描述；投保人签章完整。

(9) 过去损失记录。主要记录或提供近年来的主要损失信息，这是风险评估的重要依据之一。不管标的过去投保了还是未投保，均要提供。过去损失记录主要包括事故损失大小、损失原因、发生时间等信息，其损失涉及范围不一定与保险责任直接相关。

(10) 司法管辖权归属国（责任险）。责任险投保中，须明确司法管辖权归属国。通常分国内管辖权及世界管辖权两种，世界管辖权属高风险业务。

(11) 投保人申明、签名、盖章、投保日期。审核投保人签名、签章与投保单或保单（批单）中的被保险人的有关内容是否相符，投保时间是否存在倒签现象；务必确保投保人申明所填写资料属实。

2. 风险评估

根据所掌握的核保资料以及现场调查报告进行风险评估，并出具风险评估报告(样本见附录A)。考察风险状况需要具体考虑的内容包括：所有权及管理状况、建筑结构、风险控制措施、外部风险、费率状况、是否足额投保、损失记录、其他风险等相关内容。

下面以企业财产保险为例，介绍风险评估时考虑的因素：

（1）财产的占用性质及其用途。对于流动资产，因使用的原料、设备、技术工艺不同，产品及其危险程度会有很大差别，在承保时应根据具体情况区别对待。对于固定资产，即使是同样的建筑结构和等级，由于占用性质和用途不同，财产面临的实际风险也有差别。一般来说，用做生产、制造、加工、修配车间或厂房的固定资产，比专门用做贮存仓库的固定资产风险要大，因为前者还增加了生产过程中的一些风险；而用做储存仓库的固定资产，其风险又要比作为办公用房的固定资产大得多。这些明显的差别在确定费率时应有所区别。

（2）财产所处地点及周围环境。在财产本身危险性质既定情况下，其所处地点及周围环境对财产增加额外风险也有较大影响。比如说，在我国南方的夏季，财产常常面临暴雨、洪水的威胁，尤其是一些低洼地带和蓄洪区，洪水的发生有时接近必然，承保时应考虑是否剔除或加费；在我国东南沿海地区，财产也时常受到台风的威胁；我国北方地区由于经常干旱少雨，火灾则成为财产损失的一个重大隐患。此外，同一地区的财产，由于其所处的具体位置及邻处环境不同，潜在风险也会有所不同。比如，在繁华的商业区，由于各种建筑间距狭小，有的彼此甚至毗连在一起，发生火灾、爆炸时，易波及邻处财产。

（3）建筑结构与等级。不同结构和等级的建筑，其耐火、抗爆、抗震、抗洪性能截然不同，而所用的建筑材料又是决定建筑结构与等级的关键。一般而言，钢筋水泥比砖石结构的建筑抗灾性能要好，而砖石结构又比土木结构建筑抗灾性能好。至于活动房、临时工棚、窑洞等三等建筑，其抗灾性能最差。另外，同样结构和等级的建筑，由于房屋的层次、面积、门窗设置等不同，对受灾后可能造成的实际损失也有很大影响。

（4）消防配备及其运用程度。消防配备包括消防组织、人员配备和消防设施配备。就单位内部而言，有的单位有专项消防科室编制，更多的单位则没有；就消防设施而言，有的单位灭火设施齐全，有的灭火设施少且不配套，有的单位甚至根本没有；就运用的程度而言，有的消防通道通畅，扑救效果明显，有些则通道狭窄，关键时消防车难以发挥作用。甚至还有不少单位，由于平时缺乏必要的应急救火演练，在火灾初起的时刻不会或不能熟练地运用灭火工具，丧失灭火的关键时机，致使火灾得以扩散蔓延等。这些不同情况，对同样的火灾控制效果截然不同，在决定是否承保和确定费率时要予以体现。

(5) 投保单位最近的损失记录。了解投保单位近期的损失记录，主要是考虑该单位自身特有的实际风险与预期平均风险的差异程度，以便采取不同的承保策略。如果该单位过去一直参加保险，则可通过最近一两年的保险赔付档案资料获得相关损失情况。如果是新保户，则可通过该单位的安全生产监管部门，包括上级主管机关或统计部门、财务部门了解其近期损失情况。如果投保单位财产价值巨大，近期损失情况复杂，而投保人对近期事故及损失的陈述又比较含糊，则有必要对其作进一步调查了解，避免盲目低费承保。

(6) 被保险人的管理水平。被保险人的管理水平也对投保财产的安危产生直接影响，其中，被保险人对投保财产的安全管理水平尤为重要。这种管理水平可从以下方面进行考察：① 投保单位的安全管理意识。② 健全而又切实可行的安全管理规范和制度。③ 配套的事故防范组织与设施。④ 较低的事故发生率。在对投保单位作出安全管理的综合评价后，就可采取相应的承保策略。

3. **承保决策**

(1) 根据标的风险状况，决定是否承保。实务中，保险公司核保政策禁止承保的风险不能承保；风险较大，而承保条件不能相应提高的项目不能承保。对于不予承保的项目要向投保人说明理由；对于决定承保的项目要根据投保人的保险意图和标的风险状况拟定承保条件。

【小资料】

某财产保险公司限制承保的业务

(1) 禁止承保沿海易受台风袭击地区的非钢筋混凝土结构房屋建筑及放置其中的财产、露天堆放财产、输变电线路、广告牌、海堤等的台风、暴雨责任。

(2) 禁止承保油料仓库、烟花爆竹厂、火柴厂、炸药厂、海绵制造厂、发泡胶厂、废品收购站及其加工厂、木结构建筑等。

(3) 禁止扩展承保由于战争、恐怖行为直接或间接导致的任何损失；如遇特殊情况，须逐单上报总公司审批，待临分安排完毕后方可承保。

(4) 禁止扩展承保电脑程序、软件、数据等的损失及因此导致的营业中断损失。

(5) 禁止扩展承保因传染病引起的营业中断损失。

(6) 超赔业务包括直接分层保障保单原则上禁止承保。

（7）禁止承保采用第一危险赔偿方式的业务。

（8）禁止单独承保存放易燃、易爆等危险品或集中存放高价值商品等仓储性质的标的。

（9）禁止单独承保盗窃险。

（10）禁止承保财务制度不健全、管理不正规的企业。

（11）沿江、沿河警戒水位以下地区，蓄洪区，泄洪区不得承保洪水责任。

（12）低洼易涝地带的企业财产禁止承保暴雨、洪水责任。

（2）正确拟定承保条件。要选择合适的险种条款，适合投保人的保险意图。主要考虑三个因素——被保险人、保险标的、保险责任，避免张冠李戴错误地选择险种条款。同时，要严格界定保险标的的内涵与外延。保险标的要明确名称、项目、所在地址、地域。在财产保险中，若投保人仅对部分财产投保而又不确定具体的财产部分，应在保险单上明确说明投保财产在全部企业财产中所占的比例，并约定在发生赔案时，按比例赔偿。

（3）正确使用保险金额的确定方式。保险金额有两种基本确定方式：① 按照保险标的的价值确定，一般适用于财产险；② 按照保险标的的有可能发生的损失范围确定，一般适用于责任险。按照保险标的的价值确定保险金额分为两种方式：定值保险与不定值保险。除艺术品、古董等价值波动大的特殊财产外，财产保险应采用不定值保险方式。财产保险标的含一个以上项目，除明确总保险金额外，还必须明确分项保险金额。责任保险除明确累计赔偿限额、总赔偿限额外，还应视具体情况确定每次事故赔偿限额、每人赔偿限额。

（4）正确厘定费率和免赔额。费率和免赔额的厘定要与保险标的的风险状况相对应。保险标的风险状况评级为优、良的，费率可在市场平均水平上适度下调；风险状况评级为一般的，费率可适用市场平均费率；风险状况较差或差的，费率应在市场平均费率基础上适度上调。免赔的设置考虑三个因素：必然发生的损失金额、被保险人风险管理意识和水平、被保险人选择自担的风险。免赔的变动应与费率的变动相联系，免赔额增加，费率降低；免赔额减少，费率提高。

（5）谨慎使用附加条款。附加条款分为：限制责任条款、中性条款、扩展责任条款，应根据标的风险状况谨慎使用。在一个险种项下，对一特定标的必然要发生或发生机会非常大的风险，应附加特别条款将其排除在保险责任之外；对一特定标的，若对保险标的范围、保险责任、理赔方式有歧义，应附加中性条款予以明确。可保风险的扩展责任条款可以使用，不可保风险（如某些契约责任、核辐射责任等）的扩展责任不能使用。扩展责任条款应视具体情况单独设置赔偿限额和免赔额。

(6) 确定保费交付方式和日期。在投保单和保险单上都必须明确约定付费方式和日期，一般情况下应明确约定保费的缴费期限。若保险费数额较大或其他特殊原因，可同意客户分期交付保险费，但分期付费必须符合一定的条件。

4. 审 批

专业核保人员审核完毕并签字后，须经业务负责人或主管领导审批签章。若需修改条件，可反馈回去，再审核并作出抉择。对于某些标的，有时为了争取时间，可先签发暂保单，经反复审核后，再换发正式保单或终止暂保单。

四、核保的注意事项

1. 审核保险金额

保险金额是保险人承担赔偿责任的最高限额。保险金额的确定涉及保险公司及被保险人的利益，往往是双方争议的焦点，因此保险金额的确定是保险核保中的一个重要内容。在具体的核保工作中应根据重置价值确定保险金额。对投保人要求按照低于这一价格投保的，应尽量劝说并将理赔时可能出现的问题进行说明和解释；对于投保人坚持己见的，应向投保人说明后果并要求其对自己的要求进行确认。当投保金额超过重置价值时，则应结合多方面因素分析是否存在道德风险的可能。

2. 审核费率

保险费率主要根据以下几种因素综合分析后厘定：

(1) 建筑物的建筑结构或物资类别；

(2) 标的物危险性大小；

(3) 历年赔付记录；

(4) 标的所处地理环境及当地水文、气象、地质情况；

(5) 防灾设施及其保养情况；

(6) 被保险人经营管理情况；

(7) 免赔额高低；

(8) 特别条款。

及时收费是保险公司正常运作的基本保证，为尽可能减少拖延保费，保单中还要订立最后付费日期，一般被保险人的付款期限应掌握在保险起讫日起两周以内，且应一次缴清；但对一次缴清保费有困难的客户或保险费数额巨大者可经双方协商后采取分期付费的方法支付，但最多不能超过四期，并以书面形式注明每期应缴付的保险费和缴付日期。

3. 审核附加条款与特别约定

（1）附加条款。

附加条款是对主条款的扩展、补充和说明。对于附加条款的使用，应考虑标的实际风险状况和市场竞争因素，力求规范、严谨、逐一核保。财产险类附加条款主要是明确保单赔偿基础或对保险合同内容的解释，一般不考虑加费；还有一些是对保险范围的扩展，具体使用应根据保险标的的实际情况，设定赔偿限额或每次事故免赔额，并在厘定费率时综合考虑。

（2）特别约定。

特别约定及备注均应作为重要的核保内容。保单上的特别约定及备注与条款具有同等法律效力，处理失当可能危及整个保单的实质性内容。使用特别约定及备注，有标准文本的必须使用标准文本，没有标准文本的，用语必须具体、完整、准确。

◆ 本章小结

人身保险的核保，也称为风险选择，是指保险公司根据保险标的的不同风险水平进行审核、筛选、分类，以决定是否签发保单以及如何签发保单的过程。人身保险核保要从健康因素、财务因素、个人因素等方面评估。核保的过程可分为：销售人员的风险选择、体检医师的风险选择、生存调查的风险选择、核保人员的风险选择。

财产保险核保是指保险人对招揽的财产保险业务，依据保险条款和经营原则进行风险评估和业务选择，从而确定是否承保、承保份额、承保条件和保险费率的全过程。其核保的流程包括审核单证及投保条件、风险评估、承保决策和审批。核保中，应特别注意对保险金额、费率、附加条款和特别约定的审核。

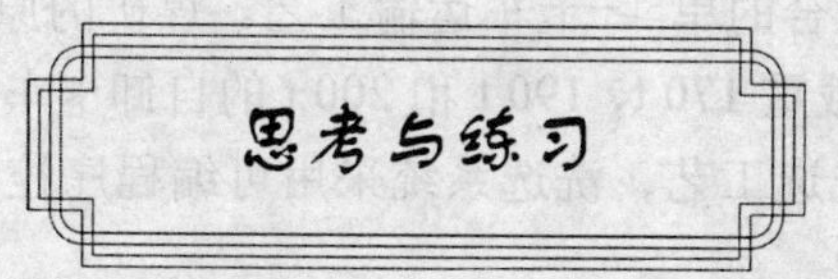

（1）人身保险核保需考虑的因素包括哪些方面？

（2）销售人员核保应注意什么？

（3）人身保险核保流程是什么？

（4）财产保险核保的流程与注意事项有哪些？

（5）以××建筑为例，编制风险评估报告书。

附录 A 财产保险风险评估报告范例

对某大型露天煤矿的风险评估报告[①]

第一部分 企业介绍

一、企业概况

煤矿总投资××亿美元，煤炭可采储量为××亿 t，设计年产原煤××万 t。由中国××公司与美国××公司合资建设。煤矿是目前我国主要的出口商品煤生产基地，经过三年准备，两年建设，于××年××月正式投入生产。

二、地理环境与气候（略）

三、生产工艺

煤矿的生产过程为：经过穿孔、爆破、拆装、运输和排土等工序，实现对覆盖层的剥离；然后通过穿孔、爆破、拆装、运输等工序将原煤送入选煤厂，经排矸、洗煤等程序生产出成品商品煤。

四、生产设备

煤矿生产所用采矿洗选设备和通讯设备全部从国外引进。采矿作业使用单斗电铲和重型卡车配合的单斗-卡车运输工艺。煤矿的原煤开采设备是 25 m^3 和 27 m^3 斗容的电铲，载重 170 t、190 t 和 200 t 的自卸卡车及其他成套大型辅助机械；洗选采用分级洗选工艺，洗选系统采用可编程序控制器自动控制，洗选能力为 3 000 $t \cdot h^{-1}$。

第二部分 各生产环节的风险评估

本次风险评估采用流程图分析法，即按照露天煤矿的生产流程，从炸药制作、储运、原煤剥离和采煤、选煤等环节进行重点调查，对于其生产经营活动和作业

① 杨文明．保险公估实务．北京：中国金融出版社，2004.

流程中的关键环节、薄弱环节进行风险分析和评估，以辨别煤矿可能存在的风险。

一、总体平面布置

煤矿矿区平面布置合理，各车间之间的防火间距符合《建筑设计防火规范》及有关消防的规定。道路畅通，有足够的消防通道和能保证实施灭火的机动场地。但也有不足之处，例如，主变电站与选煤厂相隔太近，如果一处发生火灾、爆炸等事故，将可能影响另一处，扩大损失。

二、炸药储运

煤矿在采矿作业中，需要使用爆破工艺，爆破松动土石覆盖煤层。该矿所用的炸药均为该矿乳化厂生产，共有两种：一种是供干燥的爆破孔使用的铵油炸药，另一种是含水爆破孔使用的乳化炸药。炸药生产所需的主要原料是硝酸铵，硝酸铵以 50 kg 的包装袋储存于储存库，当需要时送入乳化厂，与其他原料进行混合配置，生产炸药。

风险评价：硝酸铵本身为强氧化剂，在撞击下可能发生爆炸。该矿的爆炸危险主要来自于硝酸铵储存库，尽管其发生爆炸的可能性很小，并且有隔爆墙做保护，然而由于储量大，距离柴油罐区、选煤厂等建筑距离近，一旦发生爆炸，损失将是巨大的。不过由于该矿管理严格，乳化车间均采用防爆电器，严禁烟火，各种原料储存较少，因此，总体风险较小。

三、剥离和采煤

煤矿采矿作业为露天煤矿开采，部分爆破后，使用单斗电铲和重型卡车配合的单斗-卡车运输工艺。该矿土石覆盖层厚达 120 m，经过多年生产后，现在排土基本排入已采掘过的矿坑。该矿采剥比为 5.4∶1，年土石煤炭运输量接近 1 亿 t。采用的设备和车辆全部是从国外引进的 20 世纪 80 年代的先进设备，主要包括：① 采掘设备：电铲 16 台，铲斗容积 25～33 m^3，用于土岩的剥离和采煤作业；② 运输设备：190 多台载重量 80～200 t 的进口卡车，与电铲和液压铲配套作业，运送表土、岩石和煤；③ 辅助设备：331 kW 履带式推土机，主要用于排土场推土，为钻机平整工作面，露煤之后清扫煤层顶板岩石，减少开采损失，在排土场和采场内修筑各种道路；④ 专用卡车：用于炸药的装载及运输；⑤ 多台洒水车。

风险评价：这些设备和车辆构成了该矿的主要资产，约为××亿××千万美元。特别是车辆均为矿山专用车辆，价格昂贵，自身带有灭火系统，且有周期性的巡视，能够保证处于可用状态。由于这类车辆常处于生产过程，容易引发自身火灾，且通常离消防车较远，即使火被扑灭，损失也动辄上百万元，多年来该矿事故主要集中发生在这些设备和车辆上。该矿的部分设备运行至今已有较长时间，多数设备已达到“退役”年限，因此，近年事故发生频繁。因操作工人疏忽、过失、操作不当引发的事故占该矿事故很高的比例，因此维持设备和车辆的良好运行对风险控制非常重要。

该矿的大型车辆高 7～8 m，自重百余吨，司机盲区为 20 m，生产为 24 小时连续作业，平时生产中，由于灰尘而导致的司机视野下降是一大危险源。尽管煤矿用洒水车定期对矿区道路和作业面进行洒水降尘，但由于该地区雨水较少，矿区常有较大浮灰，起风时会构成一定危险。该矿在这方面也采取了一些有效的措施，制订了各种规章制度，实施各种安全改造项目，因此对事故的发生进行了风险控制。

四、选煤厂

工艺流程：选煤厂采用全重介选煤流程，煤泥全部在厂内浓缩过滤回收，洗水闭路循环，整个生产系统分成七个区：一区为原煤车间，二区为原煤储存及运煤系统，三区为洗煤车间（主厂房），四区为产品储存仓，五区为装车站，六区为矸石仓，七区为干燥车间。

在生产系统的七个区外，还有选煤厂的电气控制系统，一个包括办公室、机修间及仓库的联合建筑，另外设有单独的化验楼，进行煤质、油质和环保方面所需的化验工作。

风险评价：该厂主要为钢结构，覆以波纹彩色涂层钢板，灰尘较少，清洁工作出色，不易引发火灾。

由于煤的处理过程基本都处于湿润状态，加上煤炭一般含硫质量分数较低，不易氧化产生热量；煤的周转速度非常快，煤堆没有热量积聚所需的时间，因而煤堆自燃的可能性也非常小，由煤引起火灾或爆炸的可能性基本不存在。此外，传送带存在被卡住的石头或铁器割破的可能性，可导致整条传送带报废。由于该厂的监控较完善，定期预防性维修保养，因而发生大事故的可能性较小。

选煤厂投入生产最初几年，设备运转不正常，而且精煤仓和缓冲仓由于设计与施工存在的问题而发生了多次事故。其后，煤矿完善各项管理制度与岗位职责，全面加强生产管理，并对存在的问题进行了大量的技术改造和技术革新，使选煤厂的生产稳定发展，材料消耗下降，各项经济技术指标逐步达到设计要求或计划标准。现在事故率已稳定在一个较低的水平。

选煤厂的用电容量达到 38 218 kW，使用阻燃电缆。其配电室处于选煤厂内部，位于控制室下方，无人值守，而且未安装烟雾传感器或者其他火灾探测系统，一旦起火，很可能火势较大时才能被发现。

五、油 库

煤矿油库共有两个罐区：柴油罐区包括 4 个 2 000 m^3、2 个 1 000 m^3 的柴油储罐，润滑油罐区由 10 多个小罐组成。各油罐均有阻火器和呼吸阀，定期维护。罐区均有防火堤，油库每年接地网有国家检测机构测量接地电阻，确保符合国家规范。罐区防火堤内有多个消火栓，可以连接消防水带或消防车。每个罐都有火灾报警装置，能够自动启动油库的泡沫灭火装置，将泡沫由罐底送入着火油罐内，扑灭火灾。该泡沫灭火装置每年均有专门公司进行释放泡沫测试。

风险评价：由于该罐区未安装喷淋系统，一旦发生单个油罐破裂起火的事故，周围油罐也将由于没有降温措施而被加热，油品被点燃甚至爆炸。另外罐区有一个可燃气体监测报警装置处于故障状态，如果发生大规模火灾，现有消防能力难以控制。从提高安全性方面来讲，油库应增加喷淋系统，以便在发生大的火灾时，能够防止火势扩大并进一步扑灭大火，确保风险降到更低。

六、仓 库

煤矿的仓库为钢架结构，仓库内储物架为钢结构，共分为上下两层。库内储存有 7 000 万～8 000 万美元的备件，备件多为钢制品，可燃物为极少量橡胶、纸制品和包装箱。

风险评价：由于仓库内的存货多为钢制品，内有烟雾探测器，24 小时有人值班，故该处风险较低。

七、维修车间

煤矿的矿用车辆均在大型车辆修理厂房进行各种修理，因而这一厂房非常繁忙。

风险评价：现场发现共有 15 辆各类型车辆停在该处修理，风险较为集中。该车间是重点消防防范区域，并采取了必要的措施，例如，动火工作集中于车间一角，因而降低了火灾的危险，并配置了较多的灭火器以及消火栓，故该处风险是较小的。

八、供 电

露天煤矿变电站安装了 3 台英国产的 110/35 kV 变压器，由双回路供电。母线采用金属结构。矿坑回路上共有 8 台 5 000 kV 安滑橇式移动变电站，将电压由 35 kV 降至 6 kV 供给电铲和钻机，每个移动变电站可供 2 台电铲和 2 台钻机的用电。

风险评价：主要问题在于主变电站与选煤厂相隔太近，导致选煤厂产生的灰尘较多，飘落至变电站。在此情况下，电器设备有可能发生绝缘能力下降或者腐蚀现象，导致污闪等各种故障。类似故障容易引发电气事故，曾多次在其他厂矿造成重大损失。因此，要特别注意清洁工作，避免由于灰尘过多而导致的各种电气事故。

其次，该变电站 110/35 kV 变压器的基坑为土质，按照规范变压器一般应采用碎石基坑。一旦变压器油着火外漏，由于不能大面积流散，会对变电站造成更大破坏。

再次，3 台变压器相隔较近，如果一台发生爆炸起火，其余 2 台也会受损，这样将会导致整个露天煤矿停产。

第三部分 投保情况和索赔历史

一、煤矿投保情况

露天煤矿投保了财产一切险，总投保额为××美元，其中自卸车和电铲车保险金额为××美元。由于一些历史遗留的惯例，自卸车和电铲车均使用机损险条款投保，未投保特种车辆险。

二、索赔历史

该矿每年均有上千万元人民币的保险赔款，近年来主要集中于车辆事故上。由于工程车辆均为进口矿山专用车，价值高、体积大，遭受意外事故的损失巨大，因此，对道路的除尘、设备维护及对车辆操作人员的安全教育是非常重要的。目前，露天煤矿正在设法将安全与职工收入进一步挂钩，将对降低风险起到重要作用。

表 A.1 为我司对该矿 1995—2001 年 7 月所有保险事故的汇总统计。由表 A.1 可见，火灾事故占了事故的最大比例，其次为人为过失。

表 A.1 1995—2001 年煤矿保险事故汇总

出险类型	火灾	过失	碰撞	翻车	其他	合计
出险次数/次	16	30	8	8	13	75
次数比例/%	21.33	40	10.67	10.67	17.33	100
赔付金额/美元	3 852 391	1 957 991	1 179 859	856 087	2 615 657	1 046 1985
金额比例/%	36.82	18.72	11.28	8.18	25.00	100

第四部分 单一最大可能损失

发生地震将造成露天煤矿的单一最大损失，但由于其为除外责任，故本处不进行详细计算。

露天煤矿各处单一最大损失情况估计如下：

（1）使用中的运输采掘设备：如果该矿有 2 辆 Caterpillar 789 车相撞起火，导致全损，则损失金额将为 2 118 000 美元。

（2）选煤厂：如果在配电室发生大型火灾，则将造成电器损失约 1 000 000 美元。

（3）油库：如果柴油罐区发生特大火灾，烧毁所有油罐，假定火灾发生时共存有 5 000 t 柴油，则柴油损失将约为 13 200 000 元人民币，储罐本身损失约为 6 000 000 元人民币，合计损失约为 19 200 000 元人民币。

（4）仓库：如果发生火灾，并且造成 10%的存货损失，则损失额将约为 7 000 000 美元，建筑部分也将部分受损，其损失额约为 1 000 000 美元。

（5）维修车间：如果发生火灾，假定有 3 台车全损，2 台车受损程度达到 50%，则损失额将为 4 000 000 美元。

（6）变电站：假如 3 台变压器发生火灾，并且全部烧损，则直接损失额为 8 000 000 美元。

尽管露天煤矿各种事故均有可能发生，但是经我司计算和比较后认为，单一最大可能损失将发生于硝酸铵储存库爆炸。尽管其发生爆炸的可能性很小，并且有隔爆墙保护，然而由于储量大，距离柴油罐区、选煤厂等建筑距离近，一旦发生爆炸，除其本身完全损毁外，相邻建筑也会受到冲击波破坏，同时爆炸飞出物也会造成零散破坏，损失估计将达到 40 000 000 美元。

第五部分 风险防范建议

一、选煤厂

由于选煤厂的配电室无人值守，而且并未安装烟雾传感器或者其他火灾探测系统，一旦起火，很可能火势较大时才能被发现。为了增加事故反应速度，以尽可能地将火灾扑灭在初发阶段，建议增设烟雾传感器或离子型烟雾传感器，其发出的报警信号应能同时送至消防队和选煤厂控制室，以提高事故反应速度。

二、变电站

鉴于主变电站与选煤厂相隔太近，导致选煤厂产生的灰尘较多，飘落至变电站。若能迁移变电站将是最好的选择，但投资太大。因此，平时需要注意做好清洁工作，避免由于灰尘过多导致的各种电气事故。

另外，3 台变压器相隔较近，如果其中 1 台发生爆炸起火，则其余 2 台也会受损，建议采用碎石基坑，竖立防火墙。

三、油 库

建议在油库安装喷淋系统，这样即使有一个油罐起火，也能喷水降温，从而保护旁边油罐的安全。

各油罐均有阻火器和呼吸阀，虽有定期维护，但维护周期较长，据调查为每年一次，建议缩短维护周期。

四、驾驶员

我司曾经联合有关院校及科研单位研究如何避免机车驾驶员由于疲劳驾驶、误操作、紧急状态下的措施不当等原因造成事故的问题，设想对一些人体生理特征进行监控，并通过发出控制信号，从而避免事故的发生，或减少事故发生所造成的损失。建议该矿能共同参与研究开发。

参考文献

[1] 郭颂平，赵春梅．保险营销学．2版．北京：中国金融出版社，2006．
[2] 刘子操，郭颂平．保险营销学．2版．北京：中国金融出版社，2003．
[3] 张红霞．保险营销学．2版．北京：北京大学出版社，2001．
[4] 姚久荣．保险市场营销学．3版．中国经济出版社，2000．
[5] 张洪涛，时国庆．保险营销管理．北京：中国人民大学出版社，2005．
[6] 章金萍．保险营销．北京：中国金融出版社，2006．
[7] 栗 芳．保险营销学．上海：上海财经大学出版社，2007．
[8] 唐运祥．保险经纪理论与实务．北京：中国社会科学出版社，2000．
[9] 黄华明．保险市场营销导论．北京：对外经济贸易大学出版社，2006．
[10] 李星华，吕晓荣．保险营销学．大连：东北财经大学出版社，2005．
[11] 姚海明．保险营销理论与案例．上海：复旦大学出版社，2002．
[12] 魏华林，林宝清．保险学．北京：高等教育出版社，2000．
[13] 许谨良．保险学．上海：上海财经大学出版社，2003．
[14] 张洪涛，王国良．保险核保与理赔．北京：中国人民大学出版社，2006．
[15] 杨文明．保险公估实务．北京：中国金融出版社，2004．
[16] 郑广华，范应仁．市场营销学．徐州：中国矿业大学出版社，2001．
[17] 方光罗．市场营销学．大连：东北财经大学出版社，2003．
[18] 江 林．消费者行为学．北京：首都经济贸易大学出版社，2002．
[19] 伯特·罗森布罗姆．营销渠道管理．北京：机械工业出版社，2003．
[20] 菲利普·科特勒．市场营销管理．北京：中国人民大学出版社，1997．
[21] 约翰·迪威尔．人寿保险销售原理与实务．北京：中国金融出版社，1992．
[22] 特瑞斯·普雷切特，琼·丝米特，海伦·多平豪斯，詹姆斯·埃瑟琳．风险管理与保险．北京：中国社会科学出版社，1998．
[23] 万 敏．我国财产保险的整合营销策略分析．商业时代，2007（6）．
[24] 乔 亮．论保险业的社区营销模式．商业时代，2005（24）．
[25] 唐汇龙．保险公司营销渠道的设计与创新．南方金融，2005（5）．
[26] 王解荣．抓好间接营销渠道建设促进产险业发展．保险研究，2005（7）．
[27] 李加明．数据库营销：拓宽保险营销新渠道．保险研究，2005（6）．